高等院校“十三五”规划教材
“互联网+”融媒体系列教材

企业内部控制

张远录　娄阳　周旻／主编
吕延荣　朱林　王斌／副主编

立信会计出版社
LIXIN ACCOUNTING PUBLISHING HOUSE

图书在版编目(CIP)数据

企业内部控制 / 张远录，娄阳，周旻主编. —上海：立信会计出版社，2023.2
ISBN 978-7-5429-7174-6

Ⅰ. ①企… Ⅱ. ①张… ②娄… ③周… Ⅲ. ①企业内部管理—高等学校—教材 Ⅳ. ①F272.3

中国国家版本馆 CIP 数据核字(2023)第 001756 号

策划编辑　郭　光　张忠秀
责任编辑　郭　光
美术编辑　吴博闻

企业内部控制
QIYE NEIBU KONGZHI

出版发行	立信会计出版社		
地　　址	上海市中山西路 2230 号	邮政编码	200235
电　　话	(021)64411389	传　　真	(021)64411325
网　　址	www.lixinaph.com	电子邮箱	lixinaph2019@126.com
网上书店	http://lixin.jd.com		http://lxkjcbs.tmall.com
经　　销	各地新华书店		

印　　刷	上海华业装璜印刷有限公司	
开　　本	787 毫米×1092 毫米	1/16
印　　张	17	
字　　数	342 千字	
版　　次	2023 年 2 月第 1 版	
印　　次	2023 年 2 月第 1 次	
书　　号	ISBN 978-7-5429-7174-6/F	
定　　价	49.00 元	

前　言

鉴于目前应用型高等院校多采用普通本科教材，而普通本科教材存在理论性偏强而应用性不够的问题，我们组织了四所应用型高等院校的一线教学老师编写了本书。本书以《高等学校课程思政建设指导纲要》为指针，以立德树人为根本，以“理论够用，重在应用”为指导，以《企业内部控制基本规范》《企业内部控制应用指引》为依据，将企业内部控制的基本理论、制度建设的基本原理，以及一般企业在货币资金、筹资、投资、采购、销售、工程项目、担保、实物资产管理、成本费用管理等业务的内部控制与制度建设作为内容，把理论教学、实务教学与实践教学有机结合起来，以适应应用型院校教育的要求。本书的主要特点包括：

一是定位明确。管理的实质在于控制，控制的基础是制度建设。加强内部控制不仅是企业及经济组织提高效益的需要，也是从源头上遏制经济犯罪和防止腐败的需要。本书基于应用型院校对内部控制课程教学的要求，在保证理论够用的基础上，重在实务和实践知识的学习，有利于培养学生的知识应用能力。

二是融入课程思政内容。本书插入了大量企业经营活动中典型的失败案例和经济犯罪案件，通过教学互动让学生认识经营失败的原因和经济犯罪原因的危害，有利于增强学生的守法意识、树立正确的人生观和价值观。

三是融理论教学、实务教学和实践教学于一体。本书将内部控制的基本理论、基本方法和基本技能作为教学内容，把理论教学、实务教学和实践教学有机结合起来，以实现教学目标。

四是配套资源丰富，内容呈现形式多样。本书配备有课程教学标准(大纲)、课程教学设计、教学课件、配套练习及参考答案、期末试卷及答案、数字化资源等，支持线上线下混合式教学模式的开展，方便学生自主学习。

本书由张远录、娄阳、周旻担任主编，负责全书的结构设计、草拟编写提纲、组织编写等工作。参与本书编写的老师共12位，具体分工如下：第一、三章由张远录编写；第二章由武文嘉编写；第五、六章由娄阳编写；第四章由朱林编写；第七章由吕延荣编写；第八、九章由周旻编写；第十章由王斌编写；张亚芳参与了资料收集、整理和校对；欧阳惠子、方舟、邱安琪和李劼负责教学课件制作。本书最后由张远录总纂定稿。

本书在编写过程中得到了南通市崇川区审计局审计专员、高级审计师蒋勇先生的帮助和指导，特此致谢！

由于编者水平有限，如有不当之处，敬请读者批评指正。

编　者

2023年3月

目　录

第一章　企业内部控制基本理论与制度建设

学习目标

1. 了解企业内部控制的产生、发展与分类
2. 理解企业内部控制的定义、目标
3. 理解企业内部控制的基本要素
4. 掌握企业内部控制的基本方法
5. 理解企业内部控制制度建设的基本原则和程序要求
6. 熟悉企业内部控制制度建设的基本内容
7. 能够将企业内部控制与风险管理联系起来，对企业所面临的风险进行初步评估
8. 能够分析比较不同企业内控环境，提出改进意见

案例导入　什么原因导致公司一年亏掉市值的三倍？

2020 年 6 月 23 日，众泰汽车股份有限公司（股票代码：000980）（以下简称众泰汽车）2019 年年报姗姗来迟。年报显示，全年巨亏近 112 亿元，相当于每天亏掉 3 000 多万元，一年亏掉公司市值的三倍。

相关财务数据显示，众泰汽车 2019 年实现营业收入 29.86 亿元，同比下降 79.78%；净利润亏损 111.9 亿元，去年同期盈利约 8 亿元，同比下降幅度高达 1 498.98%。此次正式发布的年报数据大幅低于此前披露的 2019 年主要经营业绩。而截至 2020 年 6 月 22 日收盘，公司总市值不过 36.09 亿元，这意味着一年亏掉市值的三倍有余。

众泰汽车曾经被称作“中华神车”，10 万元买众泰，就能开上“保时捷”款的车，简称保时泰，巅峰时期公司市值达到近 370 亿元。如今，公司股价已从最高点 18 元缩水至不到 2 元，市值仅为当时的十分之一。

众泰汽车在借壳上市不到 3 年的时间里，为什么会出现今天的局面？公司年报列出了巨额亏损的两个直接因素：

一是由于国家大幅度调整新能源汽车补贴政策，众泰新能源汽车的市场地位不断下降。年报数据显示，2019 年，众泰汽车合计生产汽车 16 215 辆，销售汽车 21 224 辆；2018 年，众泰汽车合计生产汽车 142 952 辆、销售 154 844 辆。即 2019 年度众泰汽车生产汽车和销售汽车同比下滑了近八九成。销售锐减、补贴减少必然带来经营亏损。

二是巨额商誉减值。年报数据显示,众泰汽车2019年度需计提各类资产减值准备总额为84.31亿元,其中,计提了商誉减值准备61.2亿元。也就是说,市值只有40亿元的众泰汽车,计提了62亿元的商誉。巨额商誉减值,主要是当年在进行借壳上市时对原众泰制造和众泰新能源两块重要资产估值过高造成的。

除以上直接原因外,公司年报坦陈"内控环境存在重大缺陷、内部监督缺失。众泰汽车经营困难,资金缺乏,生产经营停滞;与部分供应商存在大额资金往来,全年支付货款金额超全年订单总量;重大资产购买缺少调查和可行性研究。公司对外担保未履行审议与披露程序;职工的薪酬和社保费用未按时发放和缴纳,员工大量离职或不在岗,关键内控职能缺位,组织机构不能正常运行。"

另外,公司年报还提到"公司内部控制在运行过程中未能发现重大错误,也未能及时发现相关错报,致使财务数据信息披露的准确性存在重大疑虑,与之相关的财务报告内部控制执行失效。"

一个受公众监督的上市公司内部控制尚存在如此缺陷,对于诸多未上市的中小企业来说,其内部控制的状况就更加令人担忧,老板一言堂、家族式管理、野蛮式扩张等现象普遍存在,企业经营既要面对外部风险又要面对决策、执行、控制等内部风险。中国有句成语"祸起萧墙",意思是最可怕的祸害发生在内部。而内部控制针对的主要是风险,建立健全内控体系有助于企业规避经营风险和财务风险,促进企业健康发展。

资料来源:惊天爆雷!36亿市值竟巨亏112亿 "中华神车"彻底凉凉[N].中国基金报.2020-06-23.

问题探讨:

(1) 企业持续经营、健康发展需要具备哪些条件?

(2) 一个企业如何避免"祸起萧墙"?

第一节 企业内部控制概述

一、内部控制的产生与发展

内部控制是组织营运和管理活动发展到一定阶段的产物,它是随着外部竞争的加剧和内部强化管理的需要而不断丰富和发展的,是科学管理的必然要求。内部控制理论是在现代企业两权分离的背景下,以内部牵制思想为基础,解决由于两权分离所带来的利益冲突和信息不对称矛盾,规范代理人行为,保护企业财产安全,防范各种舞弊和错误,贯彻经营管理方针,提高经营管理效率、效果而产生的。内部控制理论与实践的发展大体经历了内部牵制、内部控制制度、内部控制结构、内部控制整合框架和企业风险管理整体框架五个不同的阶段。

(一) 内部牵制阶段

20世纪20年代以前,内部控制理论基本停留在内部牵制阶段。内部牵制的核心是强调"权力分置",即不允许一个部门或一个人总揽或掌握经济业务处理的全部权力,让参与经济业务的有关部门和人员之间形成相互制约、相互监督的格局，防范弊端和错误的发生，保护财产物质的安全。

内部牵制一般由职责分工、会计记录和人员轮换三要素构成。内部牵制的执行大致分为以下四个方面。

(1) 体制牵制。体制牵制是指将一项业务交由两个以上部门或个人分别处理，以达到制约的目的。例如，重要空白凭证的使用和保管执行分管分用。

(2) 簿记牵制。簿记牵制是指通过原始凭证与记账凭证，记账凭证与会计账簿，账簿与会计报表之间的核对制约关系产生的牵制。例如，采用复式记账法定期核对明细账与总账。

(3) 实物牵制。实物牵制是指通过两个或两个以上的人共同控制必要的实物工具，必须合作才能完成某一项工作的制约方式。例如，将保险柜钥匙交由两个以上的工作人员持有。

(4) 机械牵制。机械牵制是指通过设置特定的运行程序，必须按程序进行操纵才能完成某一项工作的制约方式。例如，给保险柜设置密码开启程序，不掌握密码和程序将无法打开。

（二）内部控制制度阶段

20 世纪 20 年代经济危机爆发，内部控制开始超出会计及财务的范畴，内部控制理论开始进入内部控制制度阶段。1936 年，美国会计师协会在其发布的《注册会计师对财务报表的审查》公告中，首次正式使用“内部控制”这一术语，并将内部控制定义为：为了保护公司现金和其他资产的安全，检查账簿记录的准确性而在公司采用的各种手段和方法。1958 年，美国注册会计师协会审计程序委员会发布的《审计程序公告第 29 号》中将内部控制分为“会计控制”和“管理控制”两大类，把与保护财产安全和保证财务记录的可靠性、准确性有关的控制归为会计控制，包括授权与批准制度、财产的实物控制和内部审计等；把与提高经营效率、保证管理部门所制定的各种政策得到贯彻执行有关的控制归为管理控制，包括统计分析、时动研究、员工培训计划和质量控制，此类控制通常只与财务记录有间接关系。

（三）内部控制结构阶段

20 世纪 70 年代以来，内部控制理论的发展进入内部控制结构阶段。1988 年 4 月，美国会计师协会颁布的《审计准则公告第 55 号》强调内部控制应由三个结构（要素）组成，即控制环境、会计制度和控制程序。控制环境是指反映董事会、管理层、业主和其他人员对控制的态度和行为，包括企业的管理哲学、经营方式、组织结构、授权与分配责任的方式、管理控制方法、内部审计、人事政策和程序等。会计制度是指各项经济业务的确认、归集、分类、分析、登记和编报方法。控制程序是指管理层所制定的政策和程序，用以保证达到一定的目的，包括经济业务和活动的批准权、各个员工的职责和分工、业务的独立审核等。

(四) 内部控制整合框架阶段

1992 年 9 月，全美反舞弊性财务报告委员会发起组织(以下简称为 COSO 委员会)针对公司行政总裁、其他高级执行官、董事、立法部门和监管部门的内部控制进行了高度概括，提出了《内部控制——整合框架》，即“COSO 报告”。该框架以“内部控制总体框架”取代了内部控制结构，认为内部控制整体框架主要由控制环境、风险评估、控制活动、信息与沟通、监督等五个要素构成。

(五) 企业风险管理整体框架阶段

2004 年，COSO 委员会在借鉴以往有关内部控制研究的基础上，结合《萨班斯奥克斯利法案》在财务报告方面的具体要求，发表了新的研究报告——《企业风险管理框架》。与 1992 年 COSO 报告提出的内部控制整体架构相比，企业风险管理架构增加了四个概念和三个要素，即“风险组合观”“战略目标”“风险偏好”和“风险容忍度”的概念，以及“目标设定”“事项识别”和“风险应对”要素。

二、我国企业内部控制的发展历程

(一) 内部控制理论的形成

我国对内部控制理论和实务的系统研究开始于 20 世纪 80 年代末，由于没有类似于 COSO 委员会这种专门研究内部控制的专业组织，有关内部控制的研究主要是由学术界和会计、审计职业管理机构进行的。学术界对于内部控制理论的认识和理解主要有以下三种观点。

(1) 内部控制制度论，认为内部控制是为了保证会计信息可靠、企业的资产安全和完整以及经营效率的提高所采用的控制制度，这些制度又包括会计控制制度和管理控制制度两部分。

(2) 内部控制结构论，认为内部控制包括控制环境、会计系统和控制程序。

(3) 内部控制成分论，认为内部控制主要由控制环境、风险评估、控制活动、信息与沟通、监督五个成分构成。

(二) 内部控制实务的发展

在内部控制理论研究的引领下，我国内部控制实务的发展大致经历了以下三个阶段。

1. 起步阶段

1996 年 6 月 17 日，财政部颁布《会计基础工作规范》，其中对内部控制做了明确的规定，开始把控制环境作为一项重要内容与会计制度、控制程序一起纳入内部控制结构中。同年12月，中国注册会计师协会发布的《独立审计具体准则第9号内部控制与审计风险》指出，内部控制是指被审计单位为了保证业务活动的有效进行，保证资产的安全和完整，防止、发现、纠正错误与舞弊，保证会计数据的真实、合法、完整而制定和实施的政策与程序。这些描述为我国企业内部控制实务的发展起到了引领作用。

1997年5月，我国专门针对内部控制的第一个行政规定——中国人民银行颁布的《加强金融机构内部控制的指导原则》出台，要求金融机构建立健全内部控制运行机制。

2. 发展阶段

1997年6月以后，在亚洲金融危机的背景下，我国借鉴亚洲各国在金融危机中的经验教训，积极推进内部控制制度建设。

1999年，我国修订了《会计法》，将会计监督写入法律当中，是我国内部控制制度建设里程中的一次重大突破。同年，中国保险监督管理委员会颁布了《保险公司内部控制制度建设指导原则》，该指导原则对推动保险公司加强内控建设起到了积极的作用。

2000年1月，国家审计署修订了《中华人民共和国国家审计基本准则》，其中对企业(单位)内部控制制度的测试当作"作业准则"予以明确。同年11月，中国证监会发布《公开发行证券公司信息披露编报规则》第1至6号，要求公开发行证券的商业银行、保险公司、证券公司建立健全企业内部控制制度。

2001年1月，中国证监会发布了《证券公司内部控制指引》，要求所有的证券公司建立和完善内部控制机制和内部控制制度。同年6月，财政部发布了《内部会计控制规范——基本规范(试行)》和《内部会计控制规范——货币资金(试行)》。

2002年6月，中国注册会计师协会制定发布了《企业内部控制审核指导意见》。2002年9月，中国人民银行发布《商业银行内部控制指引》，指出企业内部控制是商业银行为实现经营目标，通过制定和实施一系列制度、程序和方法，对风险进行事前防范、事中控制、事后监督和纠正的动态过程和机制。2002年12月，财政部发布了《内部会计控制规范——采购与付款(试行)》和《内部会计控制规范——销售与收款(试行)》，同月，中国证监会发布了《证券投资基金管理公司内部控制指导意见》，首次系统地提出基金公司企业内部控制的目标和要求。

2003年10月，财政部发布了《内部会计控制规范工程项目(试行)》。

2004年，财政部为了规范审计人员对被审计单位内部控制的测评行为，保证审计工作质量，根据《中华人民共和国国家审计基本准则》，制定了《审计机关内部控制测评准则》。该准则共24条，主要是规定了内部控制测评的程序与方法。同年8月，中国银监会通过《商业银行内部控制评价试行办法》。

3. 内部控制制度建设阶段

2005年6月，国务院领导在财政部、国资委和证监会联合上报的《关于借鉴〈萨班斯法案〉完善我国上市公司内部控制制度的报告》上作出批示，同意“由财政部牵头，联合证监会及国资委，积极研究制定一套完整公认的企业内部控制指引”。

2006 年 1 月，保监会颁布《寿险公司内部控制评价办法（试行）》，旨在通过加强并规范内部控制评价工作，最终推动寿险公司完善内部控制。同年 5 月，中国证监会发布了《首次公开发行股票并上市管理办法》。该办法第 29 条规定“发行人的内部控制在所有重大方面是有效的，并由注册会计师出具了无保留结论的内部控制鉴证报告”。这是中国首次对上市公司内部控制提出具体的要求。随后，上海证券交易所和深圳证券交易所相继出台了《上市公司内部控制指引》，要求上市公司建立内部控制体系。

2006 年 6 月，国务院国有资产监督管理委员会发布了《中央企业全面风险管理指引》，借鉴了发达国家有关企业风险管理的法律法规、国外先进的大公司在风险管理方面的通行做法，以及国内有关内控机制建设方面的规定，对中央企业开展全面风险管理工作的总体原则、基本流程、组织体系、风险评估、风险管理策略、风险管理解决方案、监督与改进、风险管理文化、风险管理信息系统等方面进行了详细阐述。

2006 年 7 月，根据我国市场经济的发展要求和国务院领导的指示，财政部会同审计署、证监会、银监会、保监会等部门成立了中国企业内部控制标准委员会，向全国乃至全世界郑重地发出了“创建中国企业内部控制标准体系”的宣言。标准委员会的目标是，力争通过未来一段时间的努力，基本建立一套以防范风险和控制舞弊为中心、以控制标准和评价标准为主体、结构合理、内容完整、方法科学的内部控制标准体系，推动企业完善治理结构和内部约束机制。

（三）企业内部控制标准体系的形成

2007 年 3 月，企业内部控制标准委员会公布了《企业内部控制规范——基本规范》和 17 项具体规范的征求意见稿。

2008 年 5 月 22 日，《企业内部控制规范——基本规范》正式发布。要求自 2009 年 7 月 1 日起在上市公司范围内施行，并且鼓励非上市的大中型企业也执行此基本规范。同年 6 月，财政部发布了《企业内部控制应用指引》（征求意见稿）、《企业内部控制评价指引》（征求意见稿）、《企业内部控制审计指引》（征求意见稿）。

2010 年 4 月 26 日，财政部会同证监会、审计署、银监会、保监会等五部门又发布了《企业内部控制配套指引》。该配套指引包括了《企业内部控制应用指引》《企业内部控制评价指引》和《企业内部控制审计指引》。至此，由一项基本规范和三项指引构成的我国企业内部控制标准体系基本建成。

《企业内部控制基本规范》规定了内部控制的定义、目标、原则和要素，是制定配套指引的基本依据，在内部控制标准体系中起着统驭作用。《企业内部控制应用指引》是对企业按照内部控制原则和要素建立健全本企业内部控制所提供的指引，在配套指引乃至整个内部控制规范体系中占据主体地位。《企业内部控制评价指引》是为企业管理层对本企业内部控制有效性进行自我评价提供的指引。《企业内部控制审计指引》是注册会计师和会计师事务所执行内部控制审计业务的执业准则。

三、企业内部控制的定义、目标和原则

(一) 企业内部控制的定义

我国《企业内部控制基本规范》把内部控制定义为是由企业董事会、监事会、经理层和全体员工实施的、旨在实现控制目标的过程。这里的"过程"主要有三层基本含义：一是指企业生产经营管理活动的全过程，即内部控制是对企业经营管理活动进行全方位、全员、全过程的控制；二是指风险控制全过程，即内部控制是对"目标设定、风险识别、风险分析和风险反应"等风险控制全过程实施的控制；三是指信息控制全过程，即内部控制是对财务报告编制、会计信息披露以及管理信息采集、传递等信息全过程实施的控制。过程控制体现了预防为主、惩处为辅的精神，过程科学合理、有序有效，必能带来良好的结果，避免"事后诸葛""亡羊补牢"等弊端。

(二) 企业内部控制的基本目标

内部控制目标是指要求内部控制完成的任务或达到的标准。它用来促进企业组织的有效营运，以确保各部门均能发挥应有的功能。企业实施内部控制应当达到以下基本目标。

(1) 建立和完善符合现代管理要求的内部组织结构，形成科学的决策机制、执行机制和监督机制，确保企业经营管理目标的实现。

(2) 建立行之有效的风险控制系统，强化风险管理，确保单位各项业务活动的健康运行。

(3) 堵塞漏洞、消除隐患，防止并及时发现和纠正各种欺诈、舞弊行为，保护单位财产的安全完整。

(4) 规范企业会计行为，保证会计资料真实、完整，提高会计信息质量。

(5) 确保国家有关法律法规和单位内部规章制度的贯彻执行。

(三) 企业内部控制的基本原则

企业内部控制的基本原则包括以下几个方面。

(1) 全面性原则。内部控制应当贯穿决策、执行和监督全过程，覆盖企业及其所属单位的各种业务和事项。

(2) 重要性原则。内部控制应当在全面控制的基础上，关注重要业务事项和高风险领域。

(3) 制衡性原则。内部控制应当在治理结构、机构设置及权责分配、业务流程等方面形成相互制约、相互监督，同时兼顾运营效率。

(4) 适应性原则。内部控制应当与企业经营规模、业务范围、竞争状况和风险水平等相适应,并随着情况的变化及时加以调整。

(5) 成本效益原则。内部控制应当权衡实施成本与预期效益,以适当的成本实现有效控制。

四、企业内部控制的分类

企业内部控制按照其控制的对象、内容、作用、功能和时序分为五类。企业内部控制分类如表 1-1 所示。

表 1-1　　企业内部控制分类表

分类标准	分类名称	含义
(一) 按照控制的对象分	1. 财产物资控制	财产物资控制,是指为了保护财产物资的安全完整所实施的控制,如材料的验收和领用制度、固定资产的定期盘点制度等
	2. 会计信息控制	会计信息控制,是指为保证会计信息的真实可靠所实施的控制,如会计凭证的复核制度、会计记录的定期核对制度等
	3. 经营决策控制	经营决策控制,是指为保证经营决策的贯彻执行所实施的控制,如质量控制、计划控制等
(二) 按照控制的内容分	1. 环境控制	环境控制,是指对企业经营活动赖以进行的内部环境所实施的总体控制。它包括组织控制、人员控制、业务记录以及内部审计等内容
	2. 业务控制	业务控制,是指直接作用于企业生产经营业务活动的具体控制
(三) 按照控制的作用分	1. 主导性控制	主导性控制,是指为实现某项控制目标而首先实施的控制
	2. 补偿性控制	补偿性控制,是指能够全部或部分弥补主导性控制缺陷的控制
(四) 按照控制的功能分	1. 预防式控制	预防式控制,是指为防止错弊的发生所实施的控制,如授权审批控制、职责分工控制等
	2. 察觉式控制	察觉式控制,是指为了及时查明已发生的错弊所实施的控制,如实物盘点、会计记录核对等
(五) 按照控制的时序分	1. 原因控制	原因控制,也称事先控制,是指企业为防止人力、物力、财力等资源在质和量上发生偏差,而在行为发生之前所实施的内部控制,如领取现金支票前的核准、报销费用前的审批等
	2. 过程控制	过程控制,也称事中控制,是指企业在生产经营活动过程中针对正在发生的行为所进行的控制,如对生产过程中使用材料的核算、对在产品的监督和对加工工艺的记录等
	3. 结果控制	结果控制,也称事后控制,是指企业针对生产经营活动的最终结果而采取的各项控制措施,如对产品的质量进行检验、对产品数量加以验收和记录等

在企业内部控制过程中，企业董事会、监事会、经理层和全体员工都是内部控制的实施主体。但由于各主体所处位置、部门、岗位和接触的业务不同，控制活动结果对资产的安全完整、经营成果、财会记录、信息披露的影响是不同的。考虑到财会岗位主要涉及企业经营业务的发生、结果和财产物资增减变动的核算和报告，以及应用型院校财会专业人才培养的要求，本教材除了介绍企业内部控制基本理论和制度建设基本原理，主要围绕货币资金收付业务、筹资业务、投资业务、采购业务、销售业务、工程项目、担保业务、实物资产管理业务和成本费用业务等九项业务的内部控制与制度建设进行讲述。

第二节 企业内部控制的基本要素

企业内部控制的基本要素包括内部环境、风险评估、控制活动、信息与沟通和内部监督等五个方面。

一、内部环境

内部环境，是影响、制约企业内部控制制度建立与执行的各种内部因素的总称，是实施内部控制的基础。内部环境主要包括公司治理结构、组织机构设置与权责分配、企业文化、人力资源、内部审计等内容。

1. 公司治理结构

公司治理结构，是指为实现公司最佳经营业绩，公司所有权与经营权基于信托责任而形成相互制衡关系的结构性制度安排。公司治理结构的本质是股东大会、理事会、监事会和经理层四者之间的相互制衡关系。科学完善的公司治理结构，能够对所有者、决策者、经营者和监事者的责权利配置作出合理的制度安排，保证所有权、决策权、经营权、监事权既相互分离，又相互制衡，促使决策者正确行使决策权，经营者全力履行受托责任，监事者独立从事监督工作，进而保护所有者的合法权益。

2. 组织机构设置与权责分配

一个设计完善的组织机构可以帮助企业适应所处的环境变化，实现企业的战略目标，增加企业对外竞争力，同时有助于企业内部的技术开发，人员素质的提升和企业经营效率的提高。公司组织结构设置应体现精干高效、科学幅度、责权利对等、集权分权、分工协作、任务导向等原则。

权责分配是企业根据其经营战略、生产经营的特点、组织结构的设置和内部控制的要求，明确各部门或岗位的工作内容、工作职责和工作权限的过程。权责明确是现代企业制度的特征之一，只有权责明确才能为内部控制的建立提供更好的组织保证。权责分离的根本目的是使不相容的业务由不同的人来完成，以减少两人或多人串通舞弊的机会。

3. 企业文化

企业文化，是指企业在生产经营实践中逐步形成的、为整体团队所认同并遵守的价值观、经营理念和企业精神，以及在此基础上形成的行为规范的总称。

企业文化是企业的灵魂，是推动企业发展的不竭动力。企业文化的内容包括：企业的文化观念、价值观念、企业精神、道德规范、行为准则、历史传统、企业制度、文化环境、企业产品等。其中，企业精神和价值观是企业文化的核心。

4. 人力资源

人力资源，是指企业组织生产经营活动而录（任）用的各种人员，包括董事、监事、高级管理人员和全体员工。

企业应当重视人力资源建设，根据发展战略，结合人力资源现状和未来需求预测，建立人力资源发展目标，制定人力资源总体规划和能力框架体系，优化人力资源整体布局，明确人力资源的引进、开发、使用、培养、考核、激励、退出等管理要求，实现人力资源的合理配置，全面提升企业核心竞争力。

5. 内部审计

《审计署关于内部审计工作的规定》总则第3条规定，内部审计，是指对本单位及所属单位财政财务收支、经济活动、内部控制、风险管理实施独立、客观的监督、评价和建议，以促进单位完善治理、实现目标的活动。

企业的内部审计工作应以增加价值为目标，以规范经济行为为核心，以资金流向和业务流程为路径，以监督和评价经营活动、经营成果、内部控制和风险管理为重点，推动内部控制和风险管理系统的完善，促进公司经济运行质量的提高和战略目标的实现。

二、风险评估

风险评估，是及时识别、科学分析影响企业战略和经营管理目标实现的各种不确定因素并采取应对策略的过程，是实施内部控制的重要环节和导向。风险评估主要包括目标设定、风险识别、风险分析和风险应对。

1. 目标设定

目标设定是风险管理的前提条件，也是衡量风险管控成效的尺度，是在明确环境的基础上制定的。企业应当按照长短期经营目标和战略发展目标，设定相关的经营指标、财务报告指标和资产安全等指标，并根据企业的风险偏好、设定的目标和指标合理确定企业整体风险承受能力和具体业务层次上的可接受的风险水平。

2. 风险识别

风险识别是指在风险发生之前，运用各种方法系统地、连续地认识所面临的各种风险以及分析风险发生的潜在原因。

企业生产经营管理过程中所面临的风险包括战略风险、财务风险、市场风险、营运风险和法律风险等。风险识别是风险管理的第一步，也是风险管理的基础。只有在正确识别出自身所面临的风险的基础上，企业才能够主动选择适当、有效的方法进行应对。企业管理层应有计划地识别所有可能对企业取得成功产生影响的风险。风险的分类与识别如表 1-2 所示。

表 1-2　　风险的分类与识别

风险分类	风险识别
战略风险	国内外宏观经济政策以及经济运行情况、本行业状况、国家产业政策；科技进步、技术创新的有关内容；市场对企业产品或服务的需求；与企业战略合作伙伴的关系、未来寻求战略合作伙伴的可能性；企业主要客户、供应商及竞争对手的有关情况；与主要竞争对手相比，企业的优势与差距；企业发展战略和规划、投融资计划、年度经营目标、经营战略，以及编制这些战略、规划、计划、目标的有关依据；企业对外投融资过程中曾发生或易发生错误的业务流程或环节
财务风险	负债、或有负债、负债率、偿债能力；现金流、应收账款及其占销售收入的比重、资金周转率；产品存货及其占销售成本的比重、应付账款及其占购货额的比重；制造成本和管理费用、财务费用、销售费用；盈利能力；成本核算、资金结算和现金管理业务中曾发生或易发生错误的业务流程或环节；与企业相关的行业会计政策、会计估算、与国际会计制度的差异及调节（如退休金、递延税项等）
市场风险	产品或服务的价格及供需变化；能源、原材料、配件等物资供应的充足性、稳定性和价格变化；主要客户、主要供应商的信用情况；税收政策和利率、汇率、股票价格指数的变化；潜在竞争者、竞争者及其主要产品、替代品的情况
运营风险	产品结构、新产品研发；新市场开发、市场营销策略；企业组织效能、管理现状、企业文化；高、中层管理人员和重要业务流程中专业人员的知识结构、专业经验；期货等衍生产品业务中曾发生或易发生失误的流程和环节；质量、安全、环保、信息安全等管理中曾发生或易发生失误的业务流程或环节；因企业内、外部人员的道德风险导致企业遭受损失或业务控制系统失灵；给企业造成损失的自然灾害以及除上述有关情形之外的其他纯粹风险；对现有业务流程和信息系统运行情况的监管、运行评价及持续改进能力；企业风险管理的现状和能力
法律风险	国内外与企业相关的政治、法律环境；影响企业的新法律法规和政策；员工道德操守的遵从性；企业签订的重大协议和有关贸易合同；企业发生重大法律纠纷案件的情况；企业和竞争对手的知识产权情况

3. 风险分析

识别出对企业的各个层级有影响的重大风险后，需要对风险的严重程度和发生的可能性进行分析。风险分析过程包括估计风险的严重程度、发生的可能性和如何采取行动三个基本环节，如图 1-1 所示。风险的严重程度和发生的可能性还可以通过坐标图来标示，以确定风险的优先次序，如图 1-2 所示。

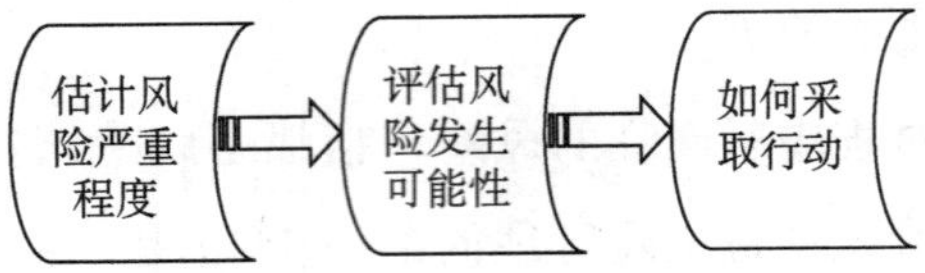

图 1-1　风险分析过程图

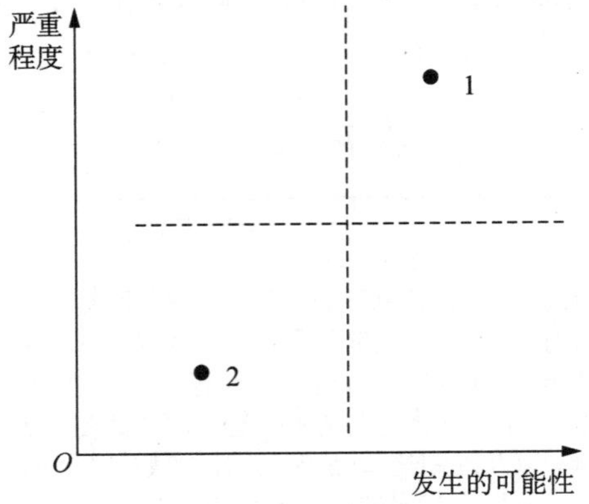

图 1-2　风险坐标图

4. 风险应对

根据风险分析结果，企业管理层可以对风险进行排序，针对关键性风险作出回应。应对风险的策略有风险降低、风险消除、风险转移和风险保留，可以选择一个或多个策略组合使用。

风险降低是通过采取不同的方式、方法或手段来降低风险。风险消除包括风险避免、风险化解、风险排斥和风险终止，一旦出现不利后果时一并化解风险。风险转移的目的是将风险转移给另一家企业或机构，转移风险并不会降低其可能的严重程度，只是从一方移除后转移给另外一方。企业采取风险保留，可能是因为这是比较经济的策略，或者是因为没有其他备选策略，此时管理层需考虑所有的方案，并定期对风险进行复核，以确保不会与备选措施失之交臂。

三、控制活动

控制活动是企业根据风险评估结果，采用相应的控制措施，将风险控制在可承受度之内，是内部控制的核心。控制措施应结合企业具体业务和事项的特点与要求制定。控制措施一般包括：不相容职务分离控制、授权审批控制、会计系统控制、财产保护控制、预算控制、运营分析控制和绩效考评控制等。

四、信息与沟通

信息与沟通，是及时、准确、完整地收集与企业经营管理相关的各种信息，并使这些信息以适当的方式在企业有关层级之间进行及时传递、有效沟通和正确应用的过程，是实施内部控制的纽带。信息与沟通主要包括信息的收集机制及在企业内部和与企业外部有关方面的沟通机制等。

五、内部监督

内部监督，是企业对其内部控制制度的健全性、合理性和有效性进行监督检查与评估，形成书面报告并作出相应处理的过程，是实施内部控制的重要保证。内部监督主要包括对建立并执行内部控制制度的整体情况进行持续性监督检查，对内部控制的某一方面或者某些方面进行专项监督检查，以及提交相应的检查报告、提出有针对性的改进措施等。

第三节 企业内部控制的基本方法和措施

《企业内部控制基本规范》第二十八条规定：企业应当结合风险评估结果，通过手工控制与自动控制、预防性控制与发现性控制相结合的方法，运用相应的控制措施，将风险控制在可承受度之内。控制措施一般包括：不相容职务分离控制、授权审批控制、会计系统控制、财产保护控制、预算控制、营运分析控制和绩效考评控制等。

一、不相容职务分离控制

1. 不相容职务的定义

不相容职务是指在经济业务处理过程中，集中一人办理容易产生漏洞和弊端的两项或两项以上的职务。例如，掌管金库钥匙的不能知道金库密码。

2. 不相容职务相分离的基本要求

不相容职务分离控制要求企业全面系统地分析、梳理业务流程中所涉及的不相容职务，实施相应的分离措施，形成各司其职、各负其责、相互制约的工作机制。不相容职务分离的核心是“内部牵制”，其基本要求包括以下几个方面：

(1) 对每一项业务不能完全由一人经办。

(2) 钱、账、物分管。例如，仓库保管员负责原材料的收、发、存和管理工作，并负责登记原材料的数量，而相关的账务处理则由会计人员负责。

(3) 有健全严格的凭证制度。

3. 不相容职务分离控制的基本内容

《企业内部控制基本规范》第二十九条规定：不相容职务分离控制要求企业全面系统地分析、梳理业务流程中所涉及的不相容职务，实施相应的分离措施，形成各司其职、各负其责、相互制约的工作机制。不相容职务分离控制主要包括以下内容：

(1) 授权与执行某项经济业务的职务分离。

(2) 执行与审核某项经济业务的职务分离。

(3) 执行与记录某项经济业务的职务分离。

(4) 保管与记录某项财产的职务分离。

(5) 记录明细账和记录总账的职务要分离。

(6) 登记日记账和登记总账的职务要分离。

【回顾与思考】

在填制记账凭证实训中,为什么指导老师要求大家不能由一个人签章?

二、授权审批控制

1. 授权审批控制的定义

授权审批控制是指在职务分工控制的基础上,由企业权力机构或上级管理者明确规定有关业务经办人员的职责范围和业务处理权限与责任,使所有的业务经办人员在办理每项经济业务时都能事先得到适当的授权,并在授权范围内办理有关经济业务,承担相应的经济责任和法律责任。

2. 授权审批控制的基本要求

授权审批控制要求规定各级管理人员的职责范围和业务处理权限,其基本要求包括:

(1) 以分工控制为基础。

(2) 在职责范围和业务处理权限内,能够独立行使处理权。

(3) 对业务处理行为的责任明确。

3. 授权审批控制的基本内容

《企业内部控制基本规范》第三十条规定:授权审批控制要求企业根据常规授权和特别授权的规定,明确各岗位办理业务和事项的权限范围、审批程序和相应责任。按照这一规定,授权审批控制应明确以下内容:

(1) 授权批准的范围、权限、程序、责任。

(2) 企业内部的各级管理人员必须在授权范围内行使职权和承担责任。

(3) 经办人员必须在授权范围内办理业务,并承担相应责任。

授权控制有常规授权和特别授权两种形式。常规授权是指企业在日常经营管理活动中按照既定的职责和程序进行的授权。特别授权是指企业在特殊情况、特定条件下进行的授权。

三、会计系统控制

1. 会计系统控制的定义

会计系统控制是指企业依据会计法、国家统一的会计制度，通过制定适合本企业的会计制度，确保会计信息质量的行为。

2. 会计系统控制的基本要求

会计系统控制应当符合以下基本要求：

(1) 以会计法、国家统一的会计制度为依据。

(2) 结合企业实际。

(3) 确保企业财务报告真实、可靠和会计资料完整。

3. 会计系统控制的基本内容

《企业内部控制基本规范》第三十一条规定：会计系统控制要求企业严格执行国家统一的会计准则制度，加强会计基础工作，明确会计凭证、会计账簿和财务会计报告的处理程序，保证会计资料真实完整。会计系统控制主要包括以下内容：

(1) 建立财务报告管理体系，包括会计报表构成、编制、报送和财务报告编报奖惩办法等。

(2) 结合企业实际情况，选择适合企业的会计政策，并颁布实施。

(3) 结合企业生产经营管理需要，选设一级会计科目，统一明细科目，规定核算内容。

(4) 依法设置会计机构，配备会计从业人员，建立会计人员岗位责任制。

(5) 建立会计档案保管和会计工作交接管理办法。

四、财产保护控制

1. 财产保护控制的定义

广义的财产保护控制可以包括对实物的采购、保管、发货及销售等各个环节进行控制。而狭义的财产保护控制主要包括接近控制、定期盘点控制等。

2. 财产保护控制的基本要求

《企业内部控制基本规范》第三十二条规定，财产保护控制要求企业建立财产日常管理制度和定期清查制度，采取财产记录、实物保管、定期盘点、账实核对等措施，确保财产安全。企业应当严格限制未经授权的人员接触和处置财产。

3. 财产保护控制的基本内容

财产保护控制的基本内容包括以下几个方面：

(1) 货币资产与有价证券的保全控制。

(2) 存货的保全控制。

(3) 固定资产的保全控制。

(4) 往来款项的保全控制。

(5) 其他资产的保全控制。

企业应当严格限制未经授权的人员接触和处置财产。

五、预算控制

1. 预算控制的定义

预算控制也称为全面预算控制,是内部控制的一种重要方法,其内容可以涵盖单位经营活动的全过程,包括筹资、投资、采购、生产、销售、管理等诸多方面。

2. 预算控制的基本要求

《企业内部控制基本规范》第三十三条规定:预算控制要求企业实施全面预算管理制度,明确各责任单位在预算管理中的职责权限,规范预算的编制、审定、下达和执行程序,强化预算约束。其基本要求包括以下几个方面:

(1) 所编制预算必须体现单位的经营管理目标,并明确责任。

(2) 预算在执行中应当允许经过授权批准对预算进行调整,以便预算更加切合实际。

(3) 应当及时或定期反馈预算的执行情况。

3. 预算控制的基本内容

预算控制的基本内容如下:

(1) 经营的预算控制。经营预算是指企业日常发生的各项生产经营活动的预算,具体包括销售预算、生产预算、直接材料采购预算、直接人工预算、制造费用预算、单位生产成本预算、推销及管理费用预算等内容。

(2) 投资的预算控制。投资预算是对企业的固定资产的购置扩建、改造、更新等,在可行性研究的基础上编制的预算。投资的预算控制具体反映在何时进行投资、投资多少、资金从何处取得、何时可获得收益、每年的现金流量为多少、需要多少时间回收全部投资等内容。

(3) 财务收支的预算控制。财务预算是指企业在计划期内反映有预计现金收支、经营成果和财务状况的预算。财务预算具体包括"现金预算""预算收益表"和"预计资产负债表"等内容。

各种经营预算和投资预算中的资料,都可以折算成金额反映在财务预算内。因此,财务收支的预算控制是整个预算控制总闸。

六、运营分析控制

1. 运营分析控制的定义

运营分析控制，是指通过对会计核算、统计报表、计划指标和经营管理目标等资料的分析研究，了解企业经营情况，发现经营过程中的问题，提出解决问题的措施，使企业的经营活动按照市场规律和期望目标有效运行的过程。

2. 运营分析控制的基本要求

《企业内部控制基本规范》第三十四条规定：运营分析控制要求企业建立运营情况分析制度，经理层应当综合运用生产、购销、投资、筹资、财务等方面的信息，通过因素分析、对比分析、趋势分析等方法，定期开展运营情况分析，发现存在的问题，及时查明原因并加以改进。

3. 运营分析控制的基本内容

企业运营分析的内容涉及供、产、销，人、财、物等各个环节、各个部门和每位员工，需要各相关部门和人员广泛参与，全员分析，这样才能达到经营分析控制的目的。运营分析控制的基本内容包括以下几方面：

（1）生产活动的分析控制。

（2）购销活动的分析控制。

（3）筹资活动的分析控制。

（4）投资活动的分析控制。

（5）经营成果的分析控制。

七、绩效考评控制

1. 绩效考评控制的定义

绩效考评控制，是指通过对企业各项经营活动和职能部门实现的业绩，与计划目标等进行对比，提出绩效考核和评价意见的过程。

2. 绩效考评控制的基本要求

绩效考评控制要求企业建立和实施绩效考评制度，科学设置考核指标体系，对企业内部各责任单位和全体员工的业绩进行定期考核和客观评价，将考评结果作为确定员工薪酬以及职务晋升、评优、降级、调岗、辞退等的依据。

3. 绩效考评控制的基本内容

按照绩效考评控制的要求，企业进行绩效考评控制包括以下内容：

（1）绩效考评指标的建立。

（2）绩效考评时间的确定。

（3）绩效考评结果的处理。

第四节 企业内部控制制度建设的基本原理

企业管理的实质是控制，控制的基础是制度建设。进行内部控制制度建设，就是按照《企业内部控制基本规范》《企业内部控制配套指引》和相关法律法规的要求，结合企业内部控制环境和经营管理实际，对企业各项业务活动进行制度规范的过程，即内部控制措施在企业各项业务活动中的具体运用。

一、内部控制与内部控制制度的关系

内部控制，是企业为了实现其经营目标，保护资产的安全完整，保证会计信息资料的正确可靠，确保经营方针的贯彻执行，保证经营活动的经济性、效率性和效果性而在企业内部采取的自我调整、约束、规划、评价和控制的程序、政策和措施，并予以规范化、系统化，使之成为一个严密的、较为完整的体系。内部控制制度只是体系中的一方面，是为了实现内部有效控制而制定的一系列具有约束力且为大家所遵守的各项规章制度。内部控制制度建设是企业内部控制活动的基础性工作。

二、内部控制制度建设的基本内容

企业内部控制制度是现代企业内部管理制度的一个重要组成部分。只要存在企业经营活动，就需要有相应的内部控制制度。内部控制制度建设的基本内容包括以下五个方面。

1. 岗位分工制度

岗位分工制度是指建立岗位责任制，明确相关部门和岗位相互分离、制约和监督。例如，出纳人员不得兼任稽核、会计档案、保管和收入、支出费用、债权、债务账目的登记工作，体现了不相容岗位相互分离的要求。

2. 授权审批制度

授权审批控制由企业根据其组织机构、规模大小等实际情况确定。在确定授权批准权限时，必须坚持可控性原则，即授权批准人员必须能够对其审批权限内的经济业务具有管理（控制）权。

3. 控制程序制度

内部控制程序的设计应当充分发挥会计的监督职能，使企业发生的各项财务收支按照规定的程序进行审批和账务处理。在设计审批程序时，各项财务收支业务必须经过会计人员审核后再报有权审批人员审批这一环节，否则就起不到会计监督的作用。

4. 控制范围制度

企业对经济业务的内部控制主要包括：货币资金、实物资产、对外投资、工程项目、采购、筹资、销售、成本费用、担保等业务的控制。在设计各项业务内部控制制度时，要包含业务发生前的计划控制、业务发生的过程控制和业务活动结果的控制，要体现对各项业务的真实性、合法性和合理性的控制。

5. 监督检查制度

在设计内部控制制度时应建立定期检查制度，定期检查制度包括以下几个方面：

(1) 检查相关业务岗位及人员设置情况，是否做到岗位分工控制。

(2) 检查授权批准制度的执行情况，是否有明确的授权批准方式、权限、程序、责任和相关控制措施。

(3) 检查有关款项的管理情况，是否设有收款控制和付款控制环节。

(4) 检查有关单据、凭证和文件的使用和保管情况，是否明确各种票据的购买、保管、领用、背书转让、注销等环节的职责权限和程序。

三、内部控制制度建设的基本路径和要求

(一) 内部控制制度建设的基本路径

内部控制制度建设是企业的一项最基本、最基础，也是最平常的管理活动，为了使这一管理活动取得成效，必须遵循以下基本路径：一是要明确控制的目标，二是要充分考虑内部控制的环境，三是要运用措施得当，四是要全员参与，以形成符合企业实际的、完整的和具有可操作性的制度体系。

(二) 内部控制制度建设的基本要求

1. 全面性与重要性相结合

一方面，内部控制应当贯穿决策、执行和监督全过程，覆盖企业及其所属单位的各种业务和事项。全面性原则要求内部控制是全方位的控制。一是全过程的控制，即从资源利用角度，应建立人力资源控制系统、物力资源控制系统、财力资源控制系统、信息资源控制系统；从经营环节角度，应有供应环节控制、生产环节控制和销售环节控制等。二是全员的控制，内部各机构间、各经办人员间控制职能和管理权限在每一个需要控制的地方都建立控制环节，进行科学的分工与互相牵制，推行职务不兼容制度，杜绝高层管理人员的交叉任职。三是全要素的控制，如产品成本的控制应当包括直接材料费、直接人工费、制造费用等所有成本项目。

另一方面，在全面控制的基础上，对重要的财务收支项目，应实施重点控制，这是重要性原则的要求。因此，在设计内部控制制度时，必须处理好“点”与“面”的关系，通过点的控制起到控制面的作用。

企业内部控制的重点或“关键点”一般体现在三个方面：一是对企业资金的筹集、调度、使用、分配等实行严格的分级权限控制，防止资金的越权循环和体外循环。二是对企业的各项成本费用支出按照会计制度实施严格的监管，防止出现虚假列支、随意列支、无序分摊等舞弊行为。三是对企业各经营环节、经济活动操作者的权力实施有效控制，防止权力的越权使用和非程序化乱用，造成经济损失。

2. 体现制衡性

内部控制制度的基本要求是不相容职务必须分离。企业内部控制应当在治理结构、机构设置及权责分配、业务流程等方面形成相互制约、相互监督，同时兼顾营运效率。例如，“记账人员与经济业务事项和会计事项的审批人员、经办人员、财物保管人员的职责权限应当明确，并相互分离、相互制约”等。因此，在设计内部控制制度时，必须明确指出哪些职务属于不相容职务，应该分离。

3. 合法性与实用性相结合

企业内部控制应当符合国家法律法规和企业的实际情况，即一方面应当符合《会计法》《会计准则》《企业内部控制基本规范》和国家有关法律法规；另一方面，在制度设计时，必须与企业经营规模、业务范围、竞争状况和风险水平等相适应，使制定的制度具有可操作性，并随着情况的变化及时加以调整。

4. 注重成本效益

企业内部控制应当遵循成本效益原则，以合理的控制成本达到最佳的控制效益。企业建立内部控制的目的体现在能够有效地防范错弊，提高效率和效益。实行内部控制制度本就是通过完善的内部控制，降低成本和人为因素，最大限度提高企业的经济效益，绝不能为了控制而控制，更不能为了控制而不惜一切代价。

四、内部控制制度建设的基本程序

内部控制制度设计人员在确定制度建设目标、方法后，就可以进行具体控制制度的起草。其制度建设程序一般包括以下几方面。

1. 起草前调研分析

设计人员在进行制度起草前要进行充分的调研，如企业会计业务的特点，特别是财会工作中容易发生差错和舞弊的环节，以便确定控制的要点。

2. 拟定内部控制制度

根据调研分析的结果，选择适当的控制方法，拟定内部控制制度。

3. 内部控制制度的试行和修改

对拟定的内部控制制度是否科学、可行，需要经过一定时期的试行，以检验其是否可行、有效；对试行中出现的问题要及时进行分析，并对相关条款进行修订，最后正式实行。

五、内部控制制度建设应注意的基本问题

良好的内部控制制度，能够有效约束企业的主要经济行为和关键岗位人员，确保企业经营和管理运行良好。为了使内部控制制度行之有效，企业在进行内部控制制度建设时，需要注意以下几点。

1. 制度建设目标要明确

企业在进行内部控制制度建设时，如果忽视目标定位，可能会出现设计目标不集中、思路不清晰等问题。具体表现在：一是过于关注具体目标而忽视内控制度设计应当服务于企业发展的战略目标；二是在企业战略目标调整、业务模式改变后，内控程序不能跟上企业变革的步伐；三是内控制度侧重查舞弊、防风险，忽视财务报告和管理信息的真实、可靠和完整，可能会造成高级管理人员虚构业绩、隐瞒利润或偷逃税款，容忍甚至授意、指使会计造假，使内控流于形式。

2. 关键控制点要找准

企业内部控制制度的建设，在层次上应涵盖董事会、管理层和全体员工，在对象上应涉及各项经济业务和管理活动，在流程上应渗透到决策、执行、监督、反馈等各个环节。而选准关键控制点是制定内控制度的核心，只有抓住关键控制点，才能有效避免内控真空。

3. 成本效益要统一

内部控制制度设计需讲求控制效率和效果，要合理权衡成本和效益的关系，避免两个极端：一是成本节省偏好，即使对重要业务与事项、高风险业务领域，也不舍得投入必要的控制成本；二是苛求控制效益，设计的控制程序繁琐，管理刚性有余但缺少必要的变通，执行难度大、效率差。把握好成本效益原则，内控不在繁简，管用就行。

4. 制度设计要体现个性

不同企业之间因所有制形式、组织形式、行业特点、经营模式、业务规模、企业文化等方面的差别，在实施内部会计控制时也有不同的要求。借鉴别人的经验本无可厚非，但不能只是简单照抄，内部控制制度不能充分体现企业个性化差异，那只能算是充当门面，很难具有可操作性。

5. 制度建设要适应企业的发展

企业内部控制制度如果一朝制定多年不变，很难适应企业的发展。企业内控制度也要与时俱进，要随着外部环境的变化、经营业务的调整、管理要求的提高而改进和完善，使企业在新情况、新问题面前有应对措施。

课 后 习 题

一、单选题

1. 我国的《企业内部控制基本规范》是(　　)年发布的。

A. 1998　B. 1988　C. 2008　D. 2018

2. 下列有关企业内部控制的表述中,不正确的是(　　)。

A. 内部控制是一个过程

B. 内部控制是由企业的董事会和管理层实施的

C. 有效的内部控制可以绝对保证控制目标的实现

D. 内部控制不仅仅是制度和手册,而是渗透到企业活动之中的一系列行为

3. 在我国企业内部控制标准体系中起统驭作用的是(　　)。

A.《企业内部控制基本规范》

B.《企业内部控制应用指引》

C.《企业内部控制评价指引》

D.《企业内部控制审计指引》

4. 在我国企业内部控制标准体系中占据主体地位的是(　　)。

A.《企业内部控制基本规范》

B.《企业内部控制应用指引》

C.《企业内部控制评价指引》

D.《企业内部控制审计指引》

5. 下列各项中,属于内部控制基础的是(　　)。

A. 风险评估　B. 内部环境

C. 控制活动　D. 信息与沟通

6. 下列各项中,属于实施内部控制重要环节和导向的是(　　)。

A. 风险评估　B. 内部环境

C. 控制活动　D. 信息与沟通

7. 下列各项中,属于内部控制核心的是(　　)。

A. 风险评估　B. 内部环境

C. 控制活动　　D. 信息与沟通

8. 下列各项中，属于实施内部控制纽带的是（　　）。

A. 风险评估　　B. 内部环境

C. 控制活动　　D. 信息与沟通

9. 下列各项中，表明内部控制环境不存在缺陷的是（　　）。

A. 甲企业为上市公司，其关键管理人员在母公司兼职，在该人员的指令下，上市公司承担了母公司发生的捐款

B. 乙企业为降低生产成本，减少环保投入，致使大量污水排入周边水域，造成环境污染

C. 丙企业设立审计委员会，负责监督公司内部控制的有效实施和内部控制自我评价情况

D. 丁企业的企业文化是“不惜一切代价做大市场”

10. 下列各项中，属于不相容职务相互分离核心的是（　　）。

A. 职责分工　　B. 内部牵制

C. 作业程序　　D. 授权批准

11. 下列各项中，属于授权审批控制基础的是（　　）。

A. 分工控制　　B. 会计控制

C. 控制程序　　D. 控制活动

12. 下列各项中，属于内部控制重要方法的是（　　）。

A. 授权审批控制　　B. 会计系统控制

C. 预算控制　　D. 内部报告控制

13. 下列各项中，不属于内部控制方法的是（　　）。

A. 授权审批控制　　B. 内部报告控制

C. 会计系统控制　　D. 预算控制

14. 下列各项中，不属于不相容职务相互分离基本要求的是（　　）。

A. 对每一项业务不能完全由一人经办

B. 内部牵制

C. 钱、账、物分管

D. 有健全的凭证制度

15. 下列各项中，不属于授权审批控制基本要求的是（　　）。

A. 以分工控制为基础

B. 会计控制

C. 在职权范围内能够独立行使处理权

D. 对业务处理行为的责任明确

16. 下列各项中，不属于会计系统控制基本要求的是（　　）。

A. 以会计法、国家统一的会计制度为依据

B. 往来款项的控制

C. 结合企业实际

D. 确保企业财务报告真实、可靠和会计资料完整

17. 下列各项中，不属于绩效考评控制基本内容的是（　　）。

A. 绩效考评指标的建立　　B. 投融资活动的分析控制

C. 绩效考评时间的确定　　D. 绩效考评结果的处理

二、多选题

1. 内部控制的产生与发展大致经过的阶段包括（　　）。

A. 内部牵制　　B. 内部控制制度

C. 内部控制结构　　D. 内部控制整合框架

2.《内部控制——整合框架》认为内部控制由（　　）要素构成。

A. 控制环境　　B. 风险评估　　C. 控制活动　　D. 信息与沟通

E. 监督

3. 我国企业内部控制标准体系由（　　）构成。

A.《企业内部控制基本规范》　　B.《企业内部控制应用指引》

C.《企业内部控制评价指引》　　D.《企业内部控制审计指引》

4. 企业内部控制的实施主体包括（　　）。

A. 全体员工　　B. 监事会　　C. 经理层　　D. 董事会

5. 建立健全和有效实施内部控制是（　　）的责任。

A. 高级管理层　　B. 董事会　　C. 注册会计师　　D. 内审部门

6. 企业内部控制应遵循的原则有（　　）。

A. 全面性原则　　B. 重要性原则

C. 制衡性原则　　D. 适应性原则

E. 成本效益原则

7. 企业内部控制按照控制的对象分有（　　）。

A. 财产物资控制　　B. 环境控制

C. 会计信息控制　　D. 经营决策控制

8. 企业内部控制按照控制的内容分有（　　）。

A. 财产物资控制　　B. 环境控制

C. 业务控制　　D. 经营决策控制

9. 企业内部控制的重点包括(　　)。
A. 资金控制　B. 实物控制　C. 成本控制　D. 权力控制
10. 内部控制的基本要素包括(　　)。
A. 内部环境　B. 风险评估　C. 控制活动　D. 信息与沟通
E. 内部监督
11. 企业内部控制要素中的内部环境主要包括(　　)等内容。
A. 公司治理结构　B. 公司组织机构与权责分配
C. 企业文化　D. 内部审计
E. 人力资源
12. 企业文化包括(　　)等内容。
A. 文化观念　B. 文化环境　C. 价值观念　D. 企业制度
E. 企业精神
13. 风险评估主要包括(　　)等内容。
A. 目标设定　B. 风险识别　C. 风险分析　D. 风险分解
E. 风险应对
14. 企业生产经营管理过程中所面临的风险主要包括(　　)等。
A. 战略风险　B. 财务风险　C. 市场风险　D. 营运风险
E. 法律风险
15. 控制活动主要包括(　　)等内容。
A. 不相容职务相分离控制　B. 授权审批控制
C. 会计系统控制　D. 财产保护控制
E. 预算控制　F. 营运分析控制和绩效考评控制
16. 下列各项中,违背了不相容职务分离控制原则的有(　　)。
A. 材料保管员兼材料核算会计员
B. 保管员同时负责采购业务
C. 出纳员登记现金、银行存款日记账的同时登记相关总账
D. 出纳员负责货币资金收付同时登记现金、银行存款日记账
17. 营运分析控制的基本内容包括(　　)。
A. 生产活动的分析控制
B. 投融资活动的分析控制
C. 购销活动的分析控制
D. 经营成果的分析控制以会计法、国家统一的会计制度为依据
18. 内部控制制度建设主要包括(　　)等制度的建设。

A. 岗位分工制度　　B. 授权审批制度
C. 控制程序制度　　D. 控制范围制度
E. 监督检查制度

19. 内部控制制度建设的原则包括(　　)。
A. 全面性与重要性相结合原则　　B. 制衡性原则
C. 合法性与实用性相结合原则　　D. 成本效益原则

20. 内部控制制度建设的基本程序包括(　　)。
A. 起草前的调研分析
B. 拟定内部控制制度
C. 内部控制制度的试行和修改
D. 执行成本分析

21. 内部控制制度建设应注意的问题包括(　　)。
A. 制度建设目标要明确　　B. 关键控制点要找准
C. 成本效益要统一　　D. 制度设计要体现"个性"
E. 制度建设要适应企业的发展

三、判断题

1. 内部控制就是对权力进行监控。(　　)
2. 对经济业务进行控制主要是为了保证会计信息质量。(　　)
3. 再完美的内部控制也难以解决员工的串通舞弊问题。(　　)
4. 内部控制制度越严格越好、越细致越好,这样才能充分发挥内部控制的作用。(　　)
5. 企业实施内部控制的目的是查错防弊。(　　)
6. 开展内部控制活动,首先要考虑控制环境。(　　)

四、案例分析题

【案例分析 1】

案例资料:欺诈行为在历史上造成最大损失的是发生在巴林银行(一家英国银行)新加坡办事处的证券交易上。该办事处的交易员建立了一个完全自控的账户,隐藏了14亿美元的亏损。当巴林银行的内部审计师意识到交易员一方面控制着交易行为而另一方面又控制着对交易的记录后,管理层仍然没有采取任何行动。结果是一个交易员在一个遥远的办公室内把一家国际性著名银行搞垮。

分析要求:巴林银行的内部控制存在哪些缺陷,从而使得交易员欺诈行为得逞?

【案例分析 2】

案例资料:多肯尼公司是一家为皮尔·卡丹公司与维多利亚琼斯公司生产运动服的服装公司,其前总裁、财务总监和主计长被起诉利用财务报表进行欺诈。这些管理者编制错误的分录来记录虚假的销售,并隐瞒仓库中的存货量,造成存货已经销售的假象。同时,将实际销售订单的时间前移,提前确认销售收入。这些行为使得公司在一个季节 4 000 万美元的销售收入中,有 2 500 万美元是虚假的。

分析要求:

1. 该公司的内部控制存在什么缺陷,从而无法防止类似欺诈行为的发生?

2. 如何阻止这种类型欺诈行为的发生?请你针对此事件,对该公司的内部控制进行重新设计。

本章实训——企业内部控制环境比较

【实训目标与能力要求】

本实训目标是培养学生辨别企业内部控制环境的能力。其能力要求如下：

(1) 掌握企业内部控制环境的内容及其与内部控制制度建设的关系。

(2) 能够对不同公司的内部控制环境作出评价。

【实训方式】

实训分小组进行，以小组为单位完成相应的实训任务，并形成实训报告，参加讨论与讲评。

【实训考核】

根据各实训小组实训准备、提交成果(实训报告)的质量和小组协作情况进行评分。项目实训成绩按百分制评定。

小组项目实训成绩＝实训准备(满分 10)＋实训成果(满分 80)＋小组协作(满分 10)。

个人项目实训成绩＝小组项目实训成绩×个人贡献系数(个人贡献系数由组长根据其在实训中的贡献大小决定)。

【实训步骤】

(1) 由任课教师引导学生解读实训资料，提示学生应注意的问题，并布置具体实训任务和时间要求。

(2) 各实训小组根据组内分工，查找、收集相关资料，进行初步分析比较。

(3) 小组内对初步分析比较的结果进行讨论、修改，并按照要求形成实训报告(实训报告采用为 word 文档，纸张大小设置为 A4，页边距上 2.8 cm，下 2.5 cm，左右各 2.5 cm，行距 1.5 倍，页码格式为阿拉伯数字、居中；总标题小三号、黑体、居中、空一行；一级标题小四号、宋体、加粗；二级标题和其他正文小四号、宋体；图表内文字五号、宋体)。

(4) 实训小组组长将收集的资料和形成的实训成果(电子文档)打包上传，由指导老师组织互评。

(5) 指导老师根据学生实训成果的质量和参与讨论的情况确定实训成绩。

【实训资料】

(一) 江南机械制造有限责任公司

江南机械制造有限责任公司(以下简称江南公司)由地方国营企业改制。公司注册资本为5 000万元,其中市政府出资3 000万元(原企业改制折合资本),占60%股份;李明山出资1 000万元,占20%的股份;赵东林出资500万元,占10%的股份;刘山东出资300万元,占6%股份;其余10人分别出资20万元,分别占0.4%股份。公司法人为张国强(市国资委派出),任公司董事长,李明山为公司总经理,赵东林为监事会主席。

1. 公司基本情况表

江南公司基本情况如表1-3所示。

表1-3　　江南公司基本情况表

企业名称	江南机械制造有限责任公司					
注册地址	江淮市永安路18号					
所属行业	制造业	所属地区	江苏省	成立日期	2008年3月18日	
法定代表人	张国强	董事长	张国强	总经理	李明山	
注册日期	2008年3月18日	营业执照	9800108	注册资金	5 000万元	
公司基本账户开户行		中国工商银行江淮市分行永安营业部				
开户(股票)证券公司		东方证券公司江淮营业部				
经营范围		农用机械、交通工具				
主要产品		水稻收割机、小麦收割机、电动自行车				
职工人数及其构成		公司现有职工924人,其中:技术工人700人,占75.7%;技术人员86人,占9.3%;勤杂人员19人,占2.1%;管理及其他人员119,占12.9%				

2. 公司治理及行政组织结构

江南公司治理及行政组织结构如图1-3所示。

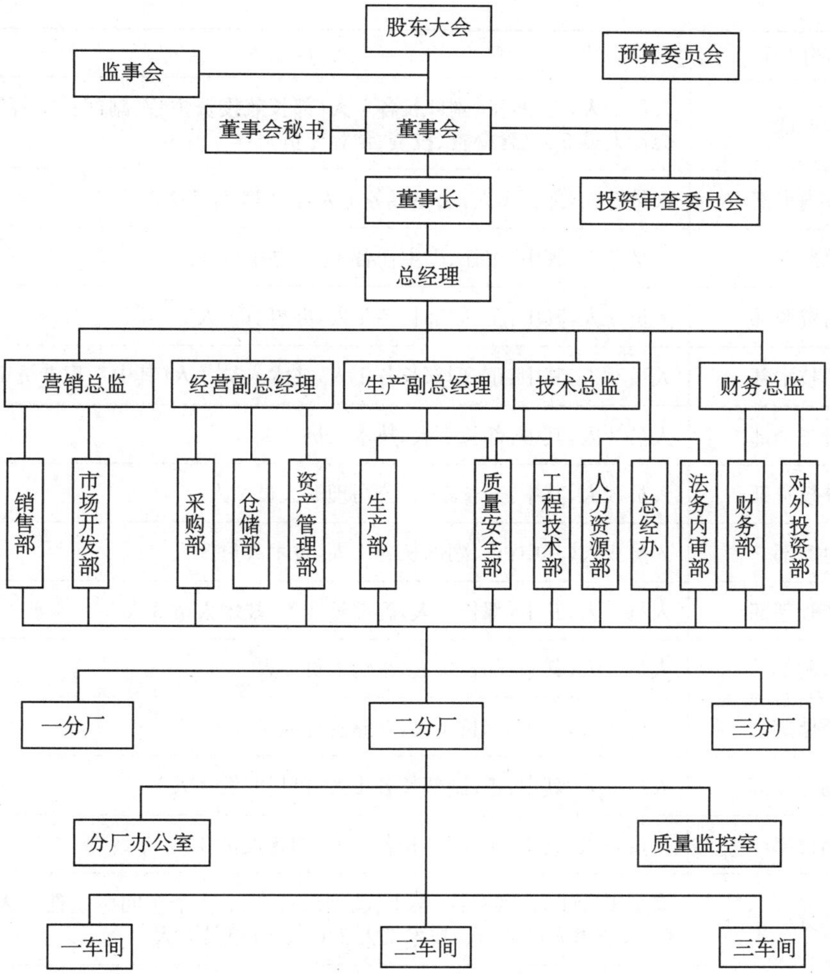

图 1-3　江南公司治理及行政组织结构图

3. 公司人员配备一览表

江南公司人员配备如表 1-4 所示。

表 1-4　　江南公司人员配备一览表

部门	人员配备
董事会	成员 5 人，除董事长和秘书专职外，其余兼职
监事会	成员 3 人，除监事会主席专职外，其余兼职
预算管理委员会	成员 7 人，除预算专员外其余为兼职，常设办公地点财务部
投资审查委员会	成员 7 人，全部兼职
公司高管层	成员 6 人，其中：总经理 1 人，副总经理 3 人，技术总监和财务总监各 1 人

（续表）

部门	人员配备
财务部	人员7人，其中：正、副部长各1人（部长兼投资主管、副部长兼筹资主管），会计人员5人（含筹资、投资、预算专员）
法务内审部	人员3人，部长1人，法律事务1人，内部审计1人
总经办	人员5人，其中：主任、副主任各1人，办事员3人
人力资源部	人员5人，其中：正、副部长各1人，办事员3人
工程技术部	人员5人，其中：正、副部长各1人，技术人员3人（其中工程专员1人）
质量安全部	人员3人，其中：部长1人，技术人员2人
对外投资部	人员3人，其中：部长1人，公司理财人员2人
生产部	人员5人，其中：正、副部长各1人，技术人员3人
资产管理部	人员5人，其中：部长1人，副部长2人，技术人员3人
采购部	人员3人，其中：部长1人，采购人员2人
仓储部	人员4人，其中：部长1人，仓储管理人员3人
市场开发部	人员5人，其中：正、副部长各1人，市场开发3人
销售部	人员5人，其中：正、副部长各1人，销售人员3人
一分厂	有员工281人，其中：厂长1人、副厂长2人，3个车间中主任3人、副主任6人、技术人员24人、技术工人240人、办事员5人
二分厂	有员工317人，其中：厂长1人、副厂长2人，3个车间中主任3人、副主任6人、技术人员30人、技术工人270人、办事员5人
三分厂	有员工228人，其中：厂长1人、副厂长2人，3个车间中主任3人、副主任6人、技术人员21人、技术工人190人、办事员5人
党工部	人员9人，其中：部长1人、副部长2人，政工人员6人
工会	人员3人，其中：副主席1人，工作人员2人
门卫、食堂	勤杂人员19人

4. 公司生产技术及管理特点

公司厂房及办公设施建筑面积12 000多平方米，占地25 000平方米，有固定资产2 900多万元。公司有三个分厂，分别负责水稻收割机、小麦收割机、电动自行车的生产。各分厂均下设三个车间，其中零配件加工车间两个，装配车间一个。公司现有各种设备60台。公司生产设备比较先进，技术力量雄厚，员工素质好。零配件加工采用分步连续进行，装配车间为自动流水作业，产品一次成形。在管理上，运用现代管理方法组织生产，管理队伍精干、工作效率高，内部控制体系完整，内部控制制度健全。

5. 公司市场地位及发展设想

江南机械制造有限责任公司，是苏南地区最大的小麦收割机和电动自行车生产企业。公司成立以来，本着立足苏南、面向江苏、走向全国的市场战略目标，积极开拓市场。目前，公司的客户除苏南地区外，已遍布江苏全省，并开始向全国扩展。下一步，公司将着重提高产品质量和产品档次，加强产品成本核算，努力降低产品生产成本，增强产品的市场竞争力，争取在 2020 年实现利润 5 000 万元。

（二）江北家具制造有限责任公司

江北家具制造有限责任公司（以下简称江北公司）成立于 2008 年 5 月 8 日，由王东林、李明、张宏伟、赵永刚、林淮阳等 8 人共同投资组建，公司注册资本为 1 000 万元，其中王东林出资 550 万元，占 55%的股份，李明出资 200 万元，占 20%的股份，张宏伟出资 150 万元，占 15%股份，其余 5 人分别出资 20 万元，分别占 2%股份。公司法人为王东林，任公司董事长，李明为公司总经理，张宏伟为监事会主席。

1. 公司基本情况

江北公司基本情况如表 1-5 所示。

表 1-5　　　　江北公司基本情况表

<table>
<tr><td>企业名称</td><td colspan="6">江北家具制造有限责任公司</td></tr>
<tr><td>注册地址</td><td colspan="6">江淮市东江区建设北路路 10 号</td></tr>
<tr><td>所属各行业</td><td>制造业</td><td>所属地区</td><td>江苏省</td><td>成立日期</td><td colspan="2">2010 年 5 月 8 日</td></tr>
<tr><td>法定代表人</td><td>王东林</td><td>董事长</td><td>王东林</td><td>总经理</td><td colspan="2">李明</td></tr>
<tr><td>注册日期</td><td>2010 年 5 月 8 日</td><td>营业执照</td><td>20080099</td><td>注册资金</td><td colspan="2">1 000 万元</td></tr>
<tr><td colspan="2">公司基本账户开户行</td><td colspan="5">中国工商银行江淮市分行东江营业部</td></tr>
<tr><td colspan="2">开户（股票）证券公司</td><td colspan="5">东方证券公司江淮营业部</td></tr>
<tr><td>经营范围</td><td>家具制造</td><td>主要产品</td><td colspan="4">办公、教学桌椅和地板</td></tr>
<tr><td>职工人数及其构成</td><td colspan="6">公司现有职工 95 人，其中：技术工人 50 人，占 52.6%；工程技术人员 8 人，占有 8.4%；管理人员 32 人，占 33.7%。勤杂人员 5 人，占 5.3%</td></tr>
</table>

2. 公司治理及行政组织结构

江北公司治理及行政组织结构如图 1-4 所示。

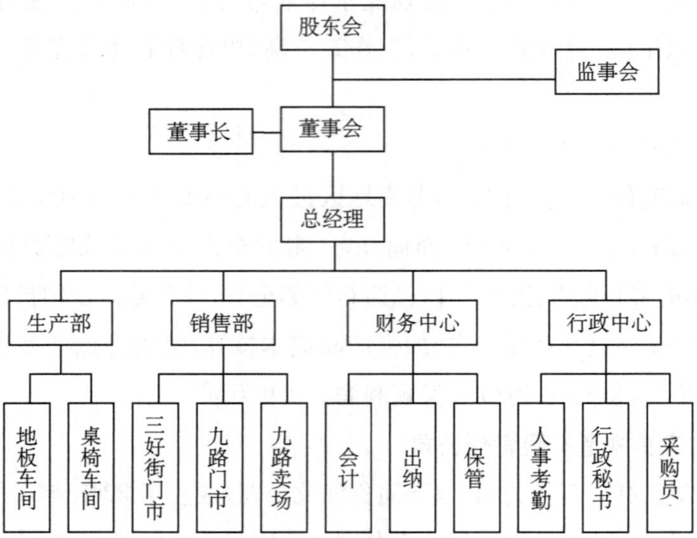

图 1-4　江北公司治理及行政组织结构图

3. 公司人员配备一览表

江北公司人员配备如表 1-6 所示。

表 1-6　　江北公司人员配备一览表

部门	人员配备
董事会	成员 5 人,除董事长专职外,其余兼职
监事会	成员 3 人,全部兼职
公司高管	总经理 1 人
行政中心	人员 4 人,其中:主任 1 人,人事、秘书和采购各 1 人
财务中心	人员 4 人,其中:主任 1 人,会计人员 2 人,五金配件保管员 1 人
销售部	人员 9 人,其中:部长 1 人,副部长 2 人,销售人员 6 人
生产部	人员 5 人,其中:部长 1 人,副部长 2 人,技术人员 3 人
桌椅车间	有员工 36 人,其中:车间主任、副主任各 1 人、技术人员 3 人、技术工人 30 人、办事员 1 人
地板车间	有员工 25 人,其中:车间主任、副主任各 1 人、技术人员 2 人、技术工人 20 人、办事员 1 人
党工部及工会	人员 5 人,其中:部长 1 人、副部长 1 人,干事 2 人
门卫、食堂	勤杂人员 5 人

4. 公司生产技术及管理特点

公司厂房及办公楼建筑面积 4 800 多平方米,占地 11 000 平方米,现有固定资产

800 多万元。拥有全自动桌椅生产线和地板生产线各一条，装载车辆 3 台，小车 2 辆。生产设备先进，技术力量雄厚，生产连续流水作业，产品一次成形，供、产、销一条龙，不设原材料和成品库。管理上，运用现代管理方法组织生产，管理队伍精干、工作效率高，有一套严密的质量保证体系，但内部控制比较薄弱，制度不够健全。

5．公司市场地位及发展设想

江北公司成立以来，本着立足江淮、站稳江苏、面向全国的市场战略目标，大力开拓市场。目前，公司的客户除江淮外，已遍布江苏，并开始向长江三角洲发展。下一步，公司将着重提高现代化管理水平，加强内部控制，建立健全各项管控制度，提高公司竞争力。

【实训任务】

江南公司与江北公司在组织结构上为什么不同？你认为哪家公司更符合内部控制对内部环境的要求？你认为这两家公司理想的公司治理及行政组织结构应该是什么样的，请画图并说明理由。

本章结构框架

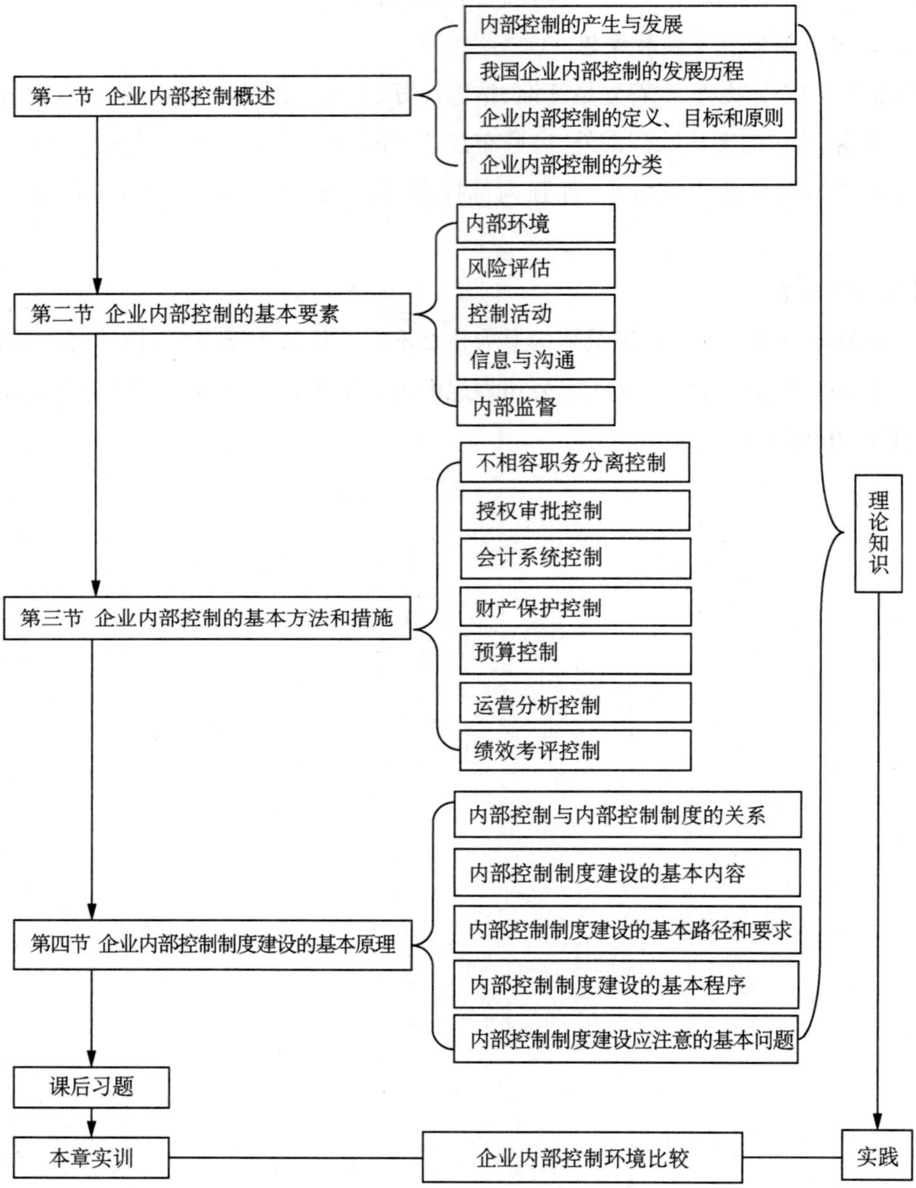
第一节 企业内部控制概述
内部控制的产生与发展
我国企业内部控制的发展历程
企业内部控制的定义、目标和原则
企业内部控制的分类
第二节 企业内部控制的基本要素
内部环境
风险评估
控制活动
信息与沟通
内部监督
第三节 企业内部控制的基本方法和措施
不相容职务分离控制
授权审批控制
会计系统控制
财产保护控制
预算控制
运营分析控制
绩效考评控制
第四节 企业内部控制制度建设的基本原理
内部控制与内部控制制度的关系
内部控制制度建设的基本内容
内部控制制度建设的基本路径和要求
内部控制制度建设的基本程序
内部控制制度建设应注意的基本问题
理论知识
课后习题
本章实训
企业内部控制环境比较
实践

第二章　货币资金内部控制与制度建设

学习目标

1. 了解货币资金的特点，掌握货币资金管控面临的风险点
2. 熟悉货币资金控制的内容与要求
3. 熟悉货币资金业务流程和风险控制点
4. 熟悉货币资金内部控制制度建设项目
5. 能够根据企业货币资金管控的特点和要求，提出相应的制度建设方案

案例导入　一位出纳挪用百万公款打赏网络男主播获刑 4 年半

广西河池市金城江区人民法院介绍，该院依法对一起职务侵占案作出一审宣判，被告人银某因迷恋网络男主播，为买礼物打赏主播，挪用上百万元公款。

法院审理查明，银某于 2001 年入职广西某房地产开发集团有限公司（以下简称“房产公司”），负责该公司河池分公司账户的开销及公司房地产领域的账户管理。因工作需要，银某实际控制两张银行卡用于公司的部分资金流转。

2020 年 7 月至 11 月，银某因欣赏爱慕抖音 App 的某一主播，即利用其担任公司出纳并持有公司经营活动账户的职务便利，多次侵吞公司资金用于充值抖音 App 购买虚拟币，再换成虚拟礼物打赏给主播。

2021 年 1 月 21 日，银某前往柬埔寨躲避，房产公司向公安机关报案。经公安民警动员，银某于同年 4 月 8 日从柬埔寨回国。同年 6 月 17 日，公安机关对银某执行逮捕。归案后，银某如实供述其为打赏抖音主播侵吞公司财产的犯罪事实，自愿认罪认罚。

经司法鉴定，最终认定银某侵占公司的资金共计 144.332 万元。案后，银某亲属代为退回违法所得 7.5 万元。

法院认为，被告人银某身为房产公司财务人员，利用职务上的便利，将公司财产占为己有用于个人娱乐挥霍，数额巨大，其行为已构成职务侵占罪。

案发后，银某积极配合公司进行财务对账，并向公司交代自己侵吞公款用于个人娱乐挥霍的事实；其虽在案发后前往境外躲避，但经公安民警及其家人的劝解与动员，能够主动回国投案，如实供述罪行，构成自首，可以从轻或者减轻处罚。

被告人银某在案发前的四个月内多次侵吞公司财产用于个人挥霍以满足其虚荣心,可酌情从重处罚。

法院判决,被告人银某犯职务侵占罪,判处有期徒刑四年六个月,并处罚金人民币一万元。责令被告人银某退赔违法所得余款136.832万元给被害单位。

资料来源:出纳挪用百万公款打赏网络主播获刑4年半[N].中国新闻网,2022-01-18.

问题探讨:

(1) 如何从源头上杜绝此类案件的发生?

(2) 财会人员应如何面对经手的公款?

第一节 货币资金管控概述

一、货币资金的特点与管控中常见的风险

(一) 货币资金的特点

货币资金包括库存现金、银行存款和其他货币资金,是企业流动资产的重要组成部分,企业的资金以货币资金的形态存在能够满足企业应付日常交易的需求。货币资金具有如下特点。

1. 流动性强、风险性大

货币资金是企业进行日常经营活动的基本条件,是流动性最强的一项资产,最容易发生差错或被非法挪用、侵占。因此,企业必须加强货币资金管理。

2. 与其他经营业务联系广泛、工作量大

企业的一切生产经营活动都与货币资金有千丝万缕的联系,如销货与收款、购货与付款、投资与筹资等业务都与货币资金联系紧密。

3. 国家宏观管理严格

国家对货币资金管理非常重视。为此,国务院颁布了《现金管理暂行条例》和《外汇管理条例》,中国人民银行颁布了《银行账户管理办法》和《支付结算办法》等相关规定,以加强对货币资金的管理。

(二) 货币资金管控中的主要风险

货币资金管控中的主要风险有:

(1) 截留收入。截留收入主要表现为利用工作之便以及制度设计或执行松懈的漏洞,将货币资金收入据为己有或者不入账。

(2) 挪用资金。挪用资金主要是企业相关人员,违反国家法律法规和企业制度,将有特定用途的资金挪作他用。

(3) 虚报冒领。虚报情况常常发生在企业费用列支过程中,通过虚开发票或使用假发票的手法虚报费用,获取私利。冒领常常是虚开或更改相关凭证,冒充他人领取款项。

(4) 出借账号。出借账号是指利用银行和单位账户管理漏洞,将单位银行账号借给其他单位和个人非法使用的行为。

此外,货币资金管控中还存在现金超额存放、白条抵库及违规使用等现象。

二、货币资金控制的目标

根据货币资金业务的特点以及企业财务管理要求,货币资金控制应实现以下目标。

1. 保证货币资金业务的合法性

一个良好的内部控制系统应对每一笔业务进行严格的审批,并做到审批手续规范化、制度化,以保证货币资金的取得、使用符合国家的有关法规。

2. 保证货币资金业务核算准确可靠

会计部门应按有关会计的法律法规要求进行货币资金业务的核算,正确编制会计凭证,及时登记会计账簿,使货币资金在会计账簿和会计报表上准确列示,保证货币资金业务会计核算资料准确可靠。

3. 保证货币资金安全

货币资金内部控制系统应能保证所有货币资金的收入和支出都得到真实的记录和反映,防止非法侵占、挪用等行为的发生,保证货币资金安全完整。

4. 保证货币资金的使用效益

从理财角度看,保持适当的货币资金持有量能降低货币资金使用成本。因此,货币资金内部会计控制应保证合理使用资金,合理安排货币资金收支时间,适当选择货币资金收支方式,提高货币资金的使用效率。

三、货币资金控制的内容与要求

1. 营运资金预算控制

企业应当充分发挥全面预算管理在资金综合平衡中的作用,严格按照预算要求组织协调资金调度,确保资金及时收付,实现资金的合理使用和营运良性循环。营运资金预算控制的内容包括:预算的编制与审批、预算下达与执行、预算执行分析与调整。

(1) 严格执行预算要求。企业应当充分发挥全面预算管理在资金综合平衡中的作用,合理安排、统一协调资金使用,严禁资金体外循环,防范资金运行中的风险。

(2) 加强预算执行情况的检查。企业应当定期召开资金调度会或资金安全检查工作会议,对资金预算执行情况进行综合分析,对发现的问题及时采取措施进行处理,避免资金冗余或资金链断裂现象的发生。

(3) 适时调整预算。企业在预算执行过程中难免发生特殊情况,应该对预算进行必要的调整,以保证预算的合理性。企业在营运过程中出现临时性资金短缺的,可以通过短期融资等方式获取资金。资金出现短期闲置的，在保证安全性和流动性的前提下，可以通过购买国债等多种方式，提高资金效益。

2. 货币资金的控制

(1) 明确现金开支范围，加强库存现金管理。企业应当根据《现金管理暂行条例》的规定，合理确定本企业现金开支范围和库存现金限额，明确盘点要求，防范违规、违纪现象的发生。

【回顾与思考】

我国《现金管理条例》对开户单位现金支出范围是如何规定?

(2) 实行收支两条线和集中收付控制，做到收入及时入账、不得账外设账或私设"小金库"；现金收入及时转存银行、不得坐支现金；严格借款审批、不得公款私用；实行集中收付，加强货币资金统一管理。

(3) 严格银行结算纪律，加强银行账户管理，按照国家相关规定开设银行账户、办理存款、取款和结算手续；按要求进行银行结算凭证的填制、传递和保管；不得签发空头或远期票据，套取银行信用；定期核对银行账户，保证账实相符。

【回顾与思考】

中国人民银行对企业银行存款账户的开设是怎么支规定的? 企业银行日记账如何进行核对? 如果不核对会出现哪些问题?

(4) 规范网上交易、电子支付等行为，明确双方在资金安全方面的责任与义务，确保企业资金安全。

(5) 加强岗位与人员分工控制，即出纳与会计的职务分离；出纳人员与对账人员相分离；业务经办与授权审批职务分离；出纳人员不能负责会计档案的保管和银行存款清查工作；内部审计与会计的职务分离；配备合格的人员，并定期进行岗位轮换。

(6) 加强会计系统控制，严格按照国家统一会计制度对现金、银行存款和其他货币资金的确认、计量、记录和报告，确保货币资金会计核算的真实、准确、完整和及时。

3. 票据和印章的控制

(1) 加强票据管理，企业的各种发票、收据等原始凭证应由会计部门统一购买或自制，对凭证取得或印制的时间、数量、编号进行登记，并制定领用、交回、缴销等管理制度。

(2) 加强印章的管理，印章的保管要贯彻不相容职务分离的原则；企业应制定内部印章使用规则，对印章的使用内容、范围和程序进行规定；印章离开企业需要经过各部门主管的批准，印章使用者取得印章后要签字证明，印章保管人员要备查登记，及时收回。

第二节 货币资金内部控制制度建设

企业应依据《企业内部控制应用指引第 6 号——资金活动》所确立的资金活动控制内容和要求，结合企业货币资金管理实际，将有关货币资金控制措施以文本的形式具体化、条文化，形成有约束力的、要求大家共同遵守的内部控制制度文件。

一、货币资金业务流程与风险分析

企业资金营运活动是一种价值运动，为了保证资金运动的安全、完整、有效，企业应当按照设计好的流程进行严密控制。一般企业资金营运业务流程如图 2-1 所示。

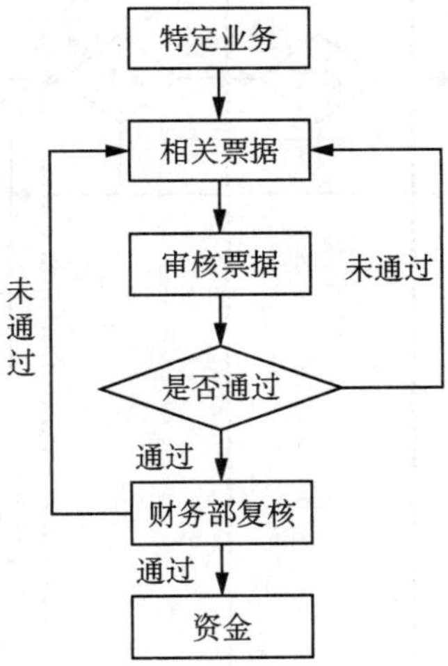

图 2-1 资金营运业务流程

(一) 资金授权审批流程与风险分析

江南公司资金授权审批流程与风险分析如图 2-2 所示。

江南公司货币资金授权审批流程说明如下：

(1) 公司财务部要根据企业内部控制的相关规范并结合自身情况，拟定资金授权审批制度。

(2) 公司各部门制订出本部门的阶段性(1 年、半年、季度)资金需求计划并上报财会部门审核。

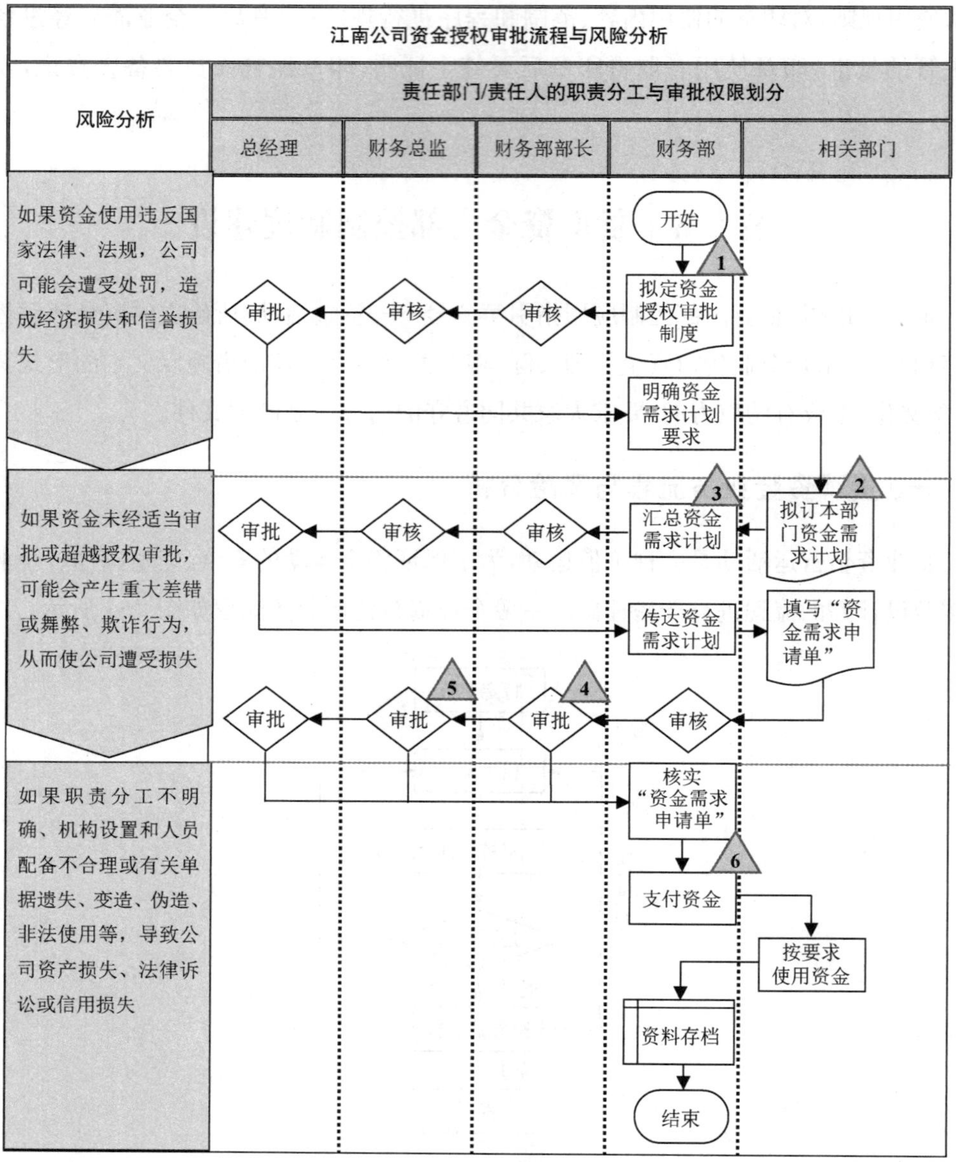

图 2-2　江南公司资金授权审批流程与风险分析

（3）财务部汇总各部门上报的资金需求计划，并上报财务部部长、财务总监审核，由总经理审批。

（4）相关部门申请资金的额度超过财务部部长审批权限的，需要由财务总监审批。

（5）相关部门申请资金的额度超过财务总监审批权限的，需要由总经理审批。

（6）出纳根据资金需求申请单批准的金额支付资金给申请部门。

（二）资金支付业务流程与风险分析

江南公司资金支付业务流程与风险分析如图 2-3 所示。

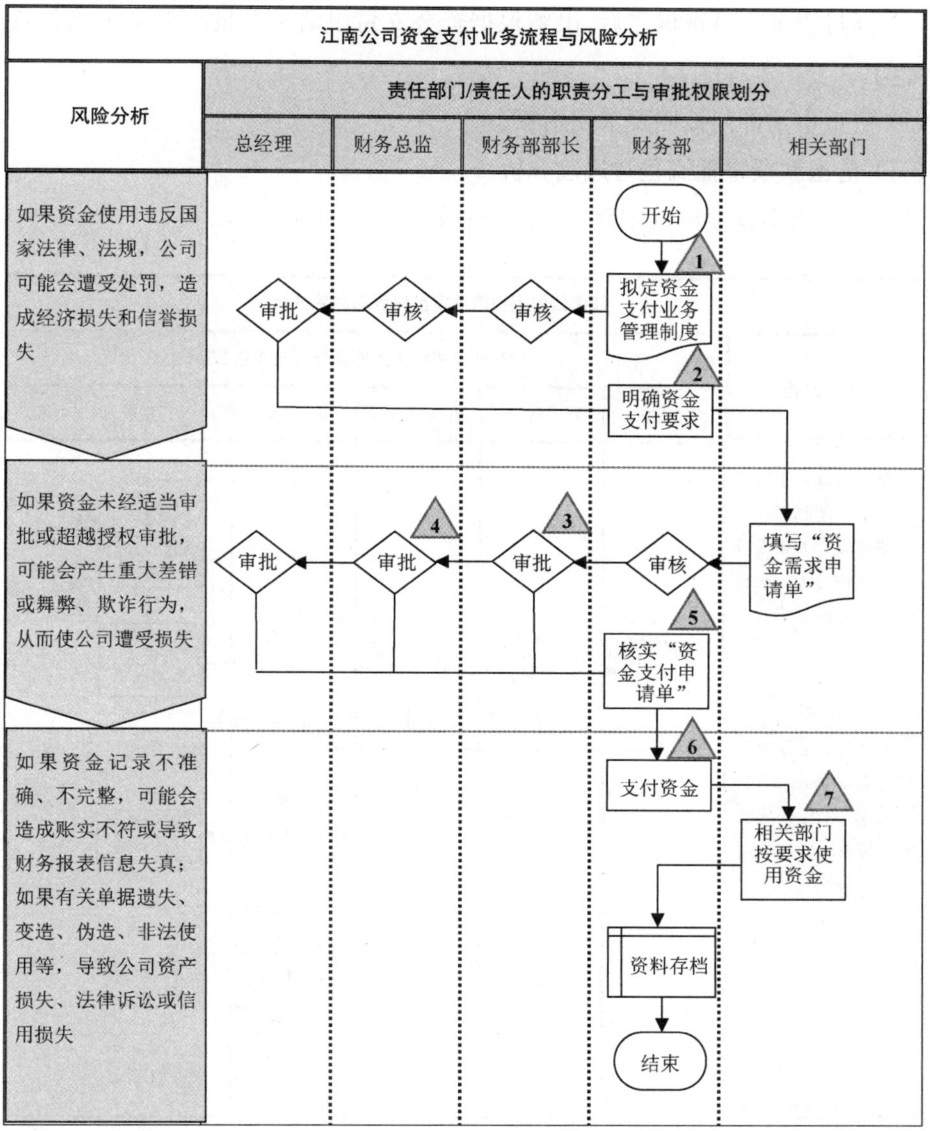

图 2-3　江南公司资金支付业务流程与风险分析

江南公司资金支付业务流程说明如下：

(1) 公司财务部要根据国家法律、法规并结合自身情况，拟定资金支付业务管理制度。

(2) 财务部根据资金支付业务管理制度的相关规定，进一步提出资金支付的相关要求。

(3) 财务部经理根据审批权限审批相应的额度，审批额度超出自身审批权限的，需要由财务总监审批。

(4) 财务总监根据审批权限审批相应的额度，超出自身审批权限的，需要由总经理审批。

(5) 审批人签署资金支付申请单后，资金专员要核实申请单是否符合企业的相关规定。

(6) 通过资金专员审核之后,出纳根据资金支付申请单上批准的金额支付资金给申请部门。

(7) 资金申请部门按照要求使用资金。

(三) 借出款项审批流程与风险分析

江南公司借出款项审批流程与风险分析如图 2-4 所示。

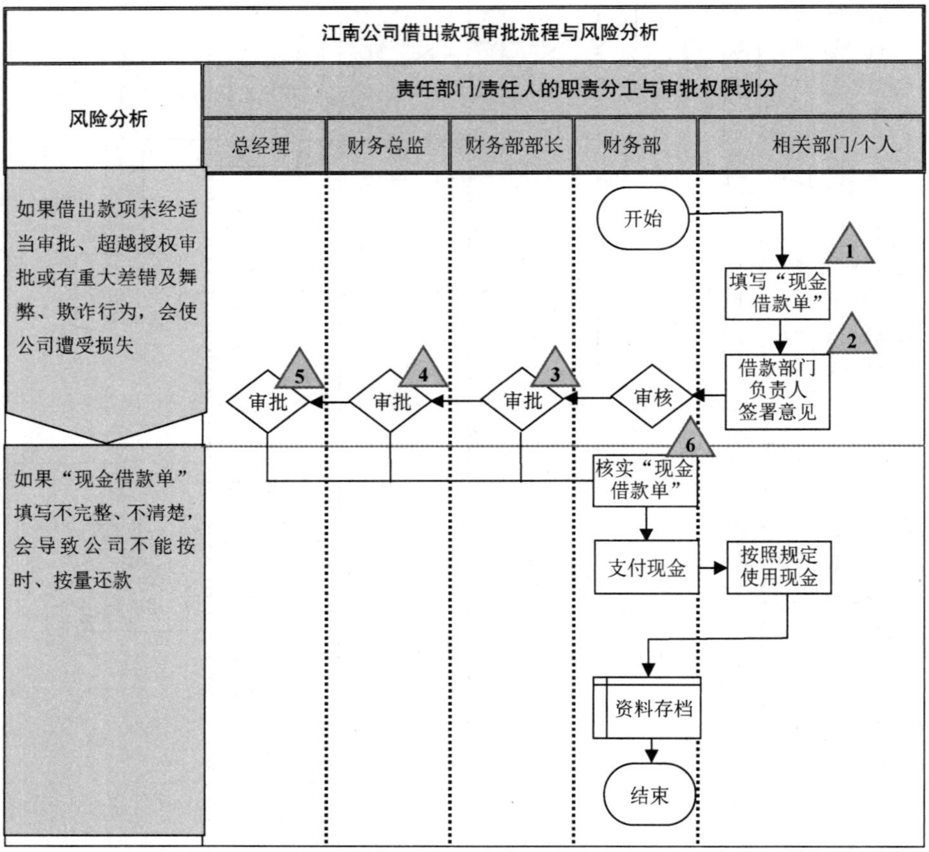

图 2-4　江南公司借出款项审批流程与风险分析

江南公司借出款项审批流程说明如下:

(1) 借款人按照规定填写现金借款单,并签名、盖章。

(2) 借款人所在部门负责人在借款单上签署意见,并签名、盖章。

(3) 财务部部长在其审批额度内审批,借款数额在 5 000 元内,财务部部长具有审批权限。

(4) 财务总监在其审批额度内审批,借款数额在 5 000 元以上 20 000 元以内的,财务总监具有审批权限。

(5) 总经理在其审批额度内审批,借款数额在 20 000 元以上 50 000 元以内的,总经理具有审批权限。

(6) 借款人应根据签字手续齐全的现金借款单到财务部办理借款，经审核人员审核后交由出纳支付现金。

(四) 银行账户核对流程与风险分析

江南公司银行账户核对流程与风险分析如图 2-5 所示。

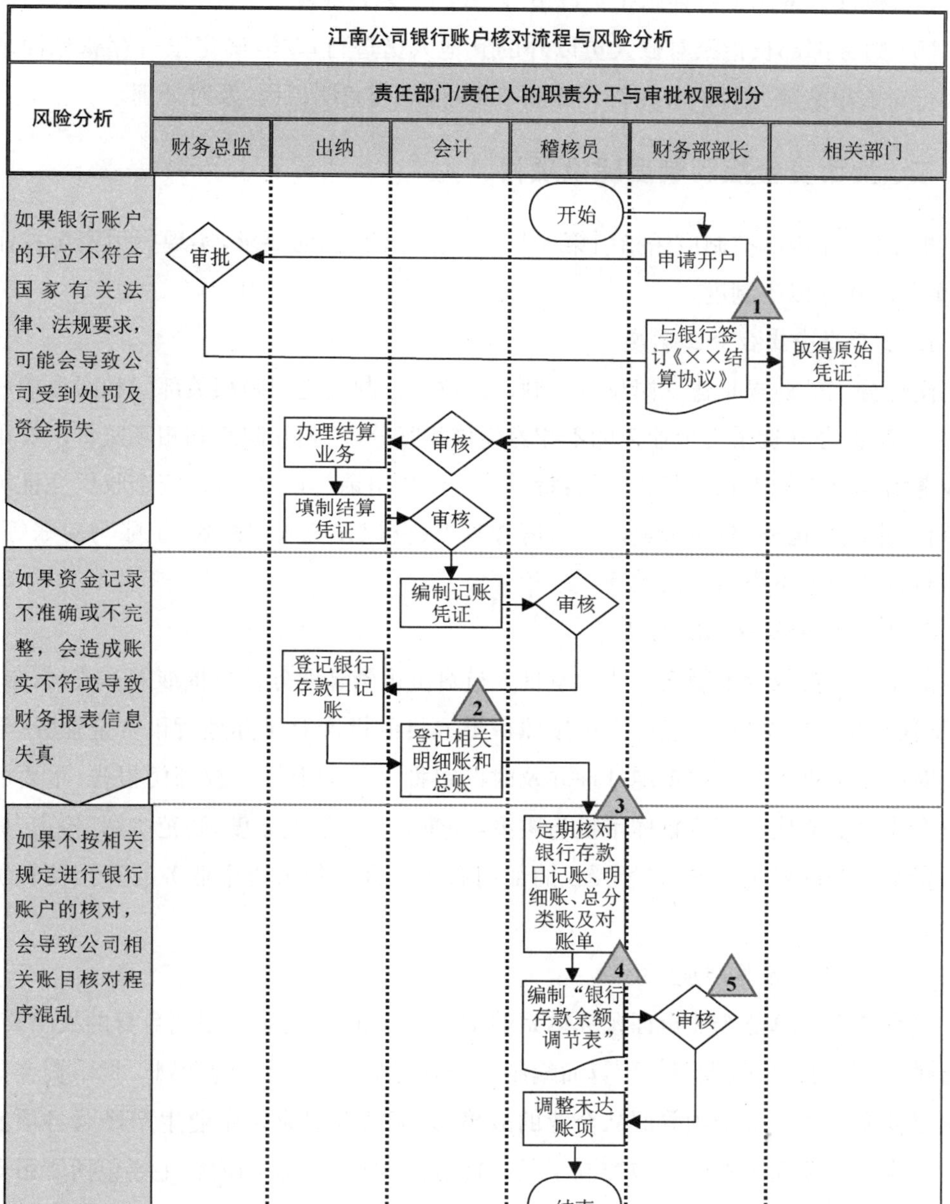

图 2-5 江南公司银行账户核对流程与风险分析

公司银行账户核对流程说明如下：

(1) 由财务总监授权财务部部长与银行签订《××结算协议》。

(2) 会计根据收付凭证登记相关明细账，总账会计登记总分类，并在记账凭证上签章。

(3) 稽核员应定期核对银行账户，每月至少核对一次，并应签字盖章。

(4) 稽核员编制银行存款余额调节表，并调整未达账项。

(5) 财务部部长指派对账人员以外的其他人员进行审核，确定银行存款账面余额与银行对账单余额是否调节相符。如调节不符，应当查明原因，及时处理。

二、货币资金控制制度建设项目

根据《企业内部控制应用指引第 6 号——资金活动》的要求，实现货币资金控制目标，企业应建立以下制度。

1. 货币资金岗位分工制度

岗位分工的前提是建立岗位责任制。岗位责任制度应明确相关部门和岗位的职责权限，以确保办理货币资金业务的不相容岗位相互分离、相互制约和相互监督。货币资金业务需要分离的不相容职务包括：货币资金收付申请与审批、货币资金收付凭证填制与审核、审核与稽核、货币资金保管与清查盘点、登记日记账与总账、记账与对账等，还有银行预留印鉴不得由一人兼管。

2. 货币资金授权批准制度

货币资金授权批准制度应明确审批人员对货币资金业务授权批准的方式、权限、程序、责任和相关控制措施；经办人员按照审批人员的批准意见办理货币资金业务；经办人员对越权审批事项有权拒绝办理并及时向审批人员的上级授权部门报告；重要的货币资金支付业务应当实行集体审批与决策，并建立责任追究制度，防范贪污、侵占、挪用货币资金行为的发生；严禁未经授权的部门和人员办理货币资金业务或直接接触货币资金。

3. 货币资金预算制度

货币资金预算是企业全面预算体系的重要组成部分，是企业根据自身的战略需要，结合销售、采购、筹资、投资等预算而编制的企业资金流入、流出的计划。货币资金预算控制是使企业货币资金预算服从企业的战略，并能够及时满足企业生产经营各项业务对于资金的需要而采取的相应控制手段。货币资金预算控制的内容主要包括货币资金预算编制控制和货币资金预算批准控制。

4. 货币资金支付制度

企业应按照规定的程序办理货币资金支付业务。货币资金支付业务程序分为支付申请、支付审批、支付复核和办理支付。出纳应根据复核无误的支付申请，按照规定办理货币资金支付手续，及时登记现金和银行存款日记账。

5. 现金和银行存款管理制度

企业应根据《现金管理暂行条例》规定，结合单位的实际情况确定单位现金的开支范围。不属于现金开支范围的业务应通过银行办理转账结算。现金收入应及时存入银行，不得用于直接支付单位自身的支出。因特殊情况需坐支现金，应事先报经开户银行审查批准。借出款项必须执行严格的授权批准程序，严禁擅自挪用、借出货币资金。取得货币资金收入必须及时入账，不得私设"小金库"，不得账外设账，严禁收款不入账。

企业应按《支付结算办法》等规定，加强银行账户管理，严格按照规定开立账户，办理存款、取款和结算。应定期检查、清理银行账户的开立与使用情况，发现问题，及时处理。加强对银行结算凭证填制、传递及保管等环节的管理，严格遵守银行结算纪律，不签发没有资金保证的票据或远期支票，套取银行信用；不签发、取得和转让没有真实交易和债权债务的票据，套取银行和他人资金；不无理拒绝付款，任意占用他人资金；不违反规定开立、使用银行账户。应指定专人定期核对银行账户，每月至少核对一次，编制银行存款余额调节表，使银行存款账面余额与银行对账单调节相符。一旦调节不符，应查明原因，及时处理。应定期、不定期地进行现金盘点，确保现金账面余额与实际库存相符。发现不符，应及时查明原因，作出处理。

6. 票据与印章管理制度

应加强与货币资金相关票据的管理，明确各种票据购买、保管、领用、背书转让及注销等环节的职责权限和程序，并专设登记簿进行记录，防止空白票据遗失和被盗情况发生。

应加强银行预留印鉴管理。财务专用章要由专人保管，个人名章必须由本人或其授权人员保管。严禁一人保管支付款项所需要的全部印章。

印章使用要作出相应记录。印章不使用时要与支票分开存放。动用现金支票提款，应由会计、出纳分别加盖所保管的印章。

7. 货币资金监督检查制度

企业应建立货币资金业务的监督检查制度，明确监督检查机构或人员的职责权限，定期和不定期地进行检查。监督检查主要包括：货币资金业务相关岗位及人员设置情况、货币资金授权批准制度执行情况、支付款项印章保管情况和票据保管情况。对于在货币资金内部控制监督检查过程中发现的薄弱环节，应及时采取措施，加以纠正。

三、货币资金内部控制制度范例

江南公司现金管理制度如表 2-1 所示。

表 2-1　　江南公司现金管理制度

制度名称	现金管理制度	文件编号	内控 06-03-03
执行部门	财务部、各部门	监督部门	法务内审部

第 1 章　总则

第 1 条　为规范公司的现金管理，防范在现金管理中出现舞弊、腐败等行为，确保公司的现金安全，特制定本制度。

第 2 条　本制度适用于现金收付业务办理、库存现金管理等。

第 3 条　公司所有经济往来，除本制度规定的范围可以使用现金外，其他均应当通过开户银行进行转账结算。

第 4 条　公司的现金管理按照账款分开的原则，由专职出纳人员负责。出纳与会计岗位不能由同一人兼任，出纳也不得兼管现金凭证的填制及稽核工作。

第 2 章　现金收取、支付范围规定

第 5 条　现金的收取范围。

1. 个人购买公司的物品或接受劳务。
2. 个人还款、赔偿款、罚款及备用金退回款。
3. 无法办理转账的销售收入。
4. 不足转账起点的小额收入。
5. 其他必须收取现金的事宜。

第 6 条　在下列范围内可以使用现金，不属于现金开支范围的业务应当根据规定通过银行办理转账结算。

1. 员工薪酬，包括员工工资、津贴、奖金等。
2. 根据国家规定颁发给个人的科学技术、文化艺术、体育等各种奖金。
3. 各种劳保、福利费用及国家规定的对个人的其他支出。
4. 支付给公司外部个人的劳务报酬。
5. 出差人员必须随身携带的差旅费或应予以报销的差旅费。
6. 结算起点以下的零星支出。
7. 向股东支付红利。
8. 根据规定允许使用现金的其他支出。

第 7 条　除第 6 条第 2 点、第 3 点外，公司支付给个人的款项，超过使用现金限额的部分，应当以支票或者银行本票支付；确需全额支付现金的，经会计及财务主管同意后，报开户银行审核后，方可予以支付现金。

第 3 章　现金限额管理

第 8 条　公司按规定建立现金库存限额管理制度，超过库存限额的现金应及时存入银行。

第 9 条　财务部要结合本公司的现金结算量和与开户行的距离合理核定现金的库存限额。

第 10 条　现金的库存限额以不超过 2～3 个工作日的开支额为限，具体数额由财务部向主办银行提出申请，主办银行核定。

第 11 条　核定后的现金库存限额标准，出纳员必须严格遵守，若发生意外损失，超限额部分的现金损失由出纳员承担赔偿责任。

第 12 条　需要增加或减少现金的库存限额时，应申明理由，经会计人员、财务部经理、总经理审批后，向主办银行提出申请，由主办银行重新核定。

（续表）

第13条　库存的现金不准超过银行规定的限额，超过限额要当日送存银行。如有特殊原因滞留超额现金过夜的（如待发放的奖金等），必须经有关领导批准，并做好保管工作。

第4章　现金收取与支出管理

第14条　现金收支工作总体规定。

1. 现金收支必须坚持收有凭、付有据，堵塞由于现金收支不清、手续不全而出现的一切漏洞。

2. 除财务部或受财务部门委托的出纳员外，任何单位或个人都不得代表企业接受现金或与其他单位办理结算业务。

3. 出纳员不准以白条抵充现金。现金收支要坚持做到日清月结，不得跨期、跨月处理现金账务。

4. 出纳员不得擅自将企业现金借给个人或其他单位，不得谎报用途套取现金，不得利用银行账户代其他单位或个人存入或支取现金，不得将单位收入的现金以个人名义存入银行，不得保留账外公款。

5. 出纳员因特殊原因不能及时履行职责时，必须由财务部经理指定专人代其办理有关现金业务，出纳员不得私自委托。

第15条　有关现金收取工作的规定。

1. 出纳员在收取现金时，应仔细审核收款单据的各项内容，收款时坚持唱收唱付，当面点清；应认真鉴别钞票的真伪，防止假币。若发生误收假币或短款，由出纳员承担一切损失。

2. 因业务需要，在公司外部收取大量现金的，应及时向公司财务部和公司负责人汇报，并妥善处置，任何人不得随意带回自己的家中；否则，发生损失由责任人赔偿。

3. 现金收讫无误后，出纳员要在收款凭证上加盖现金收讫章和出纳员个人章，并及时编制会计凭证。

4. 公司每天的现金收入应及时足额送存银行，不得坐支，不得用于直接支付本企业自身的支出；应及时入账，不得私设小金库，不得账外设账，严禁收款不入账。

5. 非现金出纳代收现金时，要及时登记《现金收付款项交接簿》，办理交接手续，《现金收付款项交接簿》要同现金日记账一起保管归档。

第16条　有关现金支付工作的规定。

1. 公司支付现金，可以从本公司现金的库存限额中支付或者从开户银行提取，不得从本公司的现金收入中直接支付（即坐支）。因特殊情况需要坐支现金的，必须经会计、财务部经理和财务总监同时批准同意。

2. 对于需支付现金的业务，会计人员必须审查现金支付的合法性与合理性，对于不符合规定或超出现金使用范围的支付业务，会计人员不得办理。

3. 办理现金付款手续时，会计人员应认真审查原始凭证的真实性与正确性，审查是否符合公司规定的签批手续，审核无误后填制现金付款凭证。

4. 出纳员必须根据审核无误、审批手续齐全的付款凭证支付现金，并要求经办人员在付款凭证上签上自己的名字。

5. 支付现金后，出纳员要在付款凭证上加盖现金付讫章和出纳员个人章，并及时办理相关账务手续。

6. 任何部门和个人都不得以任何理由私借或挪用公款，个人因公借款，按《员工借款管理制度》的规定办理。公司职员因工作需要借用现金，需填写《借款单》，注明借用现金的用途，经部门经理批准后，送财务部会计人员审核，经财务部经理审批后方可支取。各业务人员应及时清理借款，公司应视业务需要制定还款期限及措施。

（续表）

7. 办理现金报销业务，经办人要详细记录每笔业务开支的实际情况，填写《支出凭单》，注明用途及金额。出纳员要严格审核应报销的原始凭证，根据成本管理、费用管理有关审批权限审核无误后，办理报销手续。

8. 支付个人的临时工工资、顾问费等，出纳员根据有关规定和公司领导的批示，以及经过审核的《支出凭单》，并由经办人、收款人签章后，支付现金，同时办理代扣个人收入所得税手续。

9. 因采购地点不确定、交通不便、银行结算不便，且生产经营急需或特殊情况必须使用大额现金时，由使用部门向财务部提出申请，经财务部经理及总经理同意后，准予支付现金。

第5章　现金保管

第17条　现金保管的责任人为出纳员。出纳人员应由诚实可靠、工作责任心强、业务熟练的会计人员担任，连续担任出纳岗位一般不得超过2年。

第18条　超过库存限额的现金应由出纳员在下班前送存银行。公司的现金不得以个人名义存入银行。银行一旦发现公款私存，可以对相关单位处以罚款，情节严重的，可以冻结单位现金支付。

第19条　为加强对现金的管理，除工作时间需要的少量备用金可放在出纳员的抽屉内，其余则应放入出纳员专用的保险柜内，不得随意存放。保险柜应存放于坚固实用、防潮、防水、通风较好的房间，房间应有铁栏杆、防盗门。

第20条　限额内的现金当日核对清楚后，一律放在保险柜内，不得放在办公桌内过夜。保险柜密码由出纳员自己保管，并严格保密，不得向他人泄露，以防为他人利用。出纳员调动岗位，新出纳员应更换使用新的密码。

第21条　保险柜钥匙、密码丢失或发生故障，应立即报请领导处理，不得随意找人修理或修配钥匙。

第22条　纸币和铸币，应实行分类保管。出纳员对库存票币分别按照纸币的票面金额和铸币的币面金额，以及整数（即大数）和零数（即小数）分类保管。

第23条　现金应整齐存放，保持清洁，如因潮湿霉烂、虫蛀等问题发生损失的，由出纳员负责。

第24条　出纳员向银行提取现金，应当填写《现金提取单》，并写明用途和金额，由财务部经理批准后提取。

第6章　现金盘点与监督管理

第25条　出纳人员要每天清点库存的现金，登记现金日记账，做到按日清理、按月结账、账账相符、账实相符。

1. 按日清理，是指出纳员应对当日的经济业务进行清理，全部登记日记账，结出库存现金的账面余额，并与库存现金的实地盘点数进行核对，以确认账实是否相符。

2. 按日清理的主要工作内容如下。

(1) 清理各种现金收付款凭证，检查单证是否相符，并检查每张单证是否已经盖齐“收讫”“付讫”的戳记。

(2) 登记和清理现金日记账。

(3) 现金盘点。

(4) 检查现金是否超过规定的库存限额。

第26条　每月会计结账日前，出纳员应及时与负责账务处理的其他会计人员就“现金日记账”和“库存现金”进行相互核对，并编制《现金核对记录表》，由财务部经理、出纳员、会计人员三方签字，以确保账账相符。

（续表）

第27条　出纳员有义务配合财务部经理或其他稽查人员随时、不定期地抽查“现金盘点”工作，并确保抽查现金没有差异。 第28条　财务部经理、资金主管应定期监盘现金，确保账账相符、账实相符。发现长款或短款的，应及时查明原因，按规定程序报批处理。因出纳员自身责任造成的现金短缺，出纳员负全额赔偿责任，造成重大损失的，应依法追究责任人的法律责任。 第29条　财务部经理、资金主管应高度重视现金管理，对现金收支进行严格审核，不定期进行实地盘点，对现金管理出现的情况和问题提出改进意见，报主管领导批准后实施。 **第7章　附则** 第30条　本制度由财务部负责制定、解释，经企业董事会讨论批准生效。修订、废止时亦同。 第31条　本制度自2022年1月1日起施行。					
修订日期	2021.10.10	审核日期	2021.10.20	批准日期	2021.12.30

江南公司印章管理制度如表2-2所示。

表2-2　江南公司印章管理制度

制度名称	印章管理制度	文件编号	内控06-03-06
执行部门	财务部、各部门	监督部门	法务内审部
第1章　总则 第1条　为规范公司财务印章管理，减小因印章使用不当给公司带来的损失，特制定本制度。 第2条　本制度适用于涉及使用印章的所有相关人员。 **第2章　印章的制作、保管、废止** 第3条　公司财务相关方面的印章由公司指定的部门统一制作，相关人员严禁私自制作印章。 第4条　经相关管理人员授权后由行政部负责制作财务方面的印章，印章具体分事项印章、财务专用章与人名章三类。 第5条　公司财务方面相关的事项印章由财务部指定专人进行保管，人名章由本人自己保管或本人授权他人保存，财务专用章由财务总监负责保管，未经授权的人员一律不得接触、使用印章。 第6条　印章的保管人员一律不得将印章转借他人，否则所造成的后果由印章保管人员负责。 第7条　公司总经理可以使用公司的所有印章。 第8条　印章保管人若管理不慎使印章遗失、被盗或损毁，需立即上报行政部，由行政部登记后申明作废并制作新的印章。 第9条　财务部制订财务方面的印章登记簿，说明印章制作时间、内容、印章发放时间、保管人等。 第10条　出纳人员要将财务的有关印鉴簿交予银行，当印章变动时要及时与银行联系，更新印鉴簿。 **第3章　印章的使用** 第11条　使用印章时，使用人必须填写印章使用申请单，说明使用印章的理由、起止时间、印章的种类、材质及申请人等。			

（续表）

<table>
<tr><td colspan="6">第 12 条　印章使用申请单经有关领导审批后，连同需用印盖章的文件一同交予印章保管人盖章。
第 13 条　印章保管人要仔细审核印章使用申请单的事项和相关管理人员的批示，若认为不符合相关规定，可拒绝盖章。
第 14 条　经授权的印章代理人员使用完印章后，要将盖章依据与印章使用申请单交予印章管理人进行审核。
第 15 条　公司财务方面的印章原则上不允许带出，确需带出企业使用，必须填写印章使用申请单说明事由，经总经理批准后方可带出，由两人共同使用。
第 16 条　印章使用申请单由各盖章人员保存，每月月底汇总后交予公司指定部门存档。
第 17 条　印章保管人在使用完印章后，填写印章使用登记簿，说明印章使用事由、使用对象、盖章时间等并有申请人签字确认。
第 4 章　印章使用的其他规定
第 18 条　印章保管人员离职或调动时，必须将保管的印章及相关文件交割，否则不允许离职或调动。
第 19 条　公司中任何涉及财务印章的使用事项均需按本制度规定程序执行，严禁擅自使用印章。
第 20 条　未经授权擅自使用公司财务方面印章所造成的后果由使用者与印章保管人共同承担，后果严重者将移交司法机关进行处理。
第 5 章　附则
第 21 条　本制度由公司财务部负责制定、修订及解释，自董事会通过之日起执行。</td></tr>
<tr><td>修订日期</td><td>2021.10.15</td><td>审核日期</td><td>2021.10.25</td><td>批准日期</td><td>2021.12.30</td></tr>
</table>

课后习题

一、单选题

1. 现金日记账应采用的格式为(　　)。

A. 订本式　　B. 活页式　　C. 卡片式　　D. 以上均可

2. 可以保证现金收支业务按照授权进行,增强经办人员和负责人员的责任感的控制措施为(　　)。

A. 授权批准　　B. 分工记账　　C. 清点　　D. 清查

3. 可以及时发现企业或银行记账差错,防止银行存款非法行为发生,保证银行存款真实和货款结算及时的控制措施为(　　)。

A. 审批　　B. 复核　　C. 核对　　D. 对账

4. 按照内控要求,核对银行存款日记账和银行对账单,编制"银行存款余额调节表"应由(　　)负责进行。

A. 记账人员　　B. 非出纳人员　　C. 会计人员　　D. 审核人员

5. 在现金收支原始凭证上,业务经办人员应签字盖章以明确有关责任,同时该凭证还须经(　　)审核签章。

A. 记账人员　　B. 出纳人员　　C. 会计人员　　D. 部门负责人

6. (　　)应根据审核无误的现金收款或付款凭证进行收款或付款,收付完毕,对现金收款或付款凭证以及所附原始凭证加盖"收讫"或"付讫"戳记,并签字盖章以示收付。

A. 出纳人员　　B. 记账人员　　C. 会计人员　　D. 稽核人员

7. 在(　　)监督下,各个账簿记录人员核对银行存款日记账和有关明细分类账及总分类账。

A. 出纳人员　　B. 记账人员　　C. 会计人员　　D. 稽核人员

8. 现金内部控制的控制点不包括(　　)。

A. 审批　　B. 余额调节表　　C. 对账　　D. 清查

9. 下列各项中,不属于货币资金控制目标要求的是(　　)。

A. 保证货币资金业务的合法性

B. 保证财产物资的完整与安全

C. 保证货币资金业务核算的准确可靠

D. 保证货币资金的使用效益

10. 职务分离在资金活动控制制度中体现为(　　)。

A. 会计与财务相分离

B. 付款与收款相分离

C. 资金使用与资金管理相分离

D. 银行存款与库存现金相分离

二、多选题

1. 按照货币资金不相容岗位相互分离的要求,出纳人员不得兼任的工作包括(　　)。

A. 总账登记和收入、支出、费用、债权债务账目的登记工作

B. 货币资金的稽核工作

C. 会计档案保管人员相分离

D. 现金的清查盘点人员

2. 银行存款收支业务记账前,应由稽核人员审核银行存款收付凭证及所附原始凭证、结算凭证基本内容的完整性,处理手续的完备性,所反映的经济业务的(　　)。

A. 合规性　　B. 合法性　　C. 真实性　　D. 有效性

3. 支票签发业务处理流程的关键控制点有(　　)。

A. 付款前由业务部门和会计部门主管审核

B. 签发的支票作备查记录

C. 签发支票的印鉴由会计主管保管

D. 和银行进行核对

4. 零星费用报销业务处理流程的关键控制点有(　　)。

A. 费用报销必须要有原始凭证

B. 费用报销前,必须由业务部门主管和会计部门主管审核批准

C. 费用报销前,由出纳人员进行审核

D. 定期进行账账核对

5. 货币资金控制需要建立(　　)。

A. 职务分离制度　　B. 控制程序

C. 稽核制度　　D. 岗位责任制度

6. 建立货币资金会计处理复核与对账制度,包括(　　)。

A. 货币资金收支凭证与原始凭证核对

B. 现金与银行存款日记账与其总账核对

C. 企业银行存款与开户银行定期核对

D. 现金日记账的每天余额与实存现金核对

7. 货币资金管理的目标包括(　　)。

A. 保证货币资金业务收支的真实与合法

B. 保证货币资金的使用效益

C. 保证货币资金业务核算的准确与可靠

D. 保证货币资金的安全完整

8. 票据管理制度涵盖(　　)等内容。

A. 各种票据的购买、保管、领用

B. 各种票据的备查登记

C. 各种票据的背书转让

D. 各种票据的注销

E. 各种票据的核算

三、判断题

1. 出纳员不能兼任稽核、会计档案保管和收入、支出、费用、债权和债务等账目登记工作。(　　)

2. 出纳人员应该在每日营业结束后,结出现金日记账的收支和结余额,清点库存现金实有数,相互核对。(　　)

3. 有条件的企业,可以实行收支两条线和集中收付制度,加强对货币资金的集中统一管理。(　　)

4. 货币资金收付及保管应由经过被授权批准的出纳负责处理,其他人员不得接触库存现金。(　　)

5. 出纳可以同时负责日记账和非货币资金账户的记账工作。(　　)

6. 负责货币资金收付的人员应与负责现金的清查盘点人员相分离,但可以负责银行对账。(　　)

7. 对于审批人员超越授权范围审批的货币资金业务,经办人员有权拒绝办理,并及时向审批人员的上级授权部门报告。(　　)

8. 重要的货币资金支付业务应当由总经理审批与决策。(　　)

四、案例分析题

案例资料:货币资金的种种违纪现象概括如下:

1. 涂改凭证,贪污现金。

2. 以假代真,贪污现金。

3. 大头小尾,贪污现金。

4. 化整为零,套取现金。

5. 涂改发票,多报冒领。

6. 坐支现金,违规开支。

7. 收入现金不开票,贪污公款。

8. 公款私存,贪污利息。

9. 挪用公款,投资证券。

10. 出借账户,为他人套购物资。

11. 伪造单据套取现金,私设小金库。

12. 有意签发空头支票,骗取他人钱财。

13. 虚报坏账,贪污货款。

14. 虚报工资,转移资金。

15. 多头设立账户,拖欠银行本息。

16. 利用在途资金账户,虚报销售。

分析要求:请就上述现象进行解释并予以举例说明。

本章实训——货币资金内部控制制度设计

【实训目标与能力要求】

本实训目标是培养学生运用所学企业货币资金业务控制知识进行制度建设的能力。其能力要求如下：

(1) 掌握企业货币资金内部控制内容与制度建设要求。

(2) 能够根据模拟公司货币资金业务流程并结合公司内部控制环境，进行相关制度设计。

【实训方式】

实训分小组进行，以小组为单位完成案例分析任务，并形成实训报告，参加讨论和讲评。

【实训考核】

根据各实训小组提交成果(案例分析报告)的质量和参与讨论的情况进行评分。每章实训成绩按百分制评定。

小组实训成绩＝实训准备(满分 10)＋实训成果(满分 80)＋小组协作(满分 10)。

个人实训成绩＝小组实训成绩×个人贡献系数(个人贡献系数由组长根据其在实训中的贡献大小决定)。

【实训步骤】

(1) 由任课教师引导学生解读实训案例资料，提示学生应注意的问题，并布置具体实训任务和时间要求。

(2) 各实训小组根据组内分工，通过拟定案例分析方案、查找与案例相关的背景资料、对案例事项进行分析并得出结论、根据分析结论提出对应措施四个环节，进行案例分析。在分析过程中，小组内对案例初步分析要进行讨论、修改、形成共识，最后按照要求形成实训成果。

(3) 实训小组组长将收集的资料和形成的实训报告(电子稿)打包上传，由指导老师组织互评。

(4) 指导老师根据实训成果互评结果和课堂讲评、讨论情况确定实训成绩。

【实训资料】

江北家具制造有限责任公司(以下简称江北公司)由于成立时间不长，加上管理人员配备较少，一人多岗是普遍现象，因而存在管控环节不清，责任不明情况。在货币资金管控中，现金管理比较严格，但银行存款在支付申请、批准、票据使用、印章使用、存款核对等环节，由于没有完整的控制体系和健全的制度，存在许多隐患。针对这种状况，公司决定加强制度建设，提高货币资金风险管控水平。

江北公司其他基础性资料见第一章实训资料。

【实训任务】

假定你是江北公司新聘的主管会计，请根据图 2-6 所示的银行存款支付业务流程，分析控制关键环节和关键点，并结合实际，为江北公司设计以下银行存款支付控制制度（每个小组完成一项制度设计）。

1. 银行存款使用申请与审批制度
2. 银行存款对账制度
3. 票据使用管理制度
4. 印章管理制度

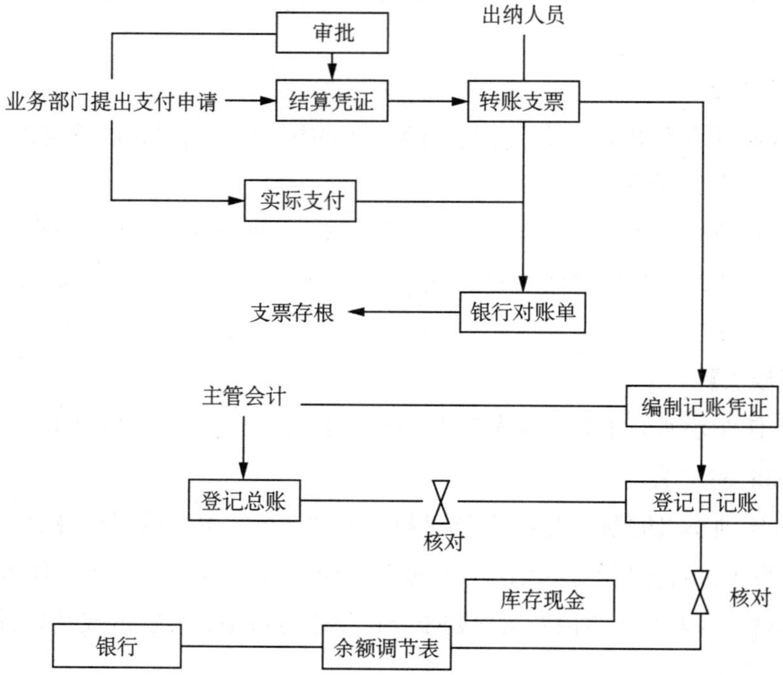

图 2-6 江北公司银行存款支付业务流程

本章结构框架

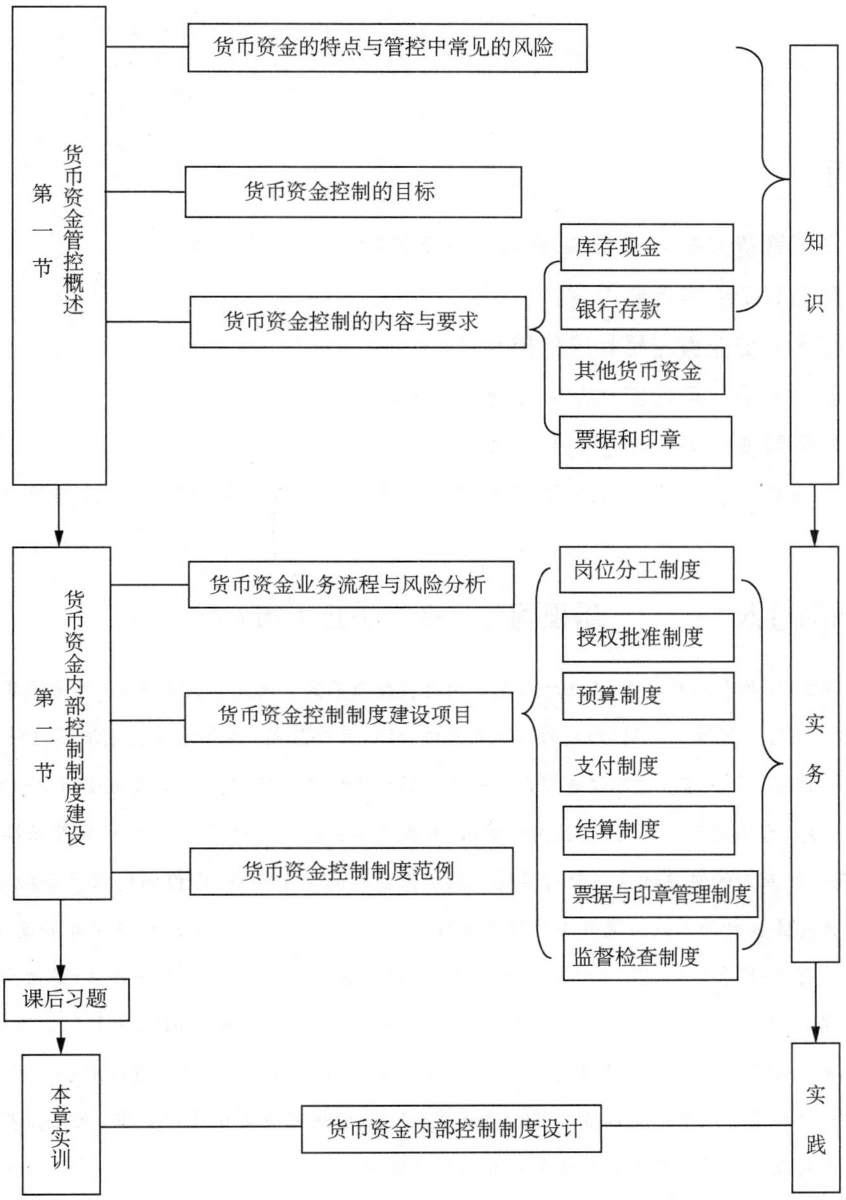
第一节 货币资金管控概述
货币资金的特点与管控中常见的风险
货币资金控制的目标
货币资金控制的内容与要求
库存现金
银行存款
其他货币资金
票据和印章
知识
第二节 货币资金内部控制制度建设
货币资金业务流程与风险分析
货币资金控制制度建设项目
货币资金控制制度范例
岗位分工制度
授权批准制度
预算制度
支付制度
结算制度
票据与印章管理制度
监督检查制度
实务
课后习题
本章实训
货币资金内部控制制度设计
实践

第三章　筹资业务内部控制与制度建设

学习目标

1. 了解筹资业务的特点，掌握筹资业务管控面临的风险点
2. 熟悉筹资业务控制内容
3. 熟悉筹资业务流程和风险控制点
4. 明确筹资业务内部控制制度建设目标和要求
5. 熟悉筹资业务内部控制制度建设项目
6. 能够根据企业筹资业务管控的特点和要求，提出相应的制度设计方案

案例导入　乐视网为什么被终止上市？

乐视网 2004 年在北京建立，成立之初属于网络视频业务为主的高新技术产业，再通过其特有生态体系“平台＋内容＋终端＋应用”形成的乐视生态链，经过几年发展，在多元化前期取得佳绩。2010 年它在中国创业板顺利上市。它不仅是国内首家盈利的在线视频网站，也是全球首家上市的视频公司。

上市之后，为构建乐视帝国，实现快速扩张，发掘移动互联网的极大潜力，乐视网开始持续延伸产业链，以获取行业内的潜在收益。面对实现产业扩张巨额的资金缺口，乐视网则以债务融资为主，期望通过发挥财务杠杆的正效益提升企业经济效益。2013 年起乐视网的财务杠杆率开始逐年增高，杠杆值也高于行业平均水平，2014 年资金短缺情况显露出来，且在 2015 年就进行多次停牌整顿，2016 年财务杠杆已经完全失衡，2017 年企业资不抵债。期间即便科创中国注资 150 多亿元，为其偿还股权质押欠款以及后续进行停牌重组，但由于杠杆过高，高度多元化，使其难以整合。2019 年证监会决定对乐视网及贾跃亭立案调查。2020 年 5 月 14 日，乐视网股票被终止上市。但是，实际结果却是债务产生的经济效益不足以弥补债务资本的利息费用。

资料来源：摘自许陈通. 多元化战略中财务杠杆失衡的危机探究——以乐视网为例[J]. 产业与科技论坛，2020，19(8).

问题探讨：

（1）企业扩张应该以什么做后盾？

（2）如何发挥财务杠杆作用？

第一节 筹资业务管控概述

一、筹资业务的特点与管控中常见的风险

（一）筹资业务的特点

企业筹资业务具有以下特点：

1. 容易受到外部环境的影响

筹资业务基本上对外进行，不可避免会受到外部环境的影响，如市场季节性变化、经济波动、通货膨胀、政府管制等。

2. 筹资对企业影响较大

筹资交易金额通常较大，对企业影响也较大。漏记或不恰当的会计处理将会导致重大错误，对企业会计报表的公允反映产生较大影响。

3. 涉及账户不多，但会计处理却比较复杂

筹资活动取得的资金及其产生的利息、股利与负债、所有者权益直接相关，并且对应付债券溢价、折价则需要经过复杂的计算、调整和会计处理等。

4. 筹资渠道及方式较多

筹资方式包括向银行借款，向社会发行债券、股票等，企业可以根据自身实际，通过不同渠道、采取不同方式筹集所需要的资金。但是，企业如果缺乏完善的筹资控制，致使所筹资金没有发挥其应有的作用，不仅没有解决企业的资金需求，反而使企业因此背上沉重的还债包袱，甚至破产。

（二）筹资业务管控中的主要风险

企业应当根据筹资目标和规划，结合年度全面预算，拟订筹资方案，明确筹资用途、规模、结构和方式等相关内容，对筹资成本和潜在风险作出充分估计。筹资业务管控中的主要风险有：

（1）如果筹资活动不符合《公司法》和《证券法》规定，可能使企业遭受外部处罚、经济损失和信誉损失。

（2）如果筹资方案的选择没有考虑企业的经营需要，或没有考虑筹资成本和风险评估等因素，可能产生重大差错、舞弊或欺诈行为，从而使企业遭受损失。

（3）如果筹资决策失误，可能造成企业资金不足、资金冗余或债务结构不合理。

（4）如果债务过高或债务结构不合理、不能按期偿债，就可能造成筹资成本过高和企业信誉损失。

（5）如果《筹资分析报告》未经适当审批或超越授权审批，或未以授权书为准，可能

产生重大差错或舞弊、欺诈行为而使企业遭受损失。

(6) 如果筹资记录错误,可能造成债务和筹资成本信息不真实,从而增加筹资管理成本。

二、筹资业务控制目标

根据筹资业务的特点以及经营管理的要求,筹资业务控制应保证达到以下目标。

1. 保证筹资活动经过适当的审批程序

筹资业务内部控制的首要目标,是保证一切筹资活动必须经过适当的审批程序才能进行。根据这一目标设置职务分离制度,批准筹资活动的负责人级别、各种具体的呈报等,使筹资活动受到严格控制。

2. 保证筹资业务的合法性

内部控制制度应保证向政府有关部门提供必要的文件,使这些文件保持真实性与有效性,并且在筹资交易发生后,保证按公司债券发行章程的规定,承担发行股票时的义务,按期支付利息和恰当地支付股利,监督偿债基金的设立和提取,防止因违反债券发行时承诺的条件而使长期债务被强制转为即期应付债务,或引起股东不满而带来法律上的麻烦。

3. 保证合理摊销债券折价或溢价

由于债券折价或溢价发行的会计处理的复杂性,要求有完善的内部控制制度对其进行恰当的计算、摊销和记录,设立必要的复核验证程序,防止在计算折价或溢价时出现错误和作出不恰当的反映。

4. 保证正确计提和适当支付利息和股利

内部控制制度应将利息和股利在税前和税后的列支范围内划清,并保证利息计算符合债券规定,防止超发或少发利息,同时要保证股息适当支付,在满足股东恰当利益的基础上保证企业长期发展需要。

5. 保证为债权人和股东提供有助于其决策的信息

良好的筹资控制制度应保证企业提供的财务报表能反映真实准确的财务信息,帮助债权人及时、有效地作出决策。

内部控制制度要保证企业在计算和揭示每股收益时,恰当地按公认会计原则进行,防止提供可能导致投资人决策错误的信息。

三、筹资业务控制的内容与要求

筹资内部控制的主要环节与内容包括:筹资计划和审批控制、筹资合同或筹资协议控制、债券和股票签发控制、债券和股票发行控制、债券和股票保管控制、利息支付控制、股利发放控制、筹集资金使用控制、会计核算控制、筹资业务监督检查等。

(一) 筹资计划和审批的控制

筹资业务虽然在大多数企业中发生的次数较少,但其一旦发生,就会对企业的财务状况产生很大的影响,因此,必须做好筹资计划的编制和审批。筹资计划一般由财会部门负责拟订,经总经理审定后提交董事会审批。

筹资计划应综合考虑筹资总收益与总成本,合理确定筹资规模,选择最佳筹资机会,科学制定最佳筹资期限。

筹资计划提交董事会后,董事会应同法律顾问和财务顾问审核筹资计划的合理性和可行性。对董事会的审核结果应进行书面记录,一方面是控制程序的需要,另一方面,董事会纪要也是证券监督管理委员会要求呈报的资料之一。

【回顾与思考】

企业筹资都需要考虑哪些因素?为什么要对筹资方式进行权衡、选择?不同的筹资方式对企业会产生什么影响?

(二) 筹资合同或筹资协议的控制

企业在作出筹资决策、落实了出资单位之后,应及时与这些单位签订筹资合同或筹资协议。企业向银行或其他金融机构借款,必须与这些机构签订借款合同;若发行有价证券,则需要签订证券承销或包销合同或协议。

(三) 债券和股票签发的控制

经董事会审核批准发行的债券或股票在正式发行前,还需经董事会指定的高级管理人员签字,且签字的形式往往采取会签形式,即必须有两个以上的高级管理人员共同签发。得到所有指定签发人的签字后,债券或股票才能正式发行。

(四) 债券和股票发行与保管的控制

在我国,企业债券的发行须经有关部门审批,不允许自行发行。企业发行债券应委托有一定地位的银行、信托投资公司、证券交易商来代理发行债券。对于核准后且已印刷好但尚未发行的股票、债券,应当委托独立的机构代为保管。

【回顾与思考】

企业发行债券和股票分别需要具备哪些条件?企业发行债券和股票的账务处理有哪些不同之处?

(五) 筹集使用与股息、利息发放的控制

企业应该及时取得银行或金融机构划入的款项,及时收取发行股票和债券所筹集的资金，严格控制资金的实际投向，不得任意改变筹资用途，如因特殊原因需要改变用途的，必须经过企业最高管理机构集体决策，并按照有关规定和程序进行公开披露。在资金的使用过程中，应当加强控制，提高资金利用率。

股利的发放水平与本年度净收益、以前年度留存收益、现金余额以及公司对未来经营发展的规划直接相关。股利的发放涉及公司的利润分配政策，必须由董事会决定。董事会应根据相关法律法规、公司章程和公司当年实现的净收益等情况，对是否发放股利、股利发放的时间和形式以及每股股利水平进行表决。没有董事会有关发放股利的决议，不得发放股利。

企业应指定专人对不同债券支付利息的日期分别在利息支付备忘录上予以记载，防止可能发生的违约事件。负责利息支出业务的职员，应根据票据面值和利率，计算应付的利息，在得到其他职员的复核和被授权人审核批准后，即可支付利息。其控制程序同其他的现金付款相同。

（六）会计核算控制

企业应当按照会计制度的要求，做好筹资活动的会计核算。会计核算控制的内容主要有以下三点：一是正确设置有关会计账户，进行会计核算；二是合理地摊销债券的溢价或折价；三是正确地计提和恰当地支付利息或股利。

【回顾与思考】

利息和股利的账务处理有何不同？

（七）筹资业务监督检查

企业应当建立对筹资业务内部控制的监督检查制度，明确监督检查机构或人员的职责权限，定期或不定期地进行检查，一方面，对筹资业务内部控制制度的执行情况进行检查，保证控制制度的有效性，另一方面，通过检查，发现内部控制制度的弱点，不断健全完善内部控制制度。

第二节　筹资业务内部控制制度建设

企业建立筹资业务控制制度，应依据《企业内部控制应用指引第 6 号——资金活动》所确立的筹资业务控制内容和要求，结合企业筹资业务管理实际，将有关筹资业务控制措施以文本的形式具体化、规范化。这是内部控制措施在企业筹资业务活动中的具体体现。

一、筹资业务流程与风险分析

企业筹资活动的内部控制应根据筹资业务流程区分不同筹资方式，对业务流程中各环节可能出现的风险进行分析，结合资本成本与资金使用效益情况，采取不同的措施进行控制。通常情况下，企业的筹资业务流程如图 3-1 所示。

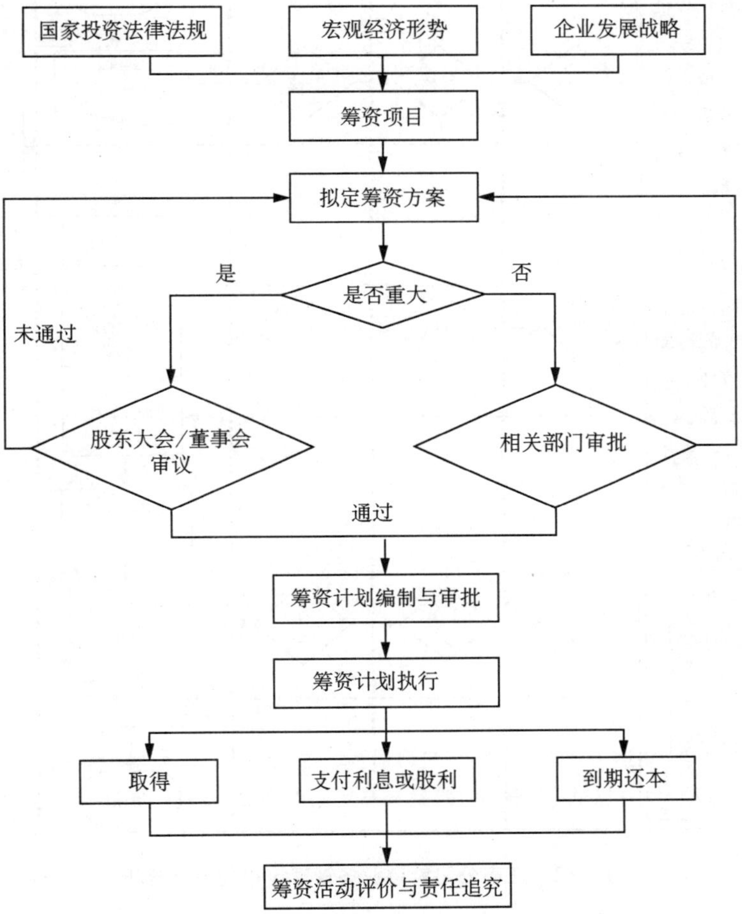

图 3-1 筹资业务流程图

下面以江南公司为例，对公司筹资业务管理、筹资授权批准、筹资决策管理和重大筹资方案审批流程与风险控制进行展示。

(一) 筹资业务管理流程与风险分析

江南公司筹资业务管理流程与风险分析如图 3-2 所示。

江南公司筹资业务管理流程说明如下：

(1) 财务部每年根据下年度初步资金预算及有关资金安排预测资金使用情况，编制筹资计划报财务部经理、财务总监审核并报总经理审批。

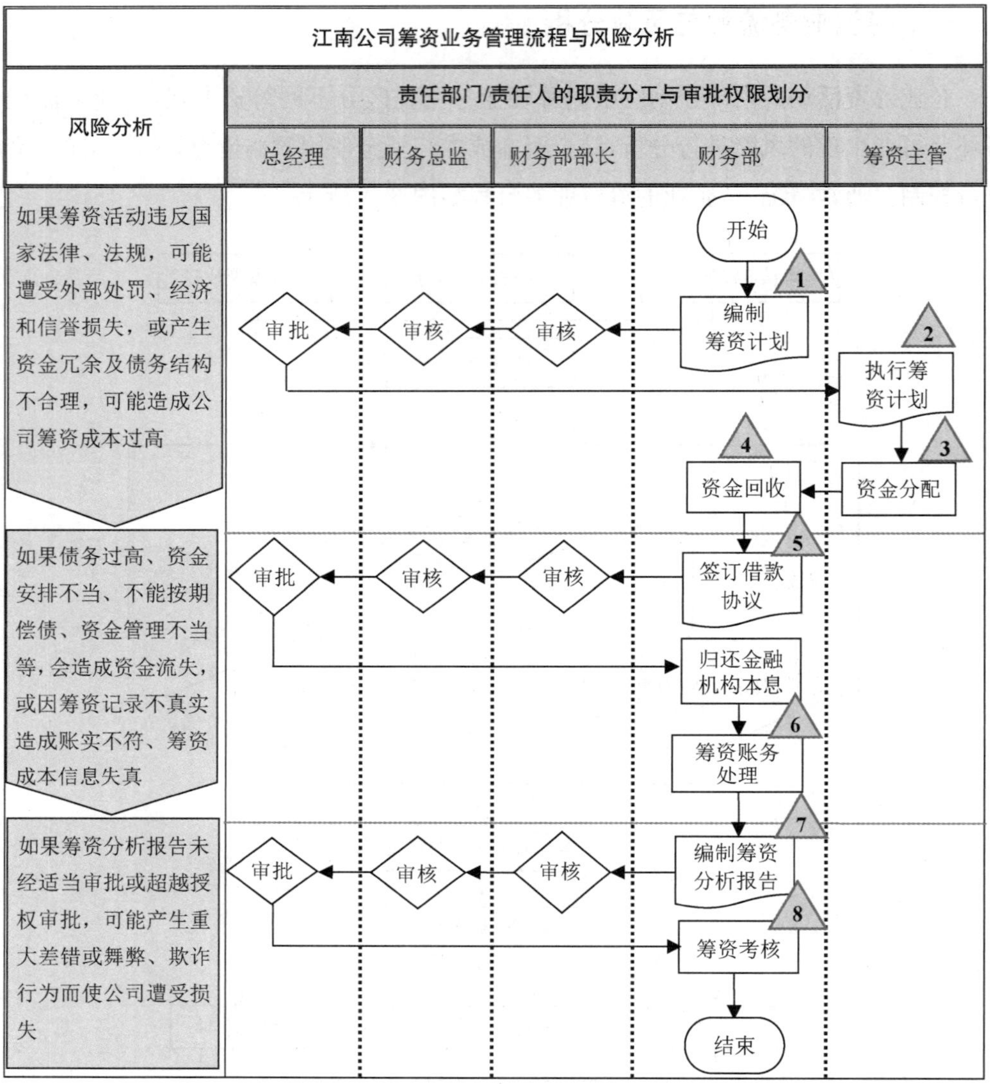

图 3-2 江南公司筹资业务管理流程与风险分析

(2) 筹资主管根据筹资计划办理与相关金融机构的借款或融资业务手续，借款合同或融资合同的签订必须经总经理审批。

(3) 筹资主管根据投资计划或各所属单位的资金使用计划，做好内部资金分割使用管理工作，并签订分割使用协议。

(4) 财务部根据内部资金分割使用协议，做好各所属单位资金及利息的回收工作。

(5) 财务部与金融机构签订借款协议，做好借款本息的核对与管理工作，报财务部经理、财务总监审核并由总经理审批通过后，归还金融机构的本息。

(6) 财务部根据审核后的相关会计凭证做好账务处理工作。

(7) 筹资主管根据资金使用状况及金融市场的变化编制筹资分析报告，报财务部经理、财务总监审核并报总经理审批。

(8) 财务部部长定期或不定期对筹资主管的筹资工作进行考核，并将考核意见上报总经理。

(二) 筹资授权审批业务流程与风险分析

江南公司筹资授权审批业务流程与风险分析如图 3-3 所示。

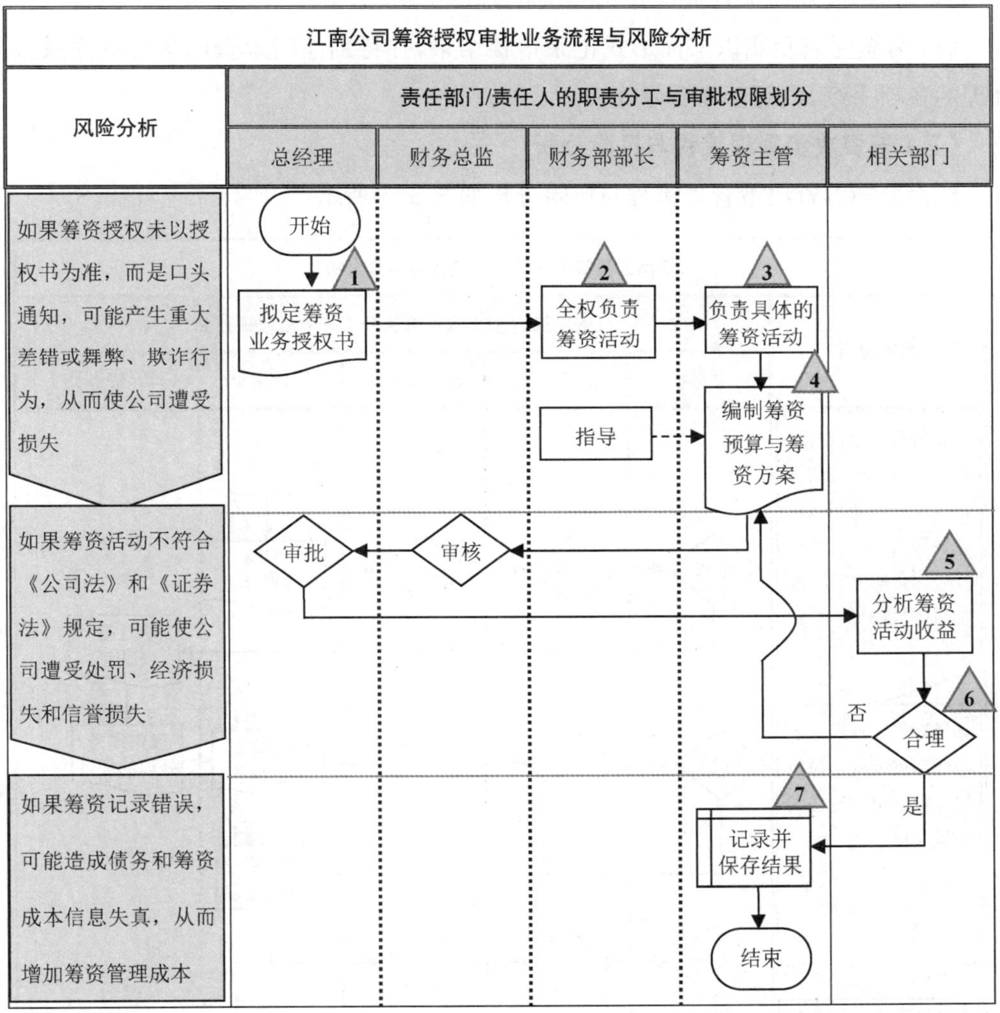

图 3-3　江南公司筹资授权审批业务流程与风险分析

江南公司资授权审批业务流程说明如下：

(1) 总经理拟定筹资业务授权书。

(2) 总经理授权财务部经理全权负责筹资活动。

(3) 财务部部长授权筹资主管负责具体的筹资活动，包括编制筹资预算与筹资方案。

(4) 筹资主管编制筹资预算,并针对具体筹资程序或筹资活动制定筹资方案,财务部部长进行相应的指导。

(5) 筹资预算和筹资方案得到财务总监的审核和总经理的审批后,公司应聘请法律顾问和财务顾问共同对该项筹资活动对未来净收益增加的可能性及筹资方式的合理性进行审核。

(6) 如果筹资预算和筹资方案不合理,筹资主管应对筹资预算和筹资方案重新修订;如果合理,应及时保管资料并执行筹资预算和筹资方案。

(7) 筹资主管负责以书面形式记录审核结果,并特别注明筹资的执行程序及应当办理的各项手续,以便于今后修改。

(三) 筹资决策管理流程与风险分析

江南公司筹资决策管理流程与风险分析如图 3-4 所示。

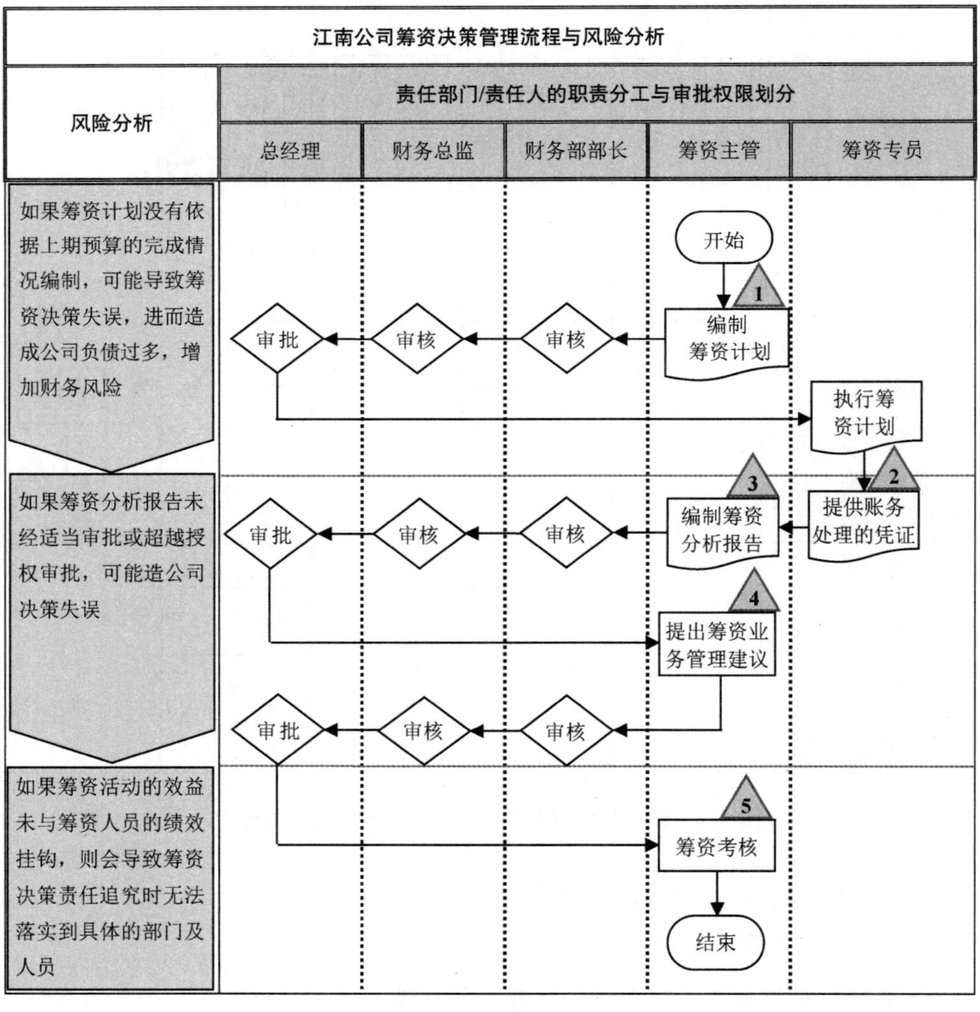

图 3-4　江南公司筹资决策管理流程与风险分析

江南公司筹资决策管理流程说明如下：

（1）财务部筹资主管每年根据公司下年度的利润预算、投资计划及有关资金安排预测公司的自由资金和长短期融资规模，编制筹资计划，按规定权限报批后执行。

（2）筹资专员将相关凭证给财务部相关人员进行账务处理。

（3）筹资主管根据公司资金状况和金融业务市场的变化编制筹资分析报告。

（4）提出筹资业务管理建议，报送财务部部长、财务总监和总经理审核、审批。

（5）筹资主管负责对筹资活动的执行进行考核，提出考核建议并进行考评。

（四）重大筹资方案审批流程与风险分析

江南公司重大筹资方案审批流程与风险分析如图 3-5 所示。

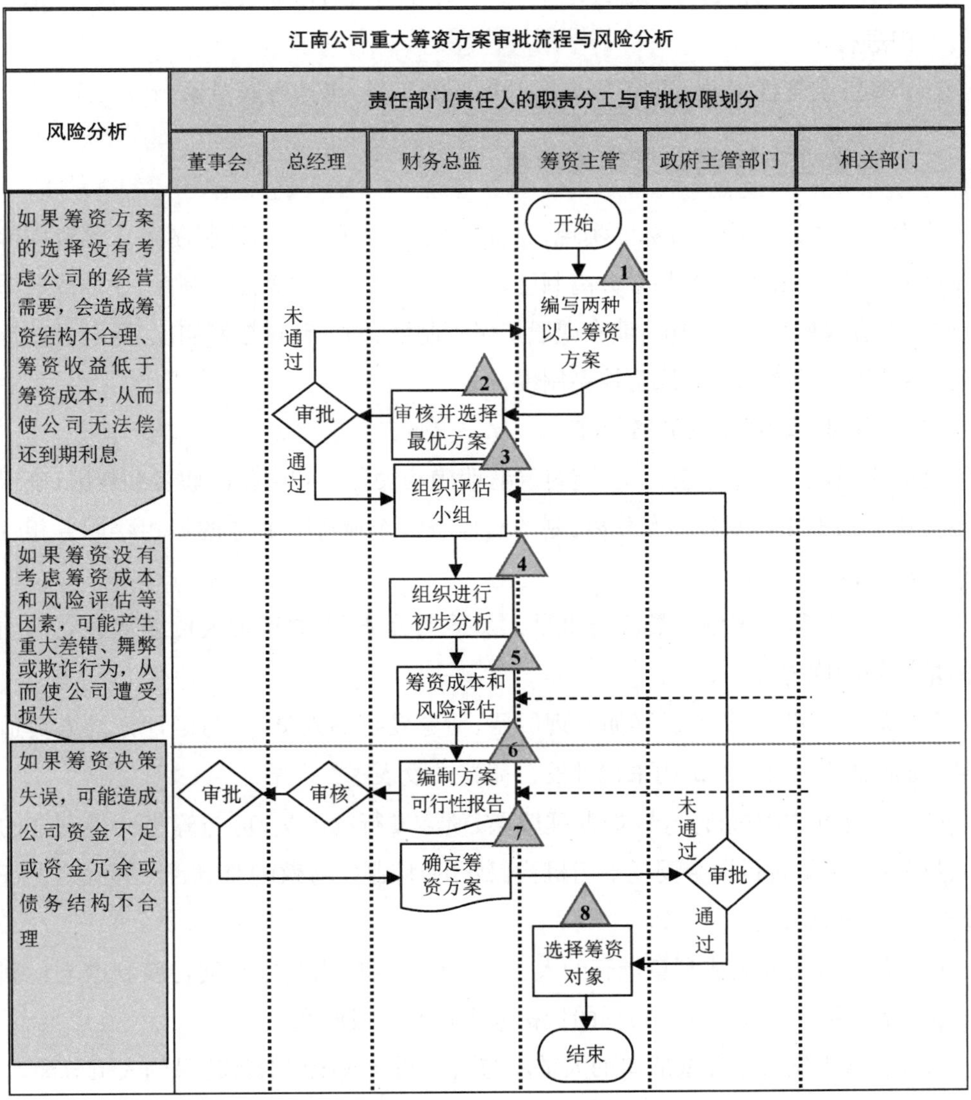

图 3-5　江南公司重大筹资方案审批流程与风险分析

江南公司重大筹资方案审批流程说明如下：

(1) 筹资主管编写两种以上的筹资方案，并报财务总监审核。

(2) 财务总监审核并选择最优方案，并将选出的最优方案报总经理审批；如果无法选出最优方案，则将筹资方案返回筹资主管，重新对筹资方案进行修改。

(3) 筹资方案经总经理审批后，由财务总监组织评估小组对筹资方案进行评估。

(4) 评估小组综合考虑筹资成本和风险评估等因素，编制筹资方案风险评估报告并对筹资方案进行比较分析。

(5) 评估小组对筹资方案中的筹资成本和风险进行评估，相关部门进行协调。

(6) 财务总监编制方案可行性报告，并报总经理审核、董事会审批，相关部门予以配合。

(7) 方案可行性报告得到总经理审批后，财务总监确定最终的筹资方案，并报政府主管部门进行审批。

(8) 筹资主管根据通过的筹资方案开展筹资工作，选择筹资对象。

二、筹资业务控制制度建设项目

为保证筹资业务控制目标的实现，企业应建立筹资的内部控制制度。筹资内部控制制度主要有：不相容职务相互分离制度、授权批准制度、预算控制制度、债券或股票签发制度、债券或股票发行制度、债券或股票保管制度、利息支付控制制度、股利发放控制制度、会计系统控制制度和风险控制制度。

(一) 不相容职务相互分离制度

企业应当建立筹资业务的岗位责任制，明确相关部门和岗位的职责和权限，确保办理筹资业务的不相容职务相互分离、制约和监督。企业筹资业务的不相容职务相互分离包括以下内容：

(1) 筹资计划的编制人员应与审批人员适当分离，以便审批人员能从独立的立场来衡量计划的优劣程度。

(2) 筹资方式的执行人员(如办理股票、债券发行的人员)应与会计记录人员适当分离，通常要求由独立的机构来代理发行债券或股票。

(3) 筹资方式的执行人员(如办理股票、债券发行的人员)应与筹集所得资金的保管人员分离，筹集所得资金委托专门机构保管的，应制定有效的监督、控制办法，保证筹集资金的安全、完整。

(4) 负责筹资股利或利息计算的人员及会计记录的人员应与支付股利或支付利息的人员分离，并应尽可能地由独立的机构来支付利息或股利。

(5) 保管未发行债券或股票的人员应与负责债券或股票会计记录的人员分离。

(6) 不得由同一部门或个人办理筹资业务的全过程。

（二）授权批准制度

授权批准制度的内容主要包括以下几个方面：

（1）企业应授权批准一名副总经理负责筹资业务，并应对其所负的责任及授权范围予以明确规定。

（2）负责筹资业务的副总经理应在经营活动中不断地分析单位经营活动所需的资金总量，并在认为恰当的时候编制筹资计划。在计划中应详细地说明筹资的理由、筹资的数量、筹资前后单位财务状况的变化、筹资对单位未来收益的影响、各种筹资方式收益比较以及对某种筹资方式的建议等。筹资计划必须提交企业负责人批准。

（3）筹资计划被批准后，企业应聘请法律顾问和财务顾问共同审核该项筹资活动对未来净收益增加的可能性及筹资方式的合理性。

（4）企业应授权财务经理策划具体的筹资业务细节。例如，拟订股票发行的合同条款及其他准备向证券交易委员会呈报的有关文件、选择股票的代理发行机构等。在具体细节确定后，企业负责人或领导集体需加以逐项详细审核。

（5）对筹资计划和实施细则进行审核后，应以书面形式记录审核结果，并特别注明筹资的执行程序及各项手续，便于以后进行修改。

（三）预算控制制度

预算控制制度应明确预算项目，建立预算标准，规范预算的编制、审定、下达和执行程序，及时分析和控制预算差异，采取改进措施，确保预算的执行。预算控制制度应当包括如下环节：确定预算方针和预算目标；编制预算，包括明确预算原则、编制预算草案、协调预算、复议和审批等；预算执行、监控和调整；预算考评。编制筹资预算时，必须考虑单位生产经营管理的现状，并考虑单位的发展前景，从实际出发，编制单位的筹资预算。企业筹资一般不得突破预算，确有必要时，必须经过企业高级管理层审核批准。

（四）债券或股票签发制度

企业发行股票或债券的内部控制制度中应明确规定：

（1）已经董事会审核批准发行的债券或股票在正式发行前，还需经董事会指定的高级管理人员签字，且签字的形式往往采取会签制度，即必须有两个以上的高级管理人员共同签发。

（2）每一位被授权签发债券或股票的管理人员，应仔细检查将发行的债券或股票是否和董事会所核准的相一致。

（3）检查发行的股票或债券各种应办理的手续和文件是否齐全，以及到签发日为止的证券市场行情分析报告，或者国家规定的发行债券或股票所需的其他文件等资料。这样在债券或股票正式发行前，强调债券或股票的签发制度是防止发生错误或弊端的最后审核环节。只有得到所有指定签发人的签字后，债券或股票才能正式发行。

（五）债券或股票发行制度

债券或股票筹资的金额往往比较大，发行时间也比较长，同时，其推销过程有时会延续较长的时间，这对于信誉并非卓著的企业来讲尤其如此。此外，推销债券或股票还需要专门的技巧和经验。因此，企业在发行债券或股票时应做到以下几点：

(1) 应委托有一定地位并且资本雄厚的银行、信托投资公司、证券交易商来代理发行债券。这些代理机构能包销或代销发行企业的全部或大部分债券，有利于发行单位的内部控制。

(2) 代理机构应严格审查发行单位提交的财务会计报告、在政府部门登记注册的证明以及所承诺的各种文件等。

(3) 代理机构在债券发行后，应注意检查发行单位营运资金情况、偿债资金的设置和提取等情况。债券代理发行机构的这些活动，从外部协助了债券发行公司内部控制制度的有效执行。

(4) 发行股票要求公司委托证券公司等代理机构来进行。由独立机构负责股票发行和过户等交易事宜，可使发行单位的职责分离的内部控制延伸到公司外部。

（六）债券或股票保管制度

企业应建立健全债券或股票的保管制度，主要包括以下内容：

(1) 对于核准后且已印刷好但尚未发行的股票、债券，应当委托有资质的独立机构代为保管。负责证券签发的人员在证券签发后，应会同银行或信托投资公司指派的人员一起亲自监督对证券的加封，并且由保管人员、监督人员共同在交接单上签字。

(2) 企业应设置股票登记簿和证券登记簿，按照交接单上载明的名称、数量、编号、面值、交接日期和人员等记录以及存放于银行或信托公司的有价证券情况予以记录。单位应定期根据有价证券登记簿的记录同银行或信托公司进行核对。

(3) 企业自行保管未发行的有价证券，应指定专人存放于保险箱中保管，并详细记录股票登记簿和债券登记簿。并定期清点在库的有价证券，同有价证券登记簿相核对。

(4) 对到期收回的债券，必须于归还本金的同时，戳盖作废记录或注销的记号。在该类债券全部收回后，由财务负责人、单位负责人、债券保管人等组成的小组，按顺序号清点所有债券；在确认无缺号债券或对缺号债券的原因作调查后，填写包括债券名称、数量、编号、面值、销毁日期等内容的销毁证书，并希望销毁所有债券，防止债券被不合法地再次使用。对股票的保管做到定期进行清点，应单独设立账簿来记录，保管人在发出股票前，必须取得经总经理或其他具有授权会签资格的人员签字批准的文件。

（七）利息支付控制制度

企业应当恪守信用，按期支付债务筹资的利息，建立健全利息支付控制制度，主要包括以下内容：

(1) 单位应指定专人对不同债券支付利息的日期分别在利息支付备忘录上予以记载,防止可能发生的违约事件,同时这一制度对于单位在利息支付日前筹备一定数量的现金也能起到保证作用。

(2) 对于负责应付票据利息支出业务的职员,根据票据面值和利率,计算应付的利息,在得到其他会计人员的复核和被授权人审核批准后,即可支付利息。其控制程序同其他的现金付款相同。公司债券的受息人较多时,单位可将到期应支付的利息总额开出单张支票,委托独立的机构代为发放,防止有人超发或贪污债券利息,从而达到有效控制利息支付的目的。

(3) 企业应明确代理机构的控制责任,并获取其定期的报告。债券发行公司应以代理机构交来的利息支付清单作为公司已支付利息的原始凭证。该凭证上记载的持票人姓名和利息支付金额,应同公司计算的利息总额及开出支票金额相核对。在法定利息支付期满后,代理机构应将该差额退回发行公司,发行公司应监督该差额的退回。

(八) 股利发放控制制度

股利发放控制制度应做到以下几点:

(1) 股利的发放必须由董事会决定。没有董事会有关发放股利的决议,不得发放股利。

(2) 股利的支付有公司自行办理或委托代理机构办理两种形式。从控制的有效性来讲,选择后一种方式更为有利,它可减少发放股利时发生欺诈舞弊或错误的可能性,公司可以核对代理机构支付股利后所编制的详细支付清单,并在会计核算上进行控制。

(3) 如果公司自行办理支付股利,首先确定应发放股利的总额;其次做好股利支付清单编制,并报经总经理审批;最后根据股利支付清单填写支票,按照银行付款控制程序支付股利。

(九) 会计系统控制制度

企业应依据《会计法》和国家统一的会计制度,制定适合本单位的会计制度,明确会计凭证、会计账簿和财务会计报告的处理程序,建立和完善会计档案保管和会计工作交接办法,实行会计人员岗位责任制,充分发挥会计的监督职能。在筹资活动中,会计系统控制制度应包括:

(1) 凡涉及筹资业务的会计记录、授权和执行等方面的人员应明确职责分工,建立严密完善的账簿体系和记录制度,选用符合会计制度和会计准则的核算方法;如实记录借款的取得、股票与债券的发行、利息费用的确认与利息的支付、股利的分配与发放、借款的归还、债券的兑付和股票的回购等业务。

(2) 发行记名债券的企业应在债券存根簿上记载债券持有人的姓名或名称及住所、债券持有人取得债券的日期及债券的编号、债券总额、债券的票面金额。发行无记名债券的企业应在债券存根簿上记载债券的总额、利率、偿还期限和方式、发行日期和债券编号。

(3) 公司应设置股东明细账，发行记名股票的公司应详细记录股东名称及住所、各股东所持股份数、各股东所持股票的编号、各股东取得其股份的日期。发行无记名股票的公司应当记载其股票数量、编号及发行日期。

(4) 企业应加强相关账目的核对工作，股东明细账应定期与股本总账核对相符，记录债券持有人的明细资料应同总分类账核对相符，以保证筹资业务记录的准确性以及如实提供筹资活动的相关信息。

(十) 风险控制制度

为了保障债券持有人利益，确保公司债券在到期日有足够的偿还能力，债券发行公司应在债券到期之前，按期建立偿债基金。通过建立偿债基金，可以防止财务风险。这对于保持公司信誉和保证到期偿还债务十分重要。偿债基金通常由银行或信托公司发行的受托人保管。

(1) 由指定的专职人员，根据债券发行的信托合同，逐期计算应提存的偿债基金，并填制付款凭证，交财务负责人审核签字。

(2) 由付款部门的会计人员根据付款凭证，填制支票交财务负责人签字后，存入银行或信托公司的专门账号。

(3) 由偿债基金计算的会计人员和支票填制人以外的其他职员，定期核对银行或信托公司偿债基金的对账单和公司偿债基金账面余额，并定期检查偿债基金提取的正确性及所签发支票的受款人是否为指定的受款人。

三、筹资业务控制制度范例

江南公司筹资决策管理制度如表 3-1 所示。

表 3-1　　江南公司筹资决策管理制度

<table>
<tr><td>制度名称</td><td>筹资决策管理制度</td><td>文件编号</td><td>内控 06-02-02</td></tr>
<tr><td>执行部门</td><td>财务部</td><td>监督部门</td><td>法务内审部</td></tr>
<tr><td colspan="4">第 1 章　总则
第 1 条　目的
为规范公司在经营中的筹资行为，减少筹资风险，降低资金成本，特制定本制度。
第 2 条　范围
本制度适用于与筹资决策相关的所有人员。
第 3 条　相关概念的界定
1. 本制度所指的筹资预算是指公司在预算期内就需要新借入的长期借款、经批准发行的债券及对原有借款、债券的还本付息等所编制的预算。</td></tr>
</table>

（续表）

2. 本制度所指的筹资方案是指针对具体的资金需要所设计的具体程序或具体的筹资活动安排与计划实施的相关说明。

第 2 章 筹资预算与筹资方案

第 4 条 筹资预算的编写内容

1. 筹资预算需合理安排筹资规模和筹资结构。

2. 筹资预算选择适合公司的筹资方式。

3. 筹资预算需确定公司最佳的资金成本。

4. 筹资预算需严格控制财务风险。

5. 筹资预算要根据上期预算的完成情况分析其对本期预算的影响。

第 5 条 筹资方案的合格标准

1. 筹资方案需确定筹资总额、筹资结构、借款期限。

2. 筹资方案需根据企公司业的具体情况，确定筹资方式和筹资渠道。

3. 筹资方案需分析、计算和比较各种筹资方式和筹资渠道的利弊。

4. 筹资方案需分析各种方案的可行性。

5. 筹资方案需具体说明筹资时机的选择、预计筹资成本、潜在的筹资风险和具体的应对措施以及偿债计划等。

第 6 条 筹资方案的选优标准

1. 筹资方案符合《公司法》《证券法》等法律法规的规定。

2. 筹资方案的筹资总收益大于筹资总成本。

3. 筹资方案的筹资成本最小，利益最大。

4. 筹集的资金符合公司经营的需要，筹集资金额的多少适宜。

第 7 条 筹资预算与筹资方案的审批规定

1. 筹资预算与筹资方案的审批程序参照《筹资授权批准制度》。

2. 编写好的筹资预算和筹资方案实行联签制，各级审核人员均需签字盖章，否则以失职论处。

第 3 章 筹资决策的要求与处理

第 8 条 筹资预算与筹资方案在决策时需有完整的书面记录，在执行前需向执行人员出示。否则，执行人员有权拒绝执行。

第 9 条 重大的筹资决策需企业的高级管理层集体审批。

第 10 条 筹资决策实行责任追究制，本着“谁出事，谁负责”的原则进行责任追究，一查到底。

第 4 章 附则

第 11 条 本制度由财务部制定，解释权、修改权归属财务部。

第 12 条 本制度自总经理审批后生效，修改时亦同。

第 13 条 本制度自颁布之日起生效实施。

修订日期	2021.10.20	审核日期	2021.10.25	批准日期	2021.12.30

课 后 习 题

一、单选题

1. 在有价证券的业务处理过程中，出纳部门编制收款凭证并登记银行存款日记账的根据是银行转来的收账通知和会计部门转来的(　　)单据。

   A. 证券投资目录　　B. 证券购入通知单
   C. 证券出售通知单　　D. 银行存款日记账

2. 筹资成本是(　　)。

   A. 筹资过程中的全部费用　　B. 筹资使用应付的利息和股利
   C. 筹资费用和所支付的利息股利　　D. 负债筹资的利息费用

3. 企业发放的股利应由(　　)决定。

   A. 董事会　　B. 总经理　　C. 职工代表大会　　D. 监事会

4. 企业(　　)负责拟订筹资方案。

   A. 投资部门　　B. 证券发行部门　　C. 销售部门　　D. 财会部门

5. 如果筹资是用于(　　)，适宜选择短期筹资方式。

   A. 购置存货　　B. 购置固定资产　　C. 购置无形资产　　D. 长期投资

6. 在企业筹资业务管理流程中，筹资主管负责(　　)。

   A. 筹资账务处理　　B. 编制筹资预算
   C. 筹集资金的分配　　D. 签订筹资协议

7. 在企业筹资授权审批流程中，筹资主管负责(　　)。

   A. 筹资预算与方案的编制　　B. 筹集资金的使用
   C. 编制筹资计划　　D. 签订筹资协议

8. 在企业筹资决策管理流程中，筹资专员负责(　　)。

   A. 筹资计划的编制　　B. 筹集资金的使用
   C. 编制筹资计划的执行　　D. 提出筹资管理建议

9. 在重大筹资方案审批流程中，筹资主管负责(　　)。

   A. 组织评估小组　　B. 编制筹资计划
   C. 编制筹资可行性报告　　D. 选择筹资对象

10. “由独立机构负责股票发行和过户等交易事宜，可使发行公司的职责分离的内部控制延伸到公司外部”，与此相符的筹资活动内部控制制度是（　　）。

A. 决策过程审批制度　　B. 对外发行证券的签发制度

C. 证券发行制度　　D. 筹资凭证的记录与保管控制制度

二、多选题

1. 企业对外发行的债券，在计算每期实际利息费用时，应考虑的内容包括（　　）。

A. 债券折价摊销额　　B. 债券溢价摊销额

C. 应计利息　　D. 债券手续费

E. 债券印刷费

2. 下列关于长期借款费用处理方法的描述中，不正确的有（　　）。

A. 对购建固定资产专门借入的款项所发生的利息，在固定资产达到预定可使用状态前发生的，应当予以资本化

B. 对购建固定资产而专门借入的款项所发生的利息，在固定资产达到预定可使用状态前发生的，于发生当期直接计入当期财务费用

C. 对因专门借款而发生的辅助费用，如果金额较小，可于发生当期确认为费用

D. 除专门借款以外安排其他借款所发生的借款利息，属于企业正常经营过程中发生的，应计入当期财务费用

E. 除专门借款以外安排其他借款所发生的借款利息，属于企业正常经营过程中发生的，计入长期待摊费用

3. 企业发行债券应委托有一定地位的（　　）代理发行债券。

A. 银行　　B. 信托投资公司　　C. 证券交易商　　D. 保险公司

4. 债券到期收回由（　　）组成小组，负责销毁。

A. 财会部门负责人　　B. 内部审计人员

C. 债券保管人员　　D. 总经理

5. 对企业筹资的核算控制要求包括（　　）。

A. 正确设置账户进行会计核算　　B. 合理摊销债券溢价、折价

C. 正确计提债券利息　　D. 采取恰当方式支付股利

6. 下列关于企业筹资内部控制的说法中，正确的有（　　）。

A. 企业应当对筹资方案进行严格审批，重大筹资方案，应当由企业一把手审批

B. 企业财务部门可以根据市场变化等情况，自行决定是否改变资金用途

C. 企业应当按照筹资方案或合同约定的本金、利率、期限、汇率及币种，准确计算应付利息，与债权人核对无误后按期支付

D. 企业的股利分配方案应当经过公司董事会批准，并按规定履行披露义务

7. 企业筹资风险管理应达到的目标包括（　　）。

A. 保证筹资活动的合法性　　B. 保证筹资活动经过授权审批

C. 保证债券溢折价的合理摊销　　D. 保证股利的合理支付

E. 保证债券利息的正确计算　　F. 保证为决策者提供决策有用的信息

8. 在筹资业务风险管理中，需要建立的管理制度包括（　　）。

A. 授权审批制度　　B. 预算管理制度

C. 债券和股票签发制度　　D. 债券和股票发行制度

E. 债券和股票保管制度利息支付与股利发放制度

9. 筹资内部控制的目标主要有（　　）。

A. 保证筹资活动经过适当的审批程序

B. 保证筹资业务的合法性

C. 保证合理正确计提利息和适当地支付利息或股利

D. 保证为债权人和股东提供有助于其决策的信息

三、判断题

1. 董事会对筹资计划和实施细则的审核结果，可以口头形式存在。（　　）
2. 除专门借款以外安排其他借款，所发生的借款利患、溢价或折价的摊销、汇兑差额和辅助费用，一律于发生当期确认为费用。（　　）
3. 筹资业务的执行与相关会计记录职务必须分离。（　　）
4. 股利支付清单编制人应同支票填制人在职务上分离。（　　）
5. 委托独立的机构代为保管有价证券是限制性接触控制最为有效的方法。（　　）
6. 为减少发放股利时发生欺诈舞弊或错误的可能性，公司股利的支付可委托代理机构办理。（　　）
7. 一般情况下，财务部负责筹资计划的编制，筹资主管负责筹资预算的编制。（　　）
8. 企业的筹资主管既要负责筹资预算的编制，也要负责筹资方案的制订。（　　）
9. 筹资预算的编制与筹资计划的编制一般由同一个人负责。（　　）
10. 筹资计划的编制与筹资计划的执必须由两个部门来完成。（　　）
11. 企业资金的筹集、分配、使用和考核一般都由财务部负责。（　　）
12. 企业筹资活动一般由筹资主管全权负责。（　　）

四、案例分析题

资料：A 公司是一家集餐饮、旅游和度假于一体的集团公司，较快的发展速度使得

董事长张英受到当地政府、金融机构的重视。2009 年年初，A 公司开始实施加快扩张战略，急需资金，为此，张英决定将当地某银行行长的儿子李明聘入公司，担任副总经理，专门负责企业融资事项。

李明因其父亲的关系，为公司成功取得银行贷款，解决了公司发展急需额的资金问题，因此董事长张英更加器重李明，赋予其更大的职权，并表示今后李明的融资活动只需直接上报她批准即可。

李明的女友林芳也投身商海并拥有自己的公司，无奈数载经营并未换来可观的回报和健康的现金流，林芳认为需扩大经营规模方可解决自己公司的瓶颈，但苦于没有资金。2010 年 3 月，恰逢 A 公司对外扩张遇到资金问题，张英指示李明为公司向银行申请 2 亿元贷款。李明考虑到女友公司的资金需求，加上自己的融资事项仅需张英批准，便精心策划出“两全其美”的办法：以 A 公司的名义编制了两份 2 亿元的贷款协议，看准张英准备开重要会议的前 5 分钟，拿出协议让张英签名，谎称按银行的要求，2 亿元需签订两份协议分两次贷出。张英听后，连协议都未过目便签上名字开会去了。李明办妥了 4 亿元贷款后，让银行直接把 2 亿元打到女友林芳的公司账上。

半年后，由于林芳的公司经营状况依旧未见好转，2 亿元的巨额贷款利息无法偿还，贷款被挪用的事情败露，李明被 A 公司起诉，受到法律制裁。

资料来源：张俊民，《内部控制理论与实务》，大连：东北财经大学出版社，2012 年

分析要求：

1. “任人唯亲”会对企业带来哪些不利影响？企业应如何防止“任人唯亲”现象的发生？

2. 本案中 A 公司在融资活动中存在哪些问题？如何保证企业融资活动的正常进行？

本章实训——筹资业务内部控制制度设计

【实训目标与能力要求】

本实训是培养学生运用所学企业筹资活动内部控制知识进行制度建设的能力。其能力要求如下：

(1) 掌握筹资活动控制内容、关键点及其制度建设要求。

(2) 能够根据模拟公司筹资活动业务流程并结合公司内部控制环境，进行相关制度设计。

【实训方式】

实训分小组进行，以小组为单位完成相应的实训任务，并形成实训报告，参加讨论与讲评。

【实训考核】

根据各实训小组实训准备、提交成果(实训报告)的质量和小组协作情况进行评分。项目实训成绩按百分制评定。

小组项目实训成绩＝实训准备(满分 10)＋实训成果(满分 80)＋小组协作(满分 10)。

个人项目实训成绩＝小组项目实训成绩×个人贡献系数(个人贡献系数由组长根据其在实训中的贡献大小决定)。

【实训步骤】

(1) 由任课教师课教师引导学生解读实训资料，提示学生应注意的问题，并布置具体实训任务和时间要求。

(2) 各实训小组根据组内分工，查找、收集相关资料，进行初步分析比较。

(3) 小组内对初步分析比较的结果进行讨论、修改，并按照要求形成实训报告(实训报告采用为 word 文档，纸张大小设置为 A4，页边距上 2.8 cm，下 2.5 cm，左右各 2.5 cm，行距 1.5 倍，页码格式为阿拉伯数字、居中；总标题小三号、黑体、居中、空一行；一级标题小四号、宋体、加粗；二级标题和其他正文小四号、宋体；图表内文字五号、宋体)。

(4) 实训小组组长将收集的资料和形成的实训成果(电子文档)打包上传，由指导老师组织互评。

(5) 指导老师根据学生实训成果的质量和参与讨论的情况确定实训成绩。

【实训资料】

江北公司自从成立以来,由于资金比较充足,对筹资业务的管控一直不够重视,既没有完整的筹资业务内部控制体系,也没有健全的筹资业务控制制度。但是,随着公司业务扩展,筹资活动开始增多,需要建立健全相应的控制制度。

江北公司其他基础性资料见第一章实训资料。

【实训任务】

假定你是公司新聘的主管会计,请根据图 3-6 所示筹资业务流程,并结合实际,为江北公司设计以下筹资业务控制制度(每个小组完成一项制度设计)。

1. 筹资授权批准制度
2. 筹资决策管理制度
3. 筹资执行管理制度
4. 筹资偿付管理制度

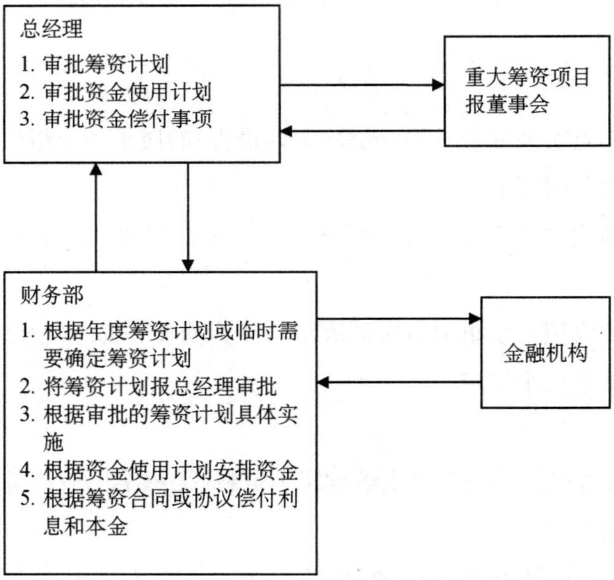

图 3-6　江北公司筹资业务流程控制图

本章结构框架

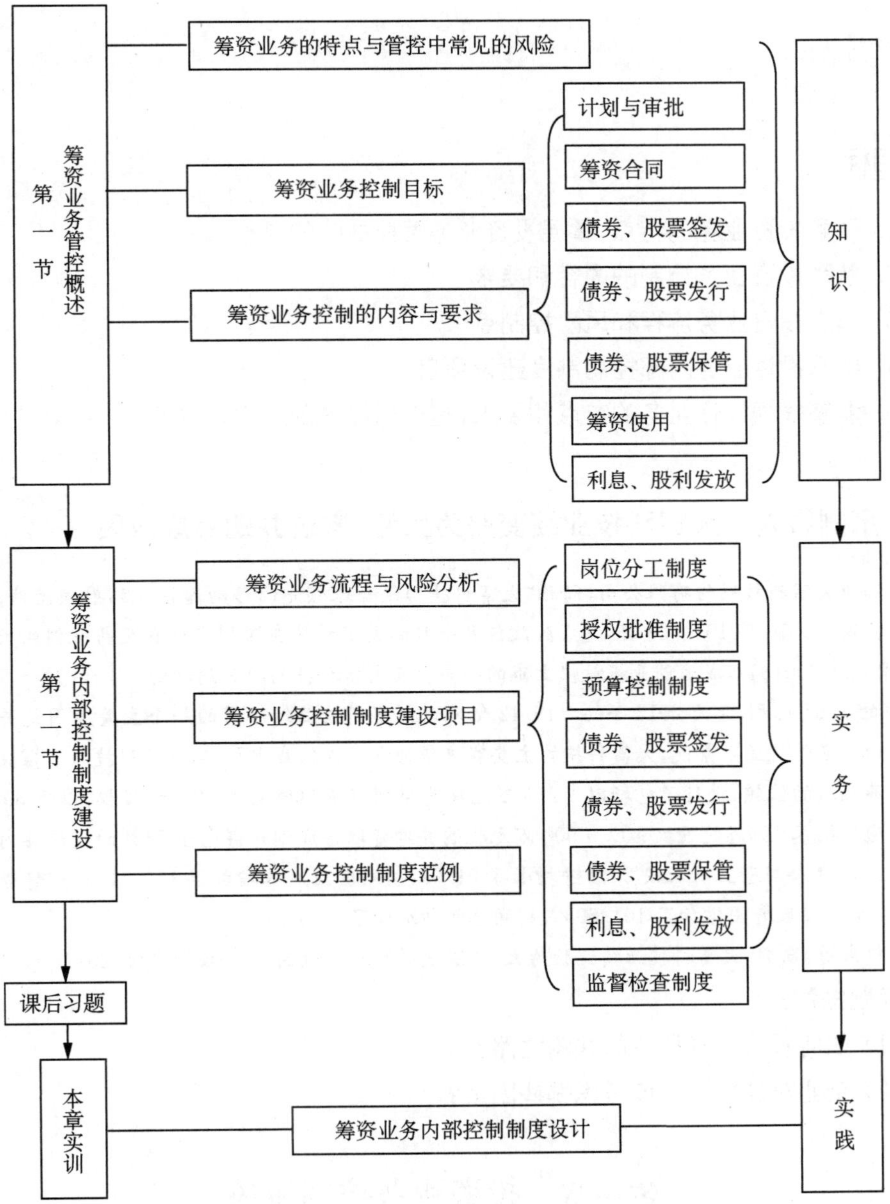
第一节 筹资业务管控概述
筹资业务的特点与管控中常见的风险
筹资业务控制目标
筹资业务控制的内容与要求
计划与审批
筹资合同
债券、股票签发
债券、股票发行
债券、股票保管
筹资使用
利息、股利发放
知识
第二节 筹资业务内部控制制度建设
筹资业务流程与风险分析
筹资业务控制制度建设项目
筹资业务控制制度范例
岗位分工制度
授权批准制度
预算控制制度
债券、股票签发
债券、股票发行
债券、股票保管
利息、股利发放
监督检查制度
实务
课后习题
本章实训
筹资业务内部控制制度设计
实践

第四章　投资业务内部控制与制度建设

学习目标

1. 了解投资业务的特点，掌握投资业务管控面临的风险点
2. 熟悉投资业务控制的内容和要求
3. 熟悉投资业务流程和风险控制点
4. 熟悉投资业务内部控制制度建设项目
5. 能够根据投资业务的特点和要求，提出相应的制度建设方案

案例导入　大富科技业绩变脸为大亏，激进并购路成败因

深圳市大富科技股份有限公司（简称“大富科技”）是全球领先的移动通信基站射频器件、结构件生产服务商。2010 年 10 月 26 日，完成股改仅 8 个月的大富科技在深圳市证券交易所创业板挂牌上市（股票代号 300134），成为创业板最快上市的公司。而大富科技的净利润却由 2010 年的 2.51 亿元、2011 年的 1.87 亿元，变为 2012 年的－19.12 亿元。大富科技业绩下滑的一个主要原因是并购过于激进。由于通信行业不景气，大富科技的主要客户华为和爱立信减少订单，大富科技为了摆脱对移动通信设备领域的依赖，进行了包括以 1 211 万元收购深圳市华阳微电子 52%的股权，以 1.59 亿元收购弗雷通信技术 100%的股权和以 9 900 万元收购并增资取得成都意得电子 51%的股权在内的多项并购。2012 年公司营业收入较 2011 年增长了 51.99%，而营业成本增加了 115.41%，销售费用增加了 160.65%，管理费用增加了 101.69%，利润总额却减少了－202.12%。

资料来源：罗碧. 大富科技业绩变脸为大亏，激进并购路成败因[N]. 投资者报，2013-02-03.

问题探讨：

（1）如何看待大富科技的并购之路？

（2）企业对外投资应该考虑哪些因素？

第一节　投资业务控制概述

一、投资业务的特点与管控中常见的风险

（一）投资业务的特点

企业投资业务的特点主要体现在：

1. 投资是以让渡某项资产而获得的另一项资产

企业将拥有的现金、固定资产等让渡给其他企业，以换取债权或股权投资，此时企业的现金、固定资产等资产减少，债权投资或股权投资增加。

2. 投资是企业在生产经营过程之外持有的资产

投资的这一特点，表明企业的投资活动应该在保证正常生产经营的前提下进行，不能弃本就末。

3. 投资是一种以权利为表现形式的资产

不同的投资为企业带来经济利益的方式不同。对内投资通常能为企业带来直接的经济利益，而对外投资可能以分配方式取得经济利益，或者通过投资改善贸易关系，或者通过投资影响而获得额外收益等。

4. 投资是一种具有财务风险的资产

企业应当根据投资目标和规划，合理安排资金投放结构，科学确定投资项目，拟订投资方案，重点关注投资项目的收益和风险。如果盲目扩张可能导致企业资金链断裂，引发财务风险。

（二）投资业务管控中的主要风险

企业选择投资项目应当突出主业，谨慎从事股票投资或衍生金融产品等高风险投资。投资业务管控中的主要风险有：

(1) 如果投资行为违反国家法律、法规，可能遭受外部处罚、经济损失和信誉损失。

(2) 如果投资市场调研不够详细或对被投资企业的调查和分析不全面、不客观，或投资项目未经科学、严密的评估和论证，或投资审查委员会审查不规范，可能因决策失误而导致重大损失。

(3) 如果投资业务未经适当审批或超越授权审批，可能产生重大差错或舞弊、欺诈行为，从而导致损失。

(4) 如果投资的收回不按规定权限和程序进行审批或投资收回协议签订不合理，可能导致企业资金和资产的流失和浪费。

(5) 如果资产减值的会计处理不规范或没有经过严格审批，可能导致资产账目混乱，增加管理成本或因资产减值会计披露不当而导致企业权益受损。

(6) 如果投资核销没有经过充分调研或没有经过严格审批或因可能导致企业资产虚增或资产流失，造成资金和资产浪费。

二、投资业务控制目标

根据对外投资业务的特点以及经营管理的要求，对外投资业务风险管理目标如下：

1. 保证投资资产安全完整

有价证券资产的流动性仅次于现金，有价证券也是不法分子挪用或盗窃的对象。

此外，有价证券在不同日期还会存在一定的利息或股利收入。因此，预防有价证券被冒领或转移是投资业务风险管理的一个重要目标。

2. 保证投资业务合规合法

投资活动的成败对企业未来的发展会产生重大影响。因此，投资业务必须经过适当的审批程序才能进行。企业在投资时的各种交易手续、程序，各种文件记录及账面数据的反映和财务报告信息的披露等，均需符合政府的投资法规，以保护投资者的利益。

3. 保证投资业务记录准确

企业要想使财务报表的使用人员相信其提供的财务会计信息，就必须对投资的计价和反映进行有效控制，防止计价方法使用不当及账务处理出现错误与弊端等情况的发生，以保证投资业务记录的准确性。

4. 保证投资收益揭示合理

投资收益是企业整个经营活动成果的一部分，投资者出于对自身利益的关心，自然要求企业合理揭示投资收益。政府机构考虑到税收因素，也会特别关注企业是否合理揭示投资收益。因此，企业应通过投资控制制度，为合理确定投资收益的入账时间和计算方法提供保证，从而取得投资者和政府机构对其投资收益揭示的信赖。

三、投资业务控制的内容与要求

投资业务内部控制的内容主要包括投资预算、投资计划、可行性研究报告、投资取得、投资保管、投资处置和投资账务处理、投资信息的披露等方面的控制。

1. 投资预算控制

企业应资业务实行预算控制。预算控制是内部控制的一个重要方面，加强投资预算的控制作业，可以使投资计划书的编制有据可依，可以加强对各部门投资预算的控制，有助于有效实施企业的投资战略，有助于使投资业务部门所制定的投资决策符合企业整体资金的安排和发展战略的要求。

2. 投资计划控制

在投资预算的指导下，财务主管认为投资机会已经成熟，即应着手制订投资计划。投资业务相关部门应根据投资预算初步编制投资计划书，送交财务部门进行复核检查，通过检查后，不重要的投资项目交由董事会授权的专人审批；重要的投资项目进行可行性研究，由董事会进行联签批准。

3. 可行性研究报告控制

可行性研究是在项目投资决策前，调查、研究与拟建项目有关的自然、社会、经济、技术资料，分析、比较可能的投资建设方案，预测、评价项目建成后的社会经济效益，并在此基础上综合论证投资建设的必要性、财务上的盈利性和经济上的合理性、技术上的先进性和适当性以及建设条件上的可能性和可行性，从而为投资决策提供科学依据的工作。

4. 投资取得控制

投资取得控制的内容主要包括：①投资项目必须经过投资审批人授权方可进入投资项目的执行。②投资项目需经过洽谈，签订投资协议书。协议书应充分反映投资转让意思，内容应全面、合法。③投资项目的资产交割和账务处理。④对于证券投资，应当将投资证券交易的结果记录于成交通知书上。

【回顾与思考】

财务会计中，对外投资取得分为几种情况？其账务处理分别是？

5. 投资保管与变动控制

企业应将有价证券及投资协议等投资资料委托保管或存放于防护措施健全的场所并指派专人保管；若需要借出或领取投资资料时，申请人员必须持经审核批准的文件会同保管人员从保管场所取出（或存入）并在登记簿上记载借阅人、借出及归还资料的日期，并经在场人员签字确认。

有价证券若需抵押，应按权限查核贷款条约，于审核后根据抵押程序办理并经质押单位签收；企业对外联营投资，每年至少应对被投资单位进行一次清查，详细清查被投资单位的财务状况、经营成果，及时调整投资账面价值。

【回顾与思考】

财务会计中，权益法下长期股权投资账面价值发生变动的原因有哪些？

6. 投资处置控制

企业投资处置必须经过董事会或管理层批准。以有价证券投资为例，任何有价证券出售须视金额大小报经单位财务经理、企业负责人或董事会批准；企业委托的证券出售业务经纪人应受到严格的审定；企业与经纪人之间的各种通讯文件应予以记录保存；反映经纪人处置证券结果的应根据处置指令受到检查。对于长期不再运作的投资项目，企业必须予以清理，核清债权、债务，撤销有关的担保、抵押，并妥善保管所有账簿、传票、财务会计报表等材料及一切法律文件。

【回顾与思考】

财务会计中，对外投资处置分为几种情况？其账务处理分别是？

7. 投资信息披露控制

企业一般应披露的投资活动信息有：①当年提取的投资损失准备。②投资的计价方法。③短期投资的期末市价。④投资总额占净资产的比例。⑤用权益法时，投资企业与被投资单位会计政策的重大差异。⑥投资变现及投资收益汇回的重大限制。

8. 投资业务监督检查

投资业务监督检查的内容主要包括：投资业务相关岗位设置及人员配备情况、投资业务授权审批制度的执行情况、投资业务的决策情况、投资的执行情况、投资的处置情况和投资的会计处理情况。

第二节 投资业务内部控制制度建设

建立投资业务控制制度，应依据《企业内部控制应用指引第 6 号——资金活动》所确立的投资业务控制内容和要求，结合企业投资业务管理实际，将有关投资业务控制措施以文本的形式具体化、条文化，是内部控制措施在企业投资业务活动中的具体体现。

一、投资业务流程与风险分析

企业投资活动的内部控制，应当根据不同投资类型的业务流程，分析流程中各环节可能出现的风险，采取相应的措施进行控制。一般企业投资活动的业务流程如图 4-1 所示。

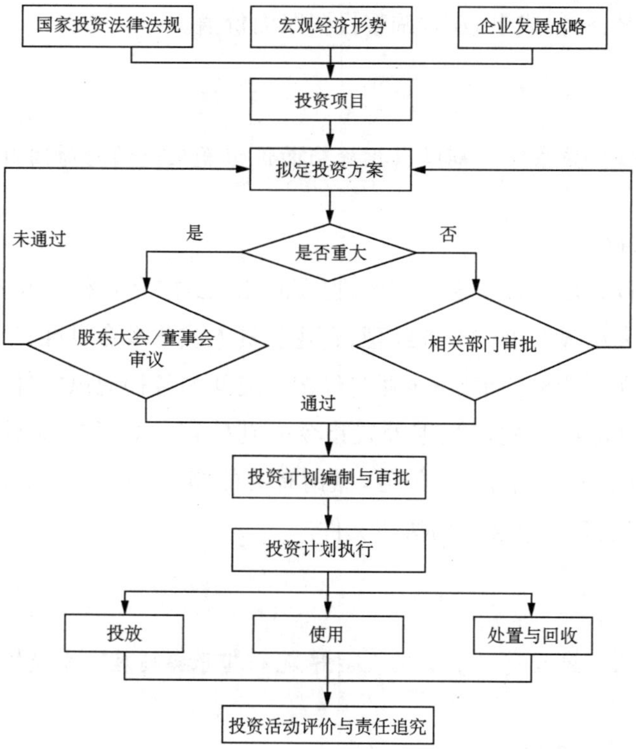

图 4-1 投资活动业务流程

下面以江南公司为例，就公司长期股权投资业务管理、投资评估分析、投资决策管理和投资项目减值准备审批流程与风险分析进行展示。

（一）长期股权投资管理流程与风险分析

江南公司长期股权投资管理流程与风险分析如图 4-2 所示。

江南公司长期股权投资管理流程说明如下：

（1）由投资部门相关人员对投资项目进行调研和分析，对被投资公司资信情况进行调查或实地考察。

（2）对外投资部对投资项目进行可行性研究，编制投资项目可行性研究报告，重点对投资项目的目标、规模、投资方式、投资的风险与收益等作出评价。

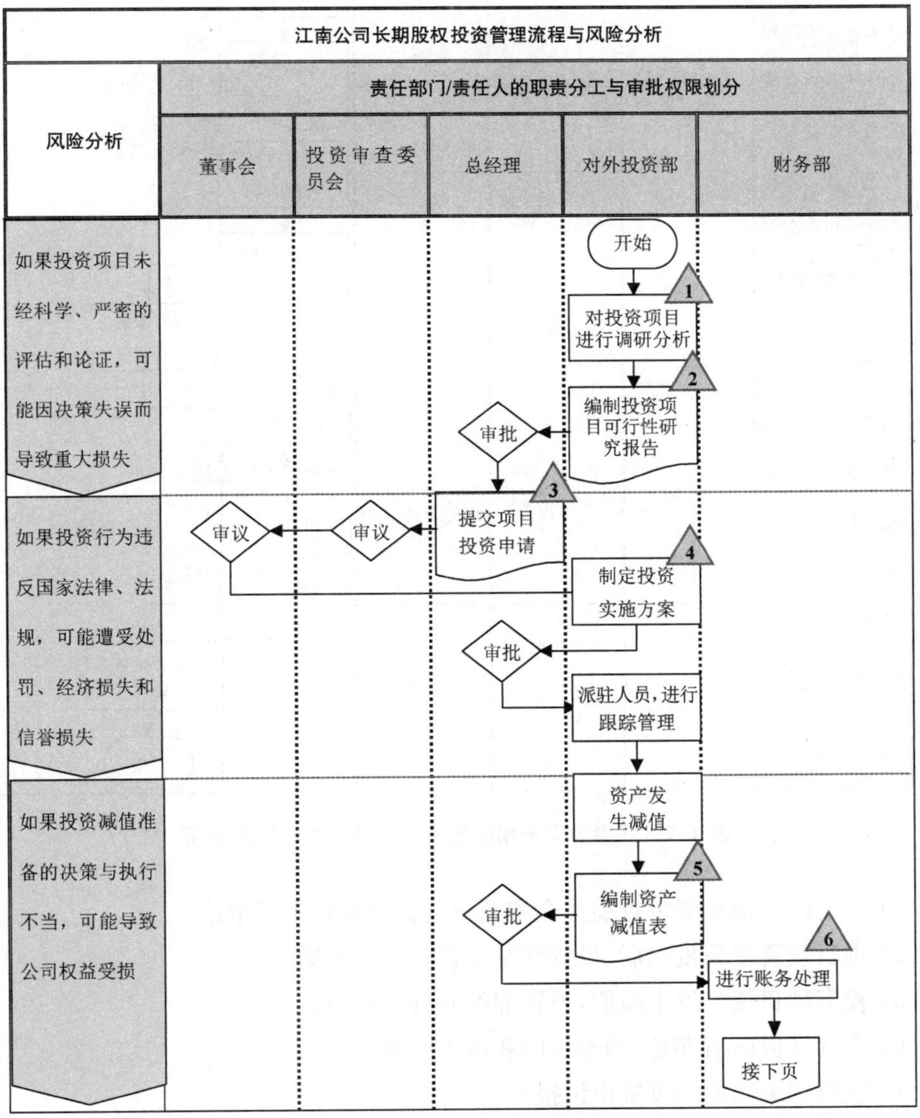

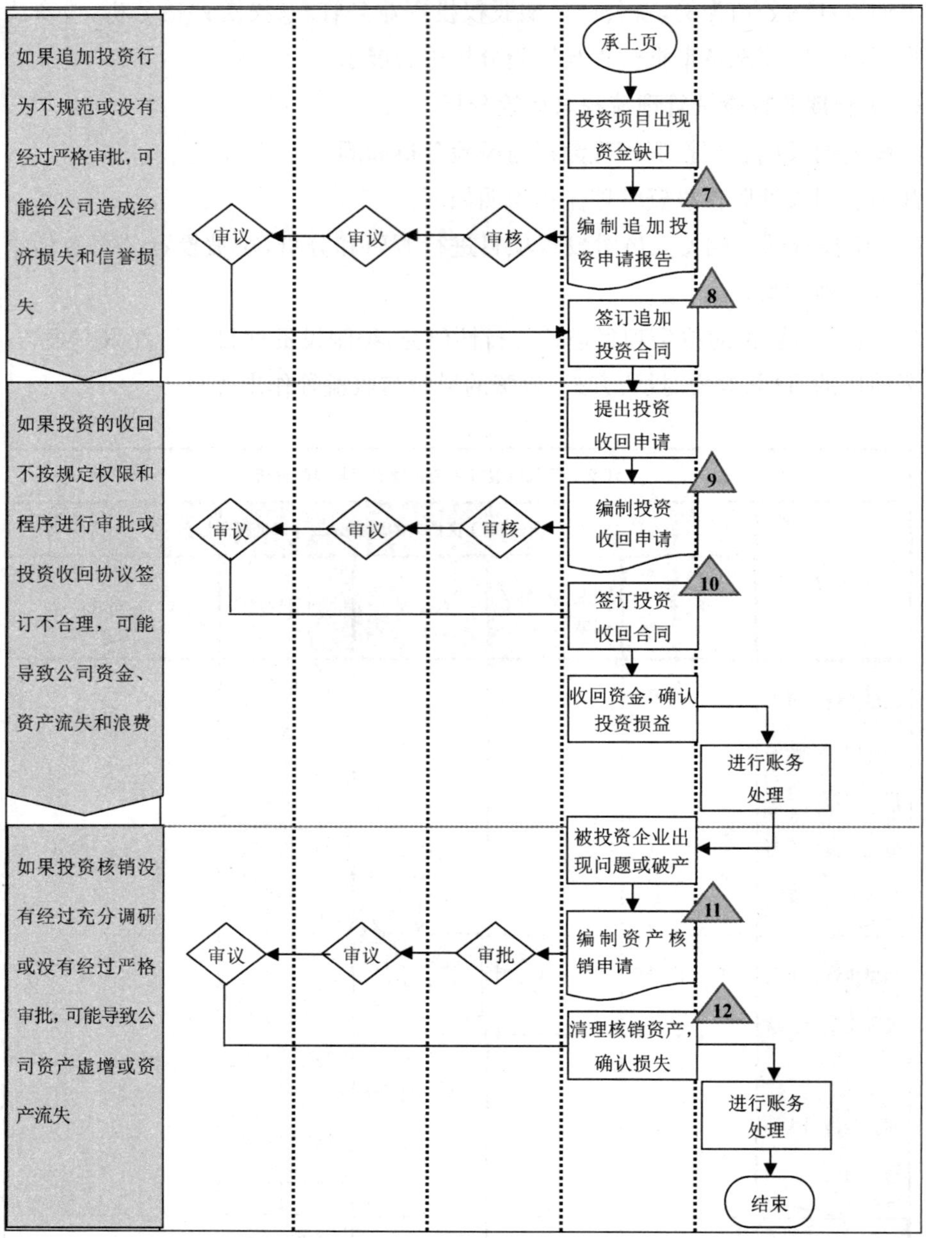

图 4-2　江南公司长期股权投资管理流程与风险分析

(3) 由总经理向投资审查委员会和董事会提交项目投资申请。

(4) 项目投资申请批准后，投资部制定投资实施方案。

(5) 投资项目资产发生减值，投资部编制资产减值表。

(6) 会计计提减值准备，调整折旧和摊销数额。

(7) 投资部编制追加投资申请报告。

(8) 追加投资申请报告被批准后，投资部与被投资企业签订追加投资合同。

（9）投资部编制投资收回申请。

（10）投资收回申请批准后，投资部与被投资企业签订投资收回合同。

（11）投资部编制资产核销申请。

（12）资产核销申请批准后，投资部清理核销资产，确认损失。

（二）投资评估业务流程与风险分析

江南公司投资评估业务流程与风险分析如图 4-3 所示。

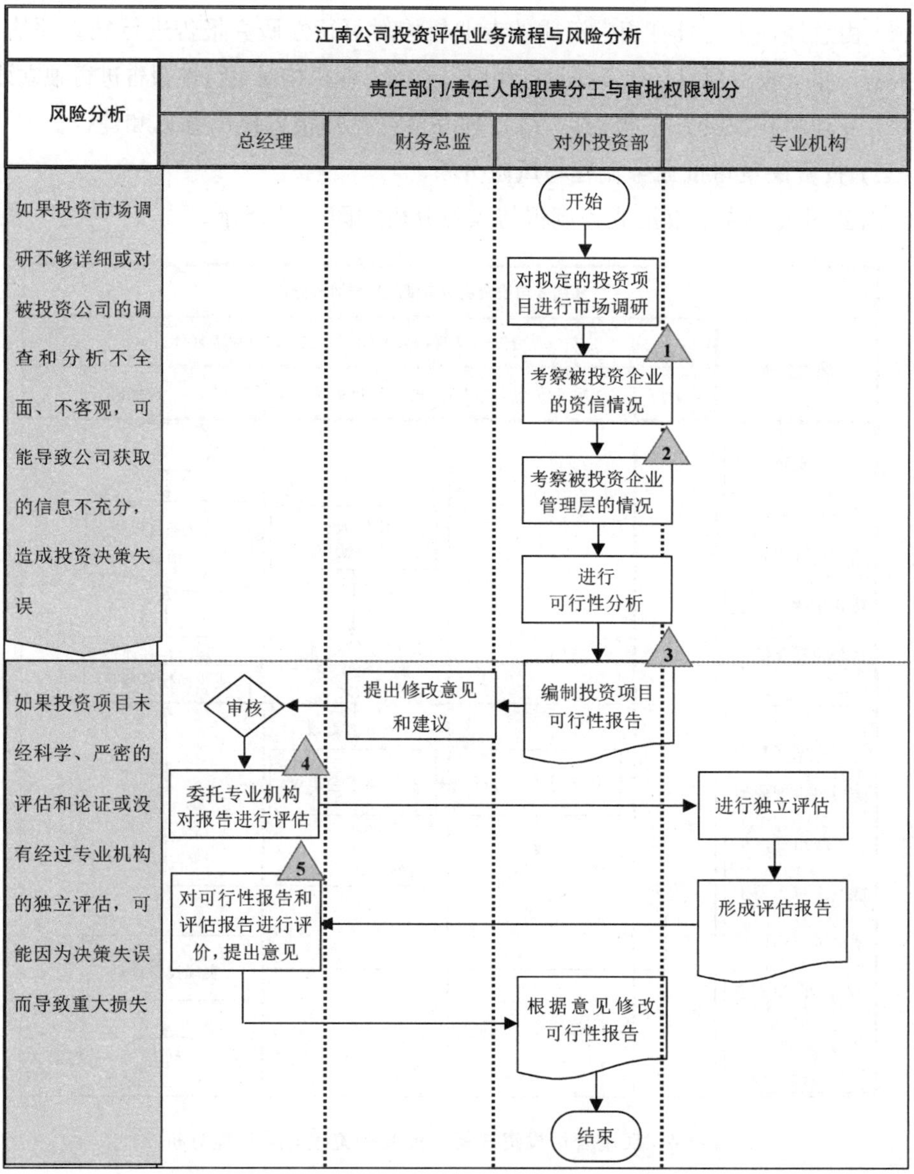

图 4-3　江南公司投资评估业务流程与风险分析

江南公司投资评估业务流程说明如下：

(1) 由对外投资部相关人员对投资项目进行分析与论证，对被投资公司资信情况进行实地考察。

(2) 对外投资部相关人员还应考察被投资企业管理层或实际控制人的能力、资信等情况。投资项目如有其他投资者，应当根据情况对其他投资者的资信情况进行了解或调查。

(3) 投资部对投资项目进行可行性研究，编制可行性研究报告，重点对投资项目的目标、规模、投资方式、投资的风险与收益等作出评价。

(4) 由总经理委托具有相应资质的专业机构对可行性研究报告进行独立评估，形成评估报告。重大投资项目必须委托具有相应资质的专业机构对可行性报告进行独立评估。

(5) 专业机构提交评估报告后，总经理综合可行性报告提出意见和建议。

(三) 投资决策审批业务流程与风险分析

江南公司投资决策审批业务流程与风险分析如图 4-4 所示。

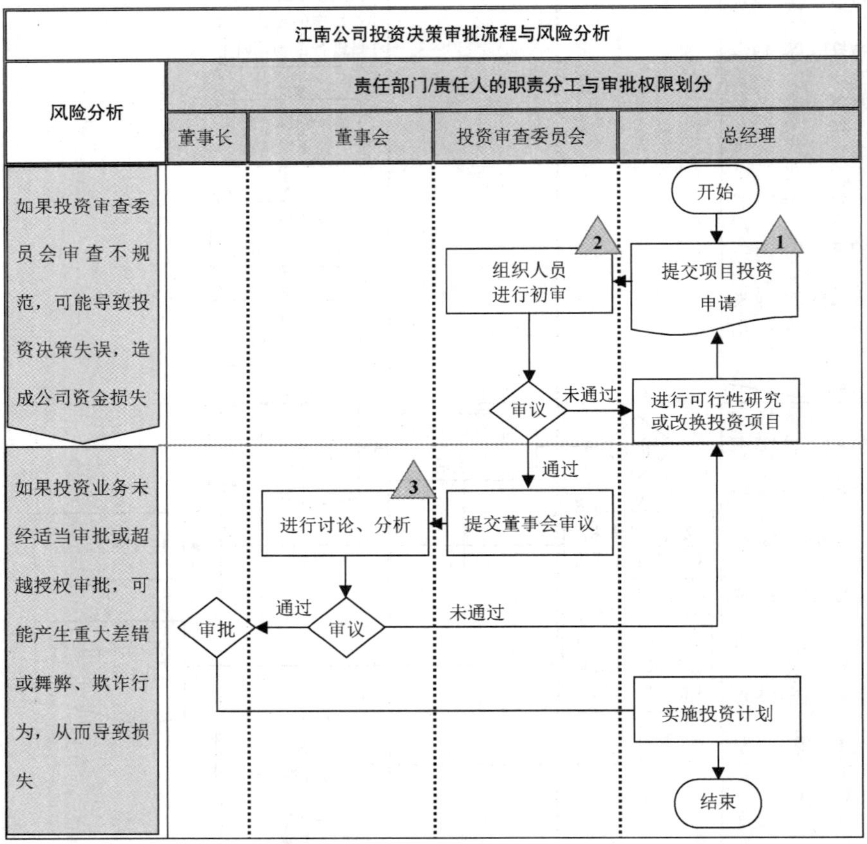

图 4-4　江南公司投资决策审批业务流程与风险控分析

江南公司投资决策审批流程说明如下：

(1) 由总经理提交项目投资申请，其中应包括投资项目可行性报告和评估报告。

(2) 在初审过程中，应当审查以下内容：①拟投资项目是否符合国家有关法律、法规和相关调控政策，是否符合公司主业发展方向和投资的总体要求，是否有利于公司的长远发展。②拟订的投资方案是否可行，主要的风险是否可控，是否采取了相应的防范措施。③企业是否具有相应的资金能力和项目监管能力。④拟投资项目的预计经营目标、收益目标等是否能够实现，公司的投资利益能否确保，所投入的资金能否按时收回。

(3) 董事会对投资审查委员会的审议结果进行审核。

(四) 公司投资项目减值准备审批流程与风险分析

江南公司投资项目减值准备审批流程与风险分析如图 4-5 所示。

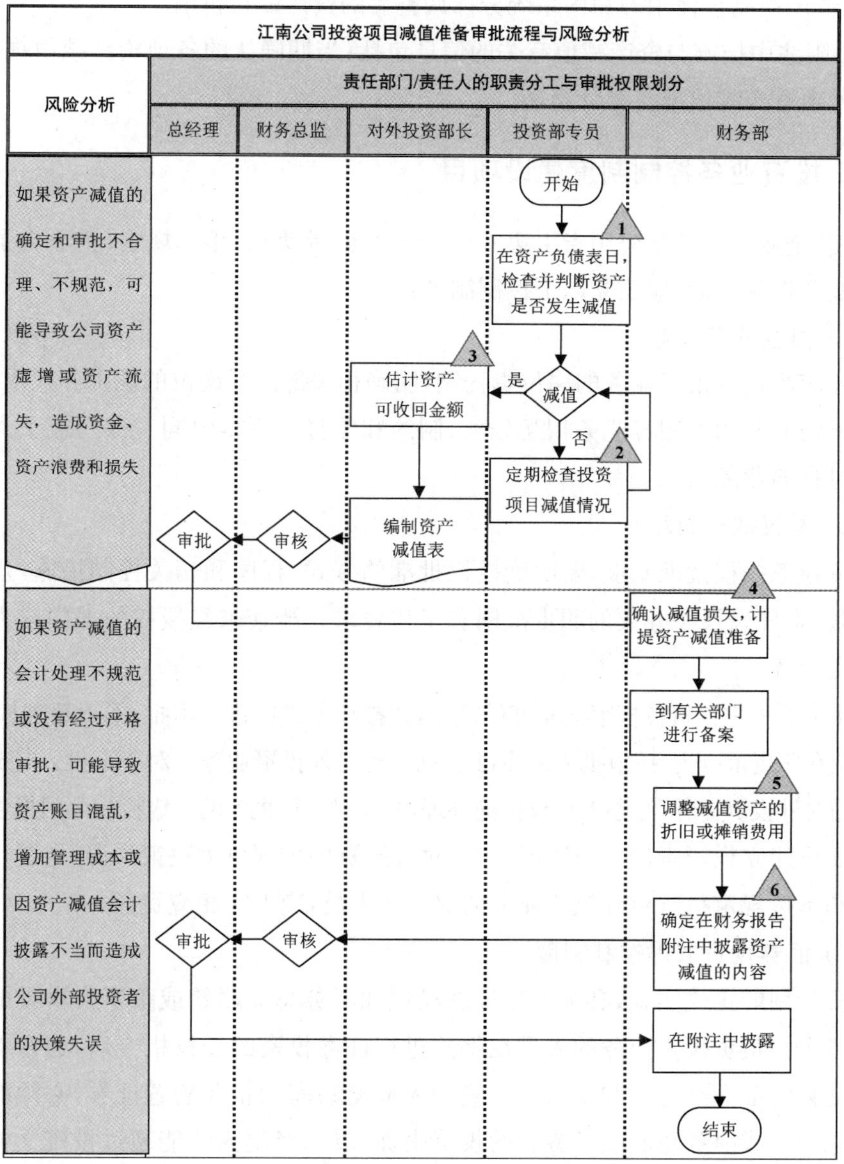

图 4-5　江南公司投资项目减值准备审批流程与风险分析

江南公司投资项目减值准备审批流程说明如下：

（1）由对外投资部相关人员在资产负债表日检查并判断投资项目的资产是否发生减值。

（2）对外投资部相关人员应定期检查投资项目的减值情况。

（3）可收回金额应根据资产的公允价值减去处置费用后的净额与资产预计未来现金流量的现值两者之间的较高者确定。

（4）资产的可收回金额低于其账目价值的，应当将资产的账面价值减记至可收回金额，减记的金额确认为资产减值损失，计入当期损益，同时计提相应的资产减值准备。

（5）资产减值损失确认后，减值资产的折旧和摊销费用应当在未来期间做相应调整，使该资产在剩余使用寿命内系统分摊调整后的资产账目价值。

（6）附注中披露与资产减值有关的信息包括：当期确认的各项资产减值损失金额；计提的各项资产减值准备累计金额。

二、投资业务控制制度建设项目

根据《企业内部控制应用指引第 6 号——资金活动》的相关规定，企业为了实现对外投资业务控制目标，应建立以下控制制度：

（一）岗位分工制度

企业应当建立投资业务的岗位责任制，明确相关部门和岗位的职责和权限，确保办理对外投资业务的不相容职务相互分离、制约和监督。不得由同一部门或个人办理投资全部过程的业务。

（二）授权批准制度

投资业务授权批准制度，要明确授权批准的方式、程序和相关控制措施，规定审批人的权限、责任以及经办人的职责范围和工作要求。严禁未经授权的部门或人员办理对外投资业务。

审批人应根据投资授权审批制度的规定，在授权范围内进行审批，不得超越权限审批。经办人应在职责范围内，按审批人的批准意见办理对外投资业务。对于审批人超越授权范围审批的对外投资业务，经办人有权拒绝办理，并及时向审批人的上级授权部门报告。

企业应建立投资责任追究制度，对在对外投资中出现重大决策失误、未履行集体审批程序和不按规定执行对外投资业务的部门及人员，应追究相应责任。

（三）证券投资取得控制制度

投资计划的正式实施，必须以经过总经理和财务总监联签或董事会审批的文件作为执行指令。负责投资业务的人员在得到进行证券投资的授权指令后，通常应选择从事证券交易的证券经纪人和交易商。经纪人或交易商为企业购置证券，必须取得经投资企业总经理或财务总监联合签署的投资书面文件，经纪人不能超过投资文件允许的范围为单位购置证券。

（四）证券投资保管制度

有价证券一般具有较强的流通性，如果遗失或毁损，对投资企业无疑会带来损失，必须加强对证券实物的保护措施。购入的证券最好存放于银行、信托公司或保险公司中。这些机构拥有丰富的经验和专门设备，对证券实物的保护措施更为安全可靠。而且，这些机构能以独立的立场帮助公司记录证券实物数量，从而避免企业证券实物记录被篡改的可能性。

（五）投资资产处置控制制度

投资资产处置控制程序基本上和取得的控制程序相同，即对外投资出售必须有总经理和财务总监联签或董事会的批准；代理买卖有价证券的经纪人应受到严格的审定；经纪人同投资企业之间的各种文件应予以记录保存；经纪人处置证券必须按董事会的指令进行。处置结果涉及现金，还应按现金收入的控制方法对投资资产处置进行控制。

（六）投资账务处理制度

对投资业务的完整记录，一方面，使投资交易活动中每个人的职权和责任、授权和被授权情况得到反映，便于监督检查投资业务是否按照内部控制制度的要求进行；另一方面，是保护证券实物、确定公司投资资产的价值、计算、反映投资收益的需要。

（七）投资期末计价制度

在资产负债日，企业应对对外投资的账面价值逐项进行检查，按照企业会计准则的要求进行会计处理。对于因市价持续下跌或被投资单位经营状况变化等原因导致其可收回金额低于投资账面价值的，应当计提减值准备，计入当期损益。

（八）投资业务监督检查制度

投资业务监督检查制度，应明确监督检查机构或人员的职责权限，对投资业务进行定期或不定期检查。投资业务监督检查的内容主要包括：投资业务相关岗位设置及人员配备情况，对外投资业务授权审批制度执行情况，投资业务决策情况，投资执行情况，对外投资处置情况，投资会计处理情况监督检查部门应按企业内部管理权限，报告投资业务内部控制监督检查情况和有关部门的整改情况。

三、投资业务控制制度范例

江南公司投资授权批准制度如表 4-1 所示。

表 4-1　　江南公司投资授权批准制度

制度名称	投资授权批准制度	文件编号	内控 06-02-02
执行部门	财务部、对外投资部	监督部门	法务内审部
第 1 章　总则 第 1 条　为了加强对长期股权的投资行为的管理，防范投资风险，保证投资安全，提高投资效益，根据国家相关法律法规，结合本公司实际情况，特制定本制度。			

（续表）

第 2 条　本制度适用于涉及长期股权投资的所有人员。

第 3 条　本制度中的长期股权投资是指包括对联营企业和对合营企业的权益性投资。

第 2 章　授权与审批内容

第 4 条　公司的长期股权投资，包括可行性研究报告的编制、投资过程的管理及投资的处置通归投资部负责。

第 5 条　长期股权投资授权方式。

公司的长期股权投资授权采用书面授权与工作说明书相结合的方式。

第 6 条　长期股权投资的授权程序如下图所示。

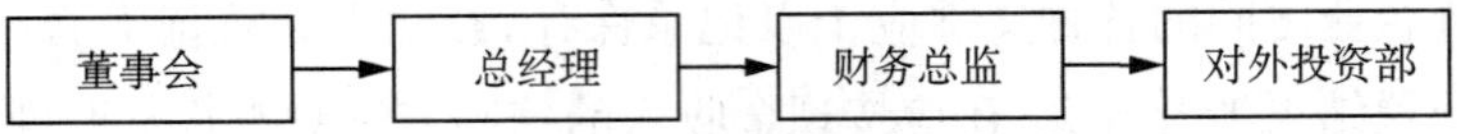

长期股权投资授权程序示意图

第 7 条　长期股权投资的审批程序规定如下。

1. 对外投资部对长期股权投资的各种报告进行初审后呈交财务总监进行审核。

2. 财务总监对其进行评估分析后签署意见并转呈法律顾问审核。

3. 法律顾问确认其符合国家、地方及相关的法律法规后呈交总经理审批。

4. 总经理审批后交由投资部执行。

第 8 条　长期股权投资的审批限额规定如下。

1. 对外投资部经理可审批 10 万元以下的长期股权投资。

2. 财务总监可审批 10 万元～50 万元的长期股权投资。

3. 总经理可审批 50 万元～100 万元的长期股权投资。

4. 超过 100 万元的投资必须交由董事会进行审议。

第 9 条　对长期股权投资必须逐级审批，禁止越级审批。

第 10 条　单项长期股权投资超过公司上年度年末净资产额的 10%的必须报董事会审议。

第 11 条　长期股权投资审批内容规定如下。

1. 投资项目符合国家、地区的产业政策和公司的长期发展规划。

2. 投资方案是否安全、可行，主要风险是否可控，是否采取了相应的风险防范措施。

3. 投资项目的预计经营目标、收益目标等是否能够实现，公司的投资利益能否确保，所投入的资金能否按时收回。

4. 投资方案是否与公司的投资能力与项目监管能力相适应。

第 12 条　公司的长期股权投资原则上不许增资，确需增资的，需重新制作投资项目建议书和可行性研究报告并按规定程序审批。

第 3 章　附则

第 13 条　本制度由董事会制定，解释权、修改权归属董事会。

第 14 条　本制度经董事会审批之日起实施，修改时亦同。

修订日期	2021.10.18	审核日期	2021.10.28	批准日期	2021.12.30

课后习题

一、单选题

1. 在有价证券的业务处理过程中，出纳编制收款凭证并登记银行存款日记账的根据是银行转来的收账通知和会计转来的(　　)单据。

A. 证券投资目录　　B. 证券购入通知单

C. 证券出售通知单　　D. 银行存款日记账

2. 企业应当编制对外投资(　　)，它一般应包括项目的必要性和依据、投资条件的初步分析、投资估算和资金筹措设想、经济效益和社会效益初步估算等内容。

A. 可行性研究报告　　B. 计划书

C. 评估报告　　D. 决策建议书

3. 企业应当由相关部门和人员或委托具有相应资质的专业机构对投资项目进行(　　)，通过对与投资项目有关的经济、社会、技术等方面情况进行全面的调查研究，对各种投资方案进行分析，对投资后的经济效益和社会效益进行预测，为投资决策提供依据。

A. 可行性研究　　B. 项目建议　　C. 评估　　D. 决策

4. 投资事项应由(　　)决策，决策过程应有完整的书面记录。

A. 小组　　B. 主要领导　　C. 主管部门　　D. 集体

5. 在长期股权投资管理流程中，以下属于财会部门负责的是(　　)。

A. 制定投资实施方案　　B. 编制资产减值表

C. 账务处理　　D. 签订投资协议

6. 在收回长期股权投资过程中，以下属于财会部门负责的是(　　)。

A. 提出投资收回申请　　B. 收回资金确认投资收益

C. 账务处理　　D. 签订投资收回合同

7. 因被投资企业出现问题或破产而核销投资过程中，以下属于财会部门负责的是(　　)。

A. 编制资产核销申请　　B. 账务处理

C. 清理核销资产确认损失　　D. 解除投资合同

8. 在投资评估分析流程中,财会部门一般(　　)。
   A. 负责考查被投资企业资信情况　　B. 负责进行可行性分析
   C. 负责编制投资项目可行性报告　　D. 不参与
9. 在投资项目减值审批流程中,以下属于财会部门负责的是(　　)。
   A. 定期检查投资项目减值情况　　B. 编制资产减值表
   C. 确认减值损失　　D. 估计资产可收回金额
10. 投资业务操作人员与会计人员相分离是为保证(　　)。
   A. 会计账簿对有价证券的安全进行有效监控
   B. 业务运行和会计记录的相互核对与控制
   C. 防范投资决策风险
   D. 审批人员客观地分析投资的可行性、合理性

二、多选题

1. 投资控制的内容主要包括(　　)的控制。
   A. 投资预算与计划　　B. 投资可行性报告
   C. 投资取得与保管　　D. 投资变动与处置
   E. 投资信息披露
2. 办理投资业务的人员应当具备良好的职业道德,掌握(　　)等方面的专业知识。
   A. 金融　　B. 投资　　C. 财会　　D. 法律
3. 投资监督检查的重点内容包括(　　)。
   A. 是否存在不相容职务混岗的现象
   B. 决策过程是否符合规定的程序
   C. 处置是否经过集体决策并符合授权批准程序
   D. 会计记录是否真实、完整
4. 投资取得控制包括(　　)。
   A. 投资的授权审批　　B. 投资协议的签订
   C. 投资交割凭证　　D. 投资账务处理
5. 我国《企业会计准则》规定,企业持有的长期股权投资在下列情况下应采用成本法核算(　　)。
   A. 投资企业对被投资企业无控制、无共同控制且无重大影响
   B. 不准备长期持有被投资单位的股份
   C. 准备长期持有被投资单位的股份
   D. 被投资单位在严格的限制条件下经营,其向投资企业转移资金的能力受到限制

E. 投资企业对被投资企业无控制,但有重大影响

6. 投资处理控制包括(　　)。

A. 投资处置的审批　　B. 投资处置相关记录或协议

C. 投资处置的核算　　D. 投资清查结果的处理

7. 在长期股权投资管理流程中,属于投资部门负责的有(　　)。

A. 制定投资实施方案　　B. 编制资产减值表

C. 账务处理　　D. 签订投资协议

8. 在收回长期股权投资过程中,属于投资部门负责的有(　　)。

A. 提出投资收回申请　　B. 收回资金确认投资收益

C. 账务处理　　D. 签订投资收回合同

9. 因被投资企业出现问题或破产而核销投资过程中,属于投资部门负责的有(　　)。

A. 编制资产核销申请　　B. 账务处理

C. 清理核销资产确认损失　　D. 解除投资合同

10. 在投资评估分析流程中,属于投资部门负责的有(　　)。

A. 负责考查被投资企业资信情况　　B. 负责进行可行性分析

C. 负责编制投资项目可行性报告　　D. 进行账务处理

11. 在投资项目减值审批流程中,属于投资部门负责的有(　　)。

A. 定期检查投资项目减值情况　　B. 编制资产减值表

C. 进行账务处理　　D. 估计资产可收回金额

12. 投资的执行应与(　　)岗位相分离。

A. 决策　　B. 审批　　C. 绩效评估　　D. 会计记录

13. 投资内部控制应保证(　　)。

A. 投资资产的安全完整　　B. 投资业务的合法合规

C. 投资业务记录准确　　D. 投资收益揭示合理

14. 投资内部控制制度包括(　　)。

A. 职务分离制度　　B. 授权审批制度

C. 账务处理制度　　D. 投资取得、保管和处置控制制度

E. 期末计价制度

三、判断题

1. 投资涉及的主要业务环节包括:对外投资建议书的编制、投资可行性研究、投资项目的跟踪管理、投资的收回、转让、核销等基本环节。(　　)

2. 企业应当加强投资事项有关权益证书的管理,由财会部门保管权益证书,建立详细

的记录。（　　）

3. 企业投资购入的股票、债券或核准后且已印刷好但尚未发行的股票、债券一般需要自行保管。（　　）

4. 公司购回股票支付的价款低于面值总额的部分，可增加资本公积。（　　）

5. 核销投资，应取得因被投资单位破产等原因不能收回投资的法律文书和证明文件。（　　）

6. 企业投资都是为了获取利润。（　　）

7. 一般情况下，投资活动由专门的部门负责，财会部门只负责账务处理。（　　）

8. 投资形成的资产在管理上是一样的。（　　）

9. 投资的处置一般由投资管理部门全权负责。（　　）

四、案例分析题

深圳市海普瑞药业股份有限公司（以下简称“海普瑞”），主营高品质的肝素钠原料药，其产品全部出口。2010 年，海普瑞以 148 元/股的价格在中小板市场募集资金总额达到 59.35 亿元，超募 50.70 亿元，成为“中国股王”。然而，截至 2012 年，海普瑞所募集的资金的使用额仅有 12.44 亿元，包括投资肝素钠原料药生产建设项目 1.58 亿元，收购成都市海通药业有限公司等股权投资 0.94 亿元，归还银行贷款 0.8 亿元，补充流动资产 8.89 亿元，购买土地 0.22 亿元。2012 年年末，海普瑞募集的 57.17 亿元资金中仍有 44.73 亿元存在银行，其现金共计 65.88 亿元。海普瑞对剩余资金的使用并没有明确的规划，企业一直在找寻可投资的项目，但并没有进行具体投资。

如果除去用于归还贷款和补充流动资金的资金，海普瑞募集资金的使用额仅有 2.74 亿元，使用率仅为 4.79%，大量资金被闲置。原因主要有两方面：一是超募，海普瑞 IPO 计划募集资金 8.65 亿元，但实际募集总额达到 59.35 亿元，是计划募集的 6.86 倍；二是面对大量的可用资金，海普瑞缺乏相应的投资战略，不知该将资金投向何处。

资料来源：关于公司募集资金年度存放与实际使用情况的鉴证报告，2013 年 4 月 12 日。

分析要求：本案中海普瑞公司在投融资活动中存在的主要问题是什么？投资战略需要考虑哪些因素？

本章实训——投资业务内部控制制度设计

【实训目标与能力要求】

本实训是培养学生运用所学企业投资内部控制知识进行制度建设的能力。其能力要求如下：

(1) 掌握投资控制内容、关键点及其制度建设要求。

(2) 能够根据模拟公司投资业务流程并结合公司内部控制环境，进行相关制度设计。

【实训方式】

实训分小组进行，以小组为单位完成相应的实训任务，并形成实训报告，参加讨论与讲评。

【实训考核】

根据各实训小组实训准备、提交成果(实训报告)的质量和小组协作情况进行评分。项目实训成绩按百分制评定。

小组项目实训成绩＝实训准备(满分 10)＋实训成果(满分 80)＋小组协作(满分 10)。

个人项目实训成绩＝小组项目实训成绩×个人贡献系数(个人贡献系数由组长根据其在实训中的贡献大小决定)。

【实训步骤】

(1) 由任课教师课教师引导学生解读实训资料，提示学生应注意的问题，并布置具体实训任务和时间要求。

(2) 各实训小组根据组内分工，查找、收集相关资料，进行初步分析比较。

(3) 小组内对初步分析比较的结果进行讨论、修改，并按照要求形成实训报告(实训报告采用为 word 文档，纸张大小设置为 A4，页边距上 2.8 cm，下 2.5 cm，左右各 2.5 cm，行距 1.5 倍，页码格式为阿拉伯数字、居中；总标题小三号、黑体、居中、空一行；一级标题小四号、宋体、加粗；二级标题和其他正文小四号、宋体；图表内文字五号、宋体)。

(4) 实训小组组长将收集的资料和形成的实训成果(电子文档)打包上传，由指导老师组织互评。

(5) 指导老师根据学生实训成果的质量和参与讨论的情况确定实训成绩。

【实训资料】

由于家具产品市场带有一定的季节性，旺季生产资金占用比较大，淡季生产资金占用少，因此，江北公司常常会有大量闲置资金存留于银行。对于闲置资金，公司一直听之任之，既没有有效的对外投资业务内部控制体系，也没有健全的对外投资业务控制制度。针对这种状况，公司决定加强制度建设，不断提高投资管理水平。

江北公司其他基础性资料见第一章实训资料。

【实训任务】

假定你是公司新聘的主管会计，请根据图 4-6 所示江北公司投资业务流程，分析控制关键环节和关键点，并结合实际，为江北公司设计以下投资业务控制制度（每个小组完成一项制度设计）。

1. 投资授权批准制度
2. 投资决策制度
3. 投资执行管理制度
4. 投资处置管理制度

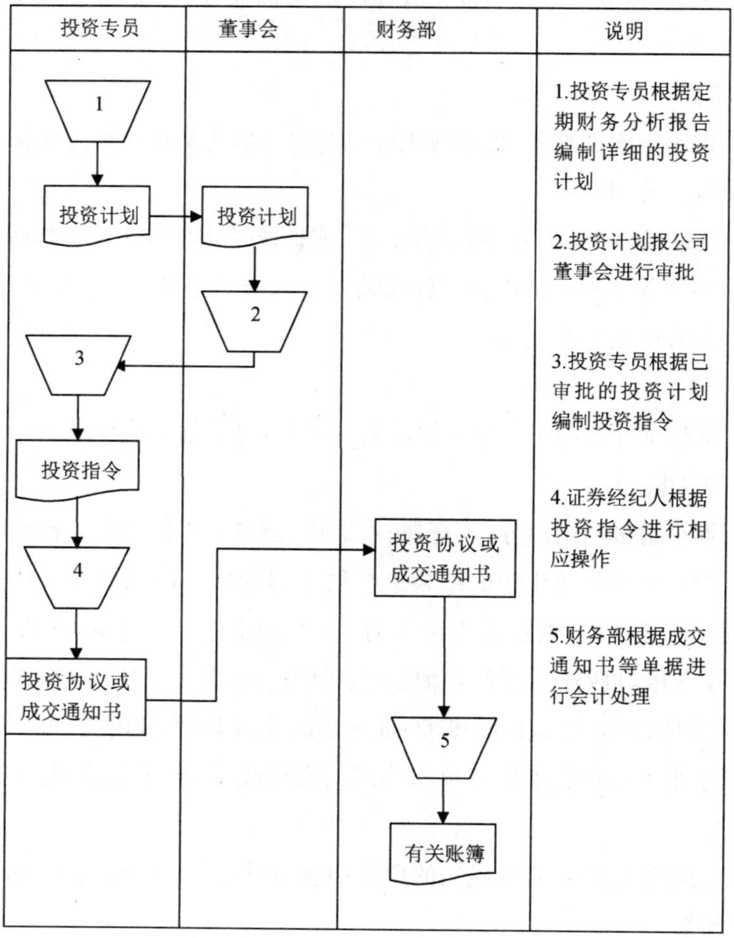

图 4-6　江北公司投资业务流程

本章结构框架

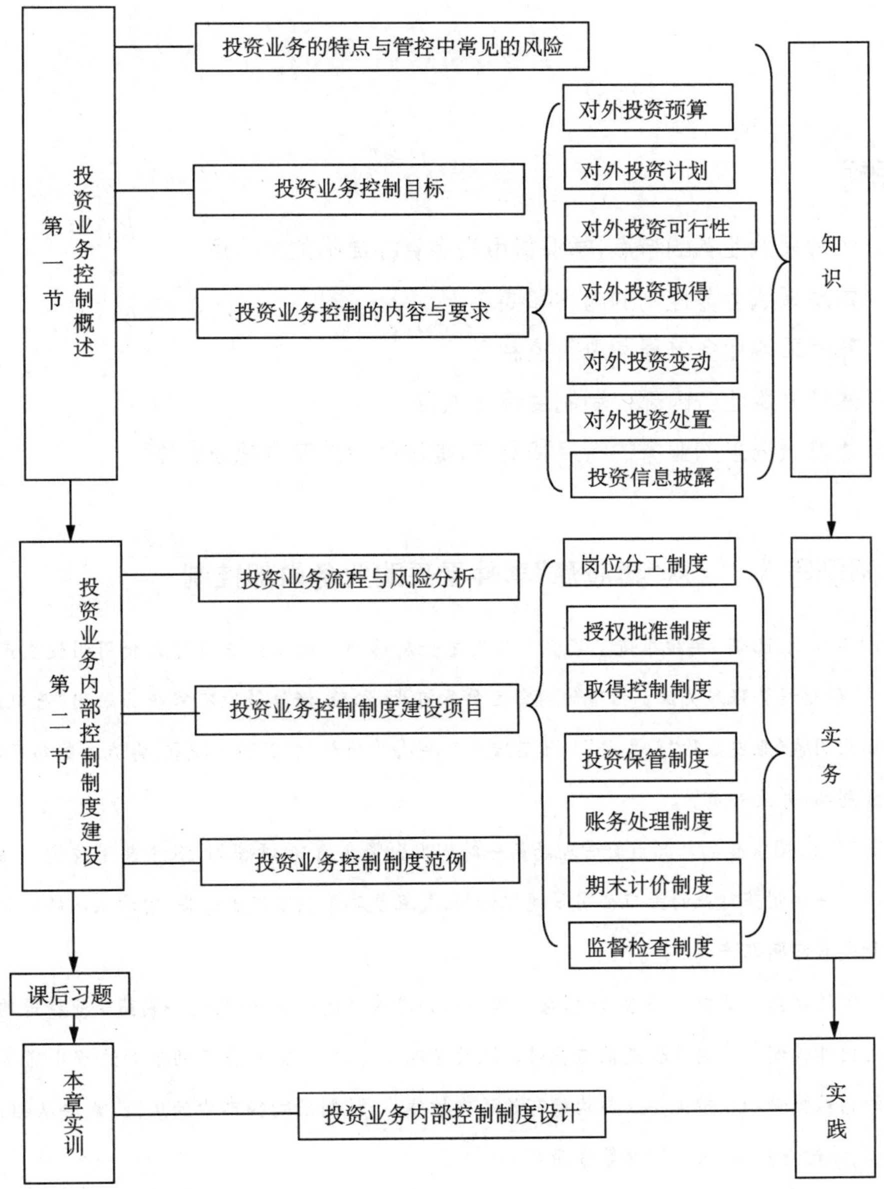
第一节 投资业务控制概述
投资业务的特点与管控中常见的风险
投资业务控制目标
投资业务控制的内容与要求
对外投资预算
对外投资计划
对外投资可行性
对外投资取得
对外投资变动
对外投资处置
投资信息披露
知识
第二节 投资业务内部控制制度建设
投资业务流程与风险分析
投资业务控制制度建设项目
投资业务控制制度范例
岗位分工制度
授权批准制度
取得控制制度
投资保管制度
账务处理制度
期末计价制度
监督检查制度
实务
课后习题
本章实训
投资业务内部控制制度设计
实践

第五章　采购业务内部控制与制度建设

学习目标

1. 了解采购业务的特点，掌握货币资金管控面临的风险点
2. 熟悉采购业务控制的内容和要求
3. 熟悉采购业务流程和风险控制点
4. 熟悉采购业务内部控制制度建设项目
5. 能够根据采购业务的特点和要求，提出相应的制度建设方案

案例导入　从“毒胶囊”事件看采购业务内部控制

2012年4月15日，央视报道了某些企业用重金属铬超标的工业明胶冒充食用明胶生产药用胶囊的事件，引起社会强烈关注。报道的内容主要是河北、江西、浙江等地有家企业采用“蓝矾皮”为原料生产工业明胶（业内俗称“蓝皮胶”），然后胶囊厂买去作原料，制成药用胶囊，再流入制药厂，制成了各种胶囊药品，并流入市场。

4月16日，国家食品药品监督管理局第一时间发出紧急通知，要求对13个药用胶囊产品暂停销售和使用。一些制药行业的上市公司如通化金马、复旦复华等相继发出公告，对涉及问题胶囊的生产车间查封或召回问题产品。

从涉案的制药企业自身因素来说，毒胶囊能顺利进入制药企业，说明这些制药企业在采购环节缺乏有效的内部控制。采购管理是被掩盖得最深的管理死角之一，内控失调的采购流程中通常充满各种复杂的利益驱动和人情关系。要构建有效的内控体系，控制采购循环中的风险，需要从组织设计、流程梳理、关键点控制、人员监督等方面入手。

资料来源：马军生，“从‘毒胶囊’事件看采购业务内部控制”[N]. 中国会计报，2012-05-25(8).

问题探讨：

（1）为什么说在本案例中采购管理是被掩盖得最深的管理死角之一？“死角”背后可能存在哪些腐败问题？

（2）采购业务管控需要做哪些工作？

第一节 采购业务控制概述

一、采购业务的特点及其管控中常见的风险

（一）采购业务的特点

采购业务是企业支付货币取得物资或劳务的过程，是企业生产经营管理中的一个重要环节，也是一个薄弱环节。其特点表现为如下几个方面。

1. 采购要在生产和销售计划的指导下进行

采购作为制造业企业生产的准备阶段，采购原料等应以生产需要为依据。材料采购部门必须十分熟悉整个企业的生产经营情况，使采购材料的品种、数量既满足生产需要，又最低限度地占用企业的资金。采购原料或商品的业务应同生产和销售计划密切联系起来，根据这些计划来指导采购业务。

2. 采购业务控制与货币资金控制密切相关

购买商品或劳务必然伴随款项的支付，企业偿付货款的方式多种多样，但一般会带来货币资金减少。除了防止因实物计量、会计计算错误，或者因人为修改实物或劳务的数量而使企业在支付一定的现金后，不能得到相应的物资或劳务，还要防范将企业享有的折扣隐匿起来占为己有的行为。因此，在购买环节，要将采购业务控制与货币资金支出控制结合起来运用。

3. 采购业务导致的负债在企业全部负债中占有较大比重，可能影响企业资信度

企业为了扩大销售，往往采取赊销方式。对于采购方来说，如果能够争取到赊购，则意味着在信用期内无偿占用销售方资金。然而，如果赊购业务频繁发生，业务量较大，赊购所产生的负债在企业负债总额中就会占有相当大的比重，从而对企业诸如偿债能力等方面的财务状况产生一定的影响。因此，真实、客观地反映采购业务所导致的负债是采购业务内部控制的目标之一。

（二）采购业务管控中的主要风险

企业采购活动涉及的相关采购业务、招标合同等应符合国家的法律法规要求；对采购业务流程、职责划分、权限范围和审批程序应进行明确规范，机构设置和人员配备应当科学合理；采购与付款业务的核算应当真实准确。采购业务中常见的风险有：

（1）违法违规采购受到处罚或制裁造成资产损失。

（2）采购计划安排不合理，市场变化趋势预测不准确，造成库存短缺或积压，影响生产或资源浪费。

（3）采购物资验收程序不规范，采购物资的品种、数量、质量和价格与审批的采购

计划不一致，容易造成盲目采购、超储积压和舞弊行为的发生。

(4) 付款方式不恰当、审核执行不严格或执行有偏差，可能导致企业采购的物资、资金或信用受损。例如，已支付货款符合现金折扣条件，然后将折扣私分或留存“小金库”，或者不及时将现金折扣入账而挪作他用。

二、采购业务控制目标

采购业务控制应围绕采购申请、合同签订、验收入库以及货款结算等环节进行。其具体控制目标如下。

(一) 采购业务要与生产销售要求一致

采购环节的控制，包括订货要求的提出和审批、供应商报价、材料和商品验收等，必须严格按照生产和销售的要求进行，防止以牺牲企业利益购入与生产和销售要求不符的原料和商品等行为的发生。

(二) 支付款项后获得相应的物资或劳务

购买环节的款项支付应以获得相应的物资或劳务为条件，内部控制制度的建立和实施应保证一切购买活动在这一条件下进行。防止错计和篡改实物或劳务的数量和金额，保证账面记录与实际获得的物资或劳务一致。

(三) 保证会计核算资料的合法性、真实性和完整性

企业的采购业务必须按照国家有关法律法规进行，并在授权范围内开展，未经批准或授权不得进行采购活动。财务部门应按企业内部管理制度和会计制度的规定处理采购业务，正确编制会计凭证，及时登记会计账簿，全面、完整地反映采购业务的来源、单价、金额及费用等发生情况，合理提示单位应享有的折扣和折让，保证采购业务及时、准确地被记录，并对采购业务的合法性与合理性进行有效监督。

(四) 保证货款按期归还，维护企业的信誉

能否及时偿还采购货款关系到企业的对外信誉，单位应合理调度资金，保证足额偿还债务。企业应制定严格的资金计划或预算，合理布置、安排付款业务流程，保证支付环节畅通，防范支付风险。应配合供应商的对账或查询工作，保证付款业务的效率和质量。

(五) 力求节约成本，提高资金使用效率

采购成本在产品成本中占有较大比重。采购业务控制除满足生产和销售的需求外，还应加强采购成本控制，包括确定采购单价、选择供应商和采用对企业最有利的付款方式等。如果对方提供现金折扣，企业还必须合理地分析是否享受折扣。另外，加强各种物资最低储备限额的确定，有利于减少企业存货资金的占用，加快资金周转速度，提高资金使用效率。

(六) 保证采购业务合法有效

企业所有采购业务都必须符合国家有关规定，每笔采购业务的发生都必须经过适当授权和批准，未经授权或批准不得进行采购。采购计划和临时性采购必须经过企业有关主管人员批准后才能执行。

三、采购业务控制的内容与要求

采购业务内部控制的目的在于规范采购活动的程序、防范采购业务风险，在保证企业经营活动所需物料的情况下，最大限度降低采购成本和付款风险。采购业务内部控制的内容包括组织机构与人员控制、采购预算控制、请购与审批控制、订货与订单控制、验收控制、退货与折让控制和采购款项支付控制等七个方面。

（一）组织机构与人员控制

为了保证采购业务内部控制有效开展，必须进行科学的岗位分工，严格按照授权审批权限进行业务活动。企业通过完善组织机构设置和岗位分工体系，不断提高采购业务活动的质量，才能实现本业务循环的内部控制目标。具体包括以下三个方面。

1. 组织机构的设置

设置合理有效的组织机构是采购业务活动顺利进行的组织保证，其中最重要的两个部门是采购部门和财务部门。采购部门主要负责采购活动的实施，财务部门主要负责付款业务。除此之外，采购业务还涉及企业的预算和计划部门、物料或劳务的使用部门、验收部门和仓库保管部门。组织机构控制的原则主要是责任和权限明确、岗位的适当分离和有效的制衡。

2. 人员分工与岗位责任

企业应该建立采购业务的岗位责任制，明确有关部门和岗位的职责、权限，确保办理采购业务的不相容职务相互分离、制约和监督。任何企业不得由同一部门或人员办理采购业务的全部过程。采购业务不相容职务至少包括以下几项：

（1）请购与审批。采购业务申请必须由使用部门提出，例如生产、行政管理、仓库等部门。而请购申请的审批由申请部门之外的采购部门或其他授权部门负责实施。

（2）询价与确定供应商。采购询价人员负责与采购物资供应商进行讨价还价，如果由询价人员进行供应商的选择，就可能产生舞弊行为，所以企业应该规定采购询价人员不得负责供应商的选择，决定供应商的人员不能同时负责审批。

（3）采购合同的订立与审定。采购合同是进行采购活动的纲领，采购合同的签订、谈判主要由采购部门人员完成，审定业务是对采购合同的监督。为了保证采购合同的内容真实合法，合同的订立与审定职责相分离。

（4）采购的实施与验收。采购活动的实施主要是对采购物资、资金的管理和控制，验收部门的工作是对采购活动的监督。按照监督和执行业务分离的原则，执行采购的岗位要和验收岗位相分离。

(5) 采购、验收与相关会计记录。采购业务活动的整个过程都涉及资金的使用和流动，所以需要进行会计记录与核算，从而向内、外的管理者提供会计信息。有关的会计记录，例如采购物料的成本记录、验收商品的历史成本信息，都是对采购、验收等环节的监督依据，所以采购、验收及仓库保管人员不得担任会计核算工作。购进劳务的使用部门主管不得兼任会计记录工作。

(6) 付款审批与付款执行。企业采购资金的管理主要是付款的审批与执行，付款审批由使用部门主管和财务主管负责，付款执行由出纳员或采购执行人员负责，付款的审核人员不得执行付款业务。为了保证采购资金的安全使用，付款的审核与执行人员不能同时负责询价和选择供应商的业务。最后，付款执行和记录岗位要分离。

3. 业务授权审批程序

业务授权审批是对组织机构设置和人员岗位分工的权责管理机制，企业应当建立严格的授权批准制度规范采购业务操作，明确采购业务的审批人、审批事项、授权批准方式、权限、程序、责任和有关控制要求，同时还要规定采购业务执行人员的职责范围和行为准则。

(二) 采购预算控制

采购预算是企业进行采购活动的依据。当各个业务部门需要购进有关物资时首先要编制资产购置计划或预算，这种预算的内容有两个方面：一方面是采购物资的数量、品种等实物预算；另一方面是采购所需花费的资金预算，并对采购活动的经济性进行简单评价。制定实物预算是为了从总体上反映物料的需求状况和需求结构，保证采购活动的有效性。制定资金预算是为了利用好企业的资金，防止资金的闲置和不当使用，实现资金使用的效益性。

(三) 请购与审批控制

采购业务活动的首要环节是使用部门根据物料或劳务的需要情况向采购部门提出请购要求，请购和审批的目的是对采购计划和预算进行复核，评估其合理性并监督执行情况。

1. 请购程序控制

企业应该将请购活动制度化，按照采购物料或劳务的性质和特点，确定归口管理部门，并给予相应的请购权力，明确使用部门或人员的职责权限及相应的请购程序。

2. 审批程序控制

审批程序是请购不可缺少的后续环节，审批的目的有两个，一是对请购活动审核，二是明确请购和采购活动的有关责任。各个部门和各个级别的审批程序的目的有所差别，请购部门负责人审批的目的是保证请购商品的品种、质量满足经营活动的需要；仓库管理部门审批的目的是根据库存量核准采购物资的数量；采购部门审批的目的是防止重复采购和控制采购价格和成本。

（四）订货与订单控制

1. 订货控制

订货是整个采购过程的核心，因此，对于大宗实物要做到公开招标采购，与供应单位签订合同时，将合同副本分送会计及请购等部门，以便于检查合同的执行情况。

对于小批量的材料则实行比价采购，即同等材料比价格、同等价格比质量、同等质量比服务的原则，综合分析进行采购。

2. 订单控制

采购业务的订单是整个业务过程中最常见、最重要的凭证之一，在订单中主要包括以下内容：采购物资的数量、规格；采购时间和货款总价格，以及有关的税费附件等。企业对订单控制的关键点有：加强订单的审批控制，审核人员要审查订单的内容是否完整、合规合法；及时将订单传递到企业的财务、仓库等管理部门，进行有关的核算和记录；妥善保管采购订单，企业的内部审计部门要定期对订单内容进行审计。

【回顾与思考】

采购订单传递到财会部门后需要做怎样的账务处理？

（五）验收控制

验收是保证存货真实完整的重要一环，必须建立相应的控制制度。收货部门应在其可能的范围内对货物购进日期、品名、规格、供货单位、质量及数量等进行检验。对于特殊标准的货物，收货部门还应将部门样品送交有关专家和实验室对其质量进行检验。收货部门检验货物后，应填制包括供应商名称、收货日期、货物名称、数量和质量以及运货人名称、原购货订单编号等内容的收货报告单，经部门主管签字后，及时交给购货和会计部门，以便支付货款及进行相应的账务处理。

（六）退货与折让控制

采购和验收部门在检查购入商品时，如果发现采购的商品出现数量、规格、种类和质量不满足合同要求等问题，应该及时和供应商取得联系，决定是否退货或者要求供应商给予一定的折扣。当决定退货时，购货部门应编制退货通知单；退货通知单要经授权人审核批准，同时将退货通知单副本寄交供应商。

企业应制定有关退货条件、退货手续和退货货款回收的执行程序和制度，使退货退款业务规范化。

【回顾与思考】

退货与折让的会计处理有何不同？

（七）采购款项支付控制

采购业务的重要内容就是款项的支付。在采购业务活动过程中会不断发生款项的支付，包括在事前、事中、事后的整个阶段，但是主要的大额支付都是在事后控制阶段完成的。具体的控制内容包括：对付款资料的审核和监督、核实付款业务的程序是否完整合法、往来账户的管理和会计记录控制。

1. 付款资料的审查控制

企业财会部门会计人员依据采购、验收等部门提供的采购发票、运输结算单据和验收费用票据等原始凭证的真实性、合法性进行审核，对于有疑点的原始凭证，出纳和会计应该及时与业务部门沟通。

财务部门的稽核人员应该对各个业务部门提交的结算凭证和发票进行复核，审核有关的验收入库报告、入库单和采购合同，审查这些资料的内容是否完整、业务程序是否齐全、计算是否准确。同时，会计人员的审核还要经过财务部门主管的复核。

2. 核实付款业务的程序

企业的内部控制框架都制定了有关付款业务的执行程序，特别是财务部门的付款环节，是重要的风险点，企业应该保证付款业务按照规定的程序进行，这样能够有效降低业务风险。

3. 往来账户的管理

企业的采购业务有很大一部分都利用了商业信用，采取了应付账款和预付账款等形式，所以建立往来账户管理制度，这是付款控制的重要部分。企业应该加强预付账款和订金的授权审批管理，使其规范化。企业还要定期核对应付账款、应付票据等往来账的明细账，对各个供应商的账户余额等信息进行分析和控制。另外，企业的财务部门还要分析供应商的信用政策，充分利用信用杠杆，延长付款期限，降低资金使用成本。

4. 会计记录控制

会计部门主管付款管理的会计应该及时根据收到的付款或其他原始凭证编制记账凭证，经过审核和复核的记账凭证应及时登记银行存款或现金日记账、往来账款明细账和总账，并对账簿记录进行分析，并编制有关的付款分析报表。

第二节　采购业务内部控制制度建设

建立采购业务控制制度，应依据《企业内部控制应用指引第 7 号——采购业务》所确立的采购业务控制的内容和要求，结合企业采购业务管理实际，全面梳理采购业务流程，将有关采购业务控制措施以文本的形式具体化、条文化，是企业采购业务内部控制的基础性工作。

一、采购业务流程与风险分析

企业的采购业务流程包括请购、审批、购买、验收、付款、采购后评估等环节，采购业务的内部控制就是对业务流程中各环节可能出现的风险进行分析，并结合生产经营管理的实际情况，采取不同的措施进行控制。一般企业的采购业务流程如图 5-1 所示。

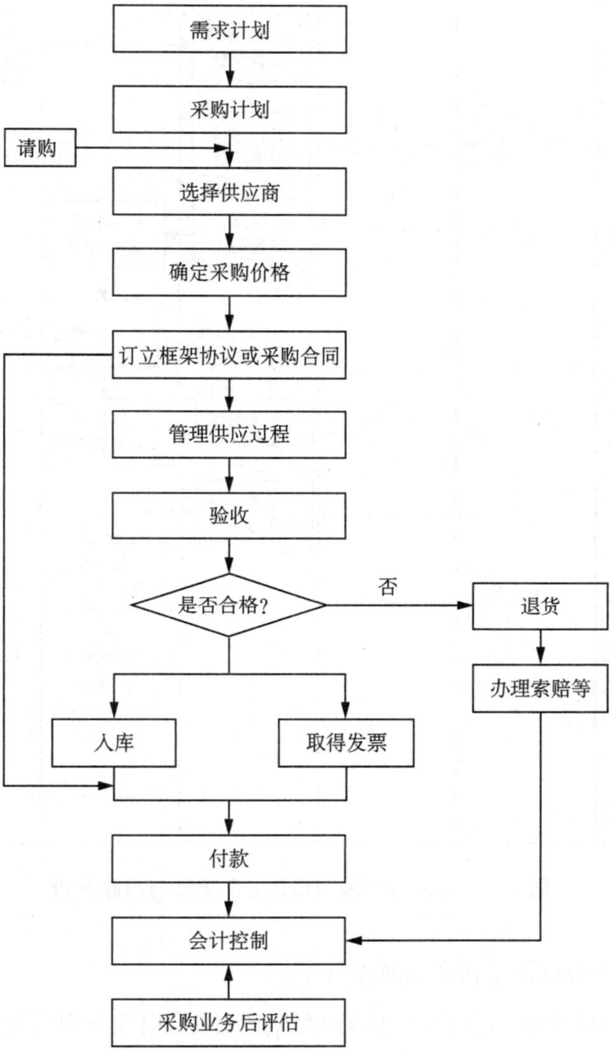

图 5-1　采购业务流程图

下面以江南公司为例，对公司采购预算、请购审批、采购招标、供应商评选等采购业务流程与风险分析进行展示。

(一) 采购预算业务流程与风险分析

江南公司采购预算业务流程与风险分析如图 5-2 所示。

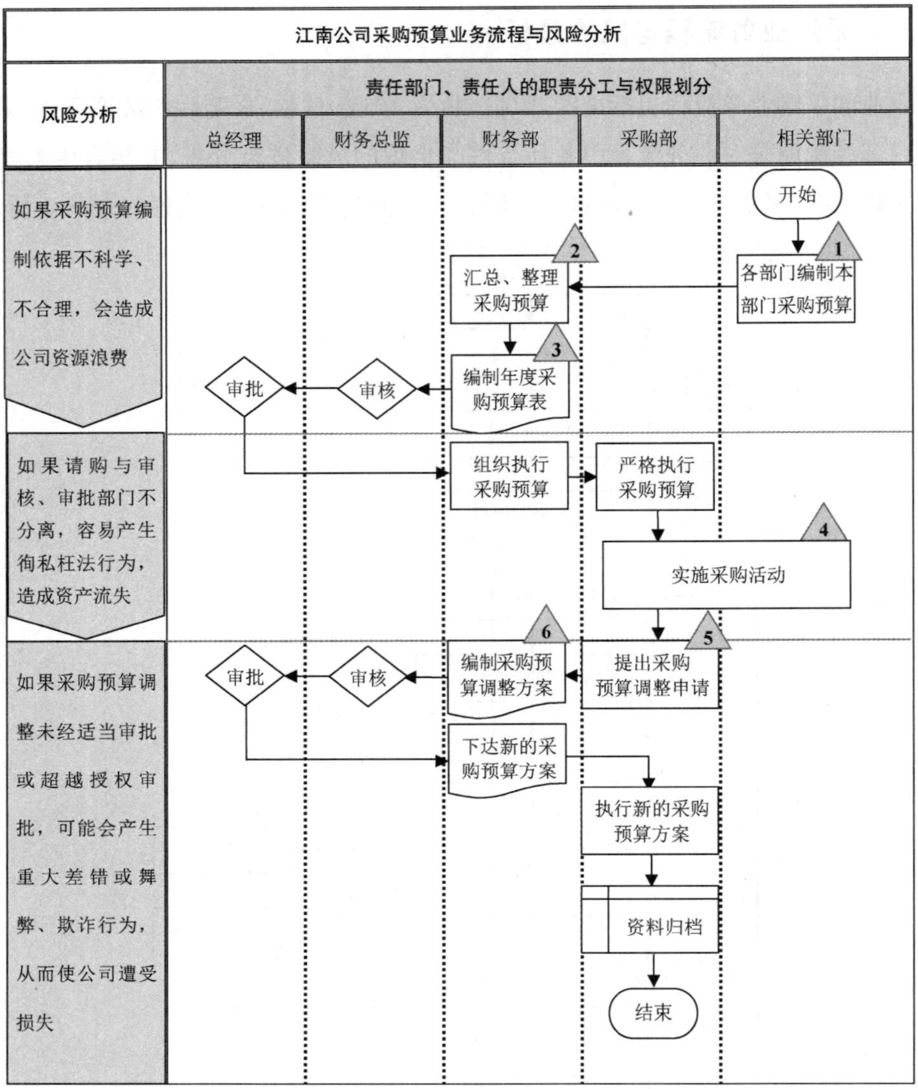

图 5-2　江南公司采购预算业务流程与风险分析

江南公司采购预算业务流程说明如下：

(1) 各生产单位根据年度营业目标预测生产计划，据此编制年度物资需求计划，并编制采购预算，其他部门根据实际需求编制采购预算。

(2) 财务部预算专员负责汇总、整理各部门提交的采购预算。

(3) 财务部预算专员根据上一年度材料单价、次年度汇率、利率等各项预算基准编制企业年度采购预算表，财务部部长签字确认后，报财务总监审核，总经理审批后严格执行。

(4) 请购部门根据实际需求提出采购申请，采购部采购专员应根据市场价格填写采购金额，依据公司相关规定以及生产需求情况，判断采购是否合理。如果采购申请合理，提交相关领导审批；不合理的采购申请，则退回请购部门。

(5) 调整采购预算的原因包括超范围采购或超预算采购两种。由于市场环境变化，如采购物资的价格上涨，导致实际采购金额超出采购预算或生产突发事件导致采购预算外支出等。此时，采购部必须提出采购预算调整申请，即追加采购预算。

(6) 财务部接到采购部的预算调整申请后，根据实际情况，参照企业的相关规定进行核对，并编制采购预算调整方案，提交财务总监审核、总经理审批。

(二) 请购审批业务流程与风险分析

江南公司请购审批业务流程与风险分析如图 5-3 所示。

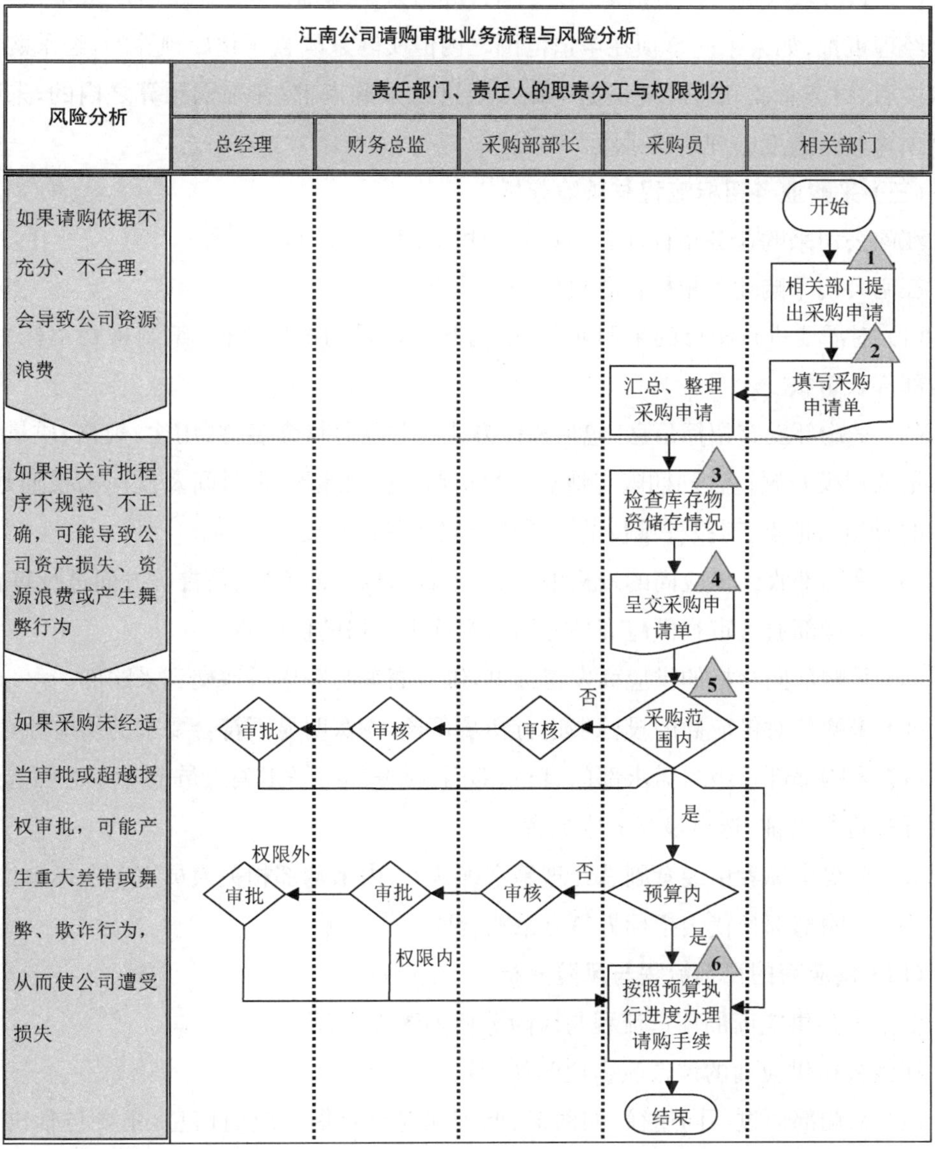

图 5-3 江南公司请购审批业务流程与风险分析

江南公司请购审批业务流程说明如下：

（1）生产部和仓储部等物资需求部门根据企业相关规定及实际需求提出采购申请。

（2）请购人员应根据库存量基准、用料预算及库存情况填写采购申请单，需要说明请购物资的名称、数量、需求日期、质量要求以及预算金额等内容。

（3）采购部核查采购物资的库存情况，检查该项请购是否在执行后又重复提出，以及是否存在不合理的请购品种和数量。

（4）如果采购专员认为采购申请合理，则根据所掌握的市场价格，在“采购申请单”上填写采购金额后呈交相关领导审批。

（5）如果采购事项在申请范围之外的，应由采购部部长、财务总监逐级审核，最终由总经理审批；如果采购事项在申请范围之内但实际采购金额超出预算的，经采购部部长审核后，财务总监和总经理根据审批权限进行采购审批；在采购预算之内的，采购部按照预算执行进度办理请购手续。

（三）采购业务招标流程与风险分析

江南公司采购业务招标流程与风险分析如图 5-4 所示。

江南公司采购业务招标流程说明如下：

（1）对需要进行招标的采购业务，采购部准备采购招标文件，编制采购招标书，报采购部部长审核。

（2）采购部发布招标信息，包括招标方式、招标项目（含名称、用途、规格、质量要求及数量或规模）、履行合同期限与地点、投标保证金、投标截止时间及投标书投递地点、开标的时间与地点、对投标单位的资质要求以及其他必要的内容。

（3）采购部收到供应商的资格审查文件后，对供应商资质、信誉等方面进行审查。

（4）采购部通过审查供应商各方面指标确定合格的供应商。

（5）采购部向合格的供应商发售标书，供应商填写完毕后递交到采购部。

（6）采购部对供应商的投标书进行初步审核，淘汰明显不符合要求的供应商。

（7）采购部部长组织需求部门、技术部门、财务部门等相关人员或专家对筛选通过的投标书进行论证，选出最终的中标者。

（8）最终中标者由经营副总经理签字确认后，由采购部相关人员宣布中标单位。

（9）采购部部长代表招标方签订采购合同。

（四）供应商的评选流程与风险分析

江南公司供应商的评选流程与风险分析如图 5-5 所示。

江南公司供应商的评选流程说明如下：

（1）采购部通过不同途径，如面谈、调查问卷等收集供应商信息，主要包括供应商信誉、供货能力等方面的信息。

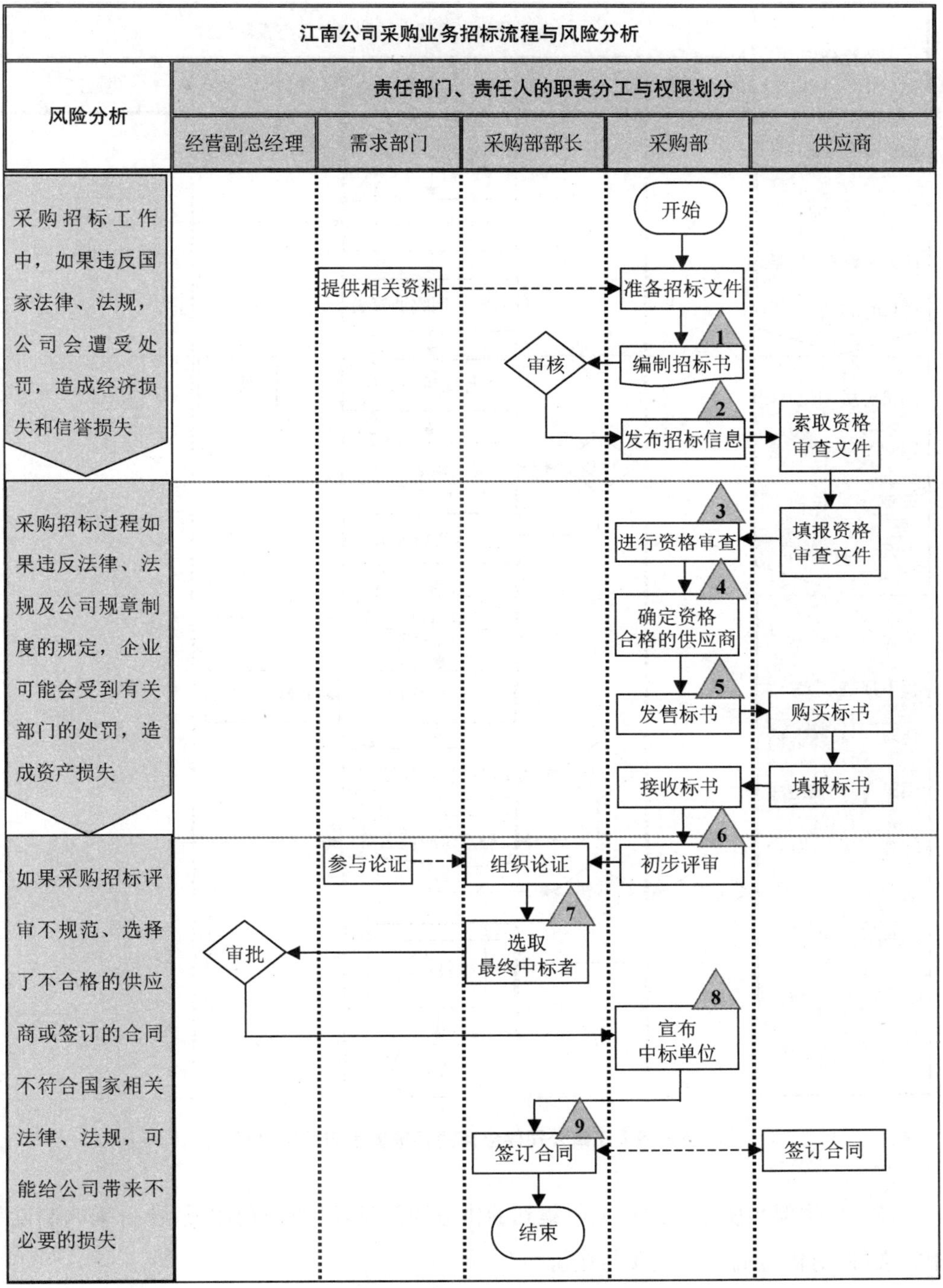

图 5-4　江南公司采购业务招标流程与风险分析

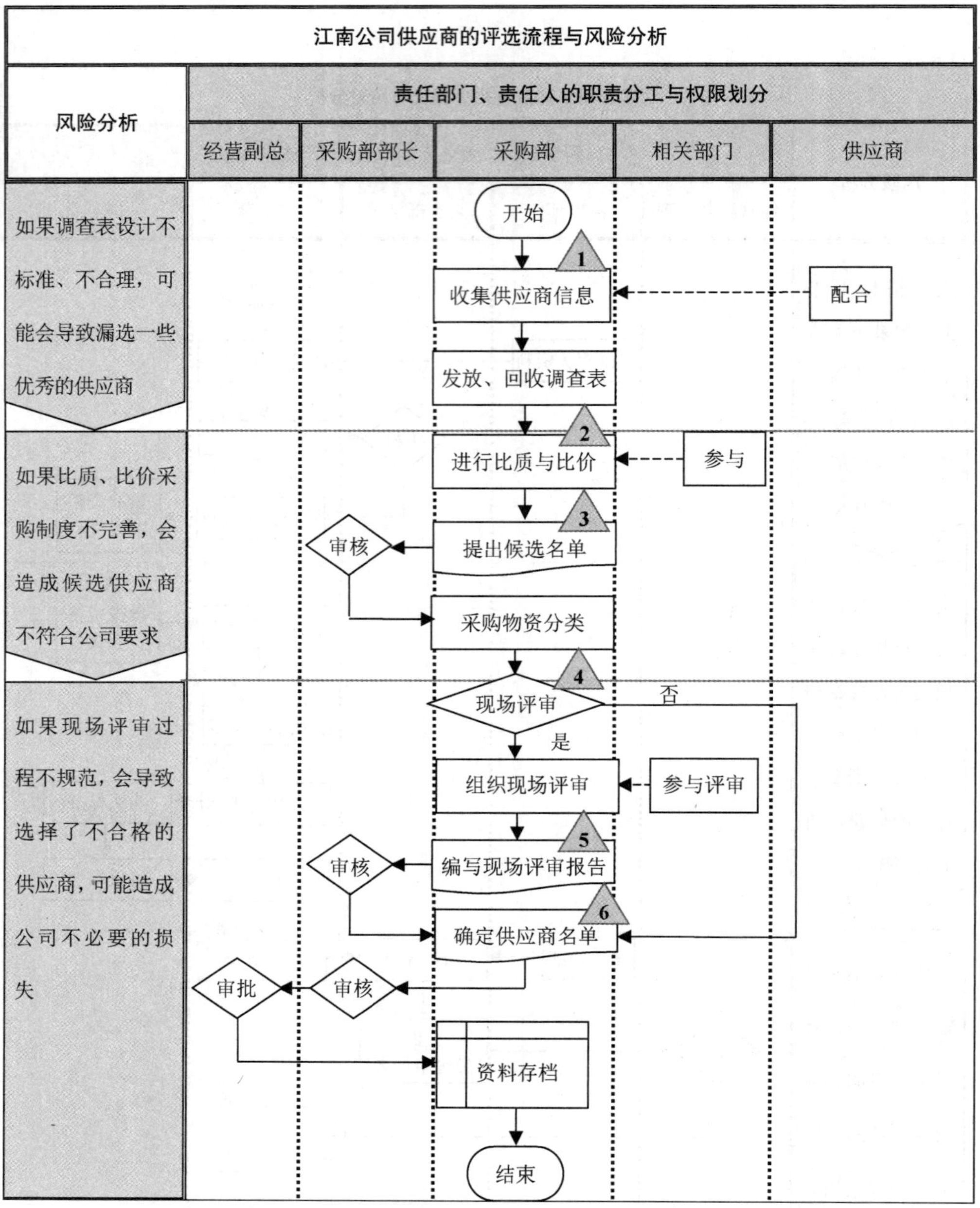

图 5-5　江南公司供应商的评选流程与风险分析

(2) 采购部和使用部门依据收集到的供应商信息，参照公司比质、比价采购制度等相关文件，对供应商进行比质与比价。

(3) 采购部根据比质与比价结果，参照供应商选定标准，提出候选供应商名单，报采购部部长审核。

(4) 采购部通过采购物资的分类，根据实际需要，判断是否需要组织现场评审。需要进行现场评审的，采购部组织现场评审，请购部门、生产部门、财务部门、仓储部门以及质检部门等相关部门参与；对无需现场评审的供应商，可直接提出其等级排序名单。

(5) 现场评审后，采购部汇总评价结果，并编写现场评审报告。

(6) 采购部根据采购部部长的审核结果确定供应商名单，并报采购部部长审核、经营副总经理审批。

建立货币资金控制制度，应依据《企业内部控制应用指引第 7 号——采购业务》和《企业内部控制应用指引第 6 号——资金活动》的要求，结合企业采购业务管理实际，将有关采购业务控制措施以文本的形式具体化、条文化，是内部控制措施在企业采购业务活动中的具体体现。

二、采购业务控制制度建设项目

为了实现采购业务控制目标，企业应建立以下制度：

(一) 岗位分工制度

企业应建立采购业务岗位责任制，明确相关部门和岗位的职责、权限，确保办理采购业务的不相容岗位相互分离、制约和监督。采购业务不相容岗位至少包括请购与审批，询价与确定供应商，采购合同订立与审计，采购与验收，采购、验收与相关会计记录，付款审批与付款执行。企业还应根据具体情况对办理采购业务的人员进行岗位转换。

(二) 授权批准制度

采购业务授权批准制度应符合以下要求：

(1) 明确审批人员对采购业务授权批准的方式、权限、程序、责任和相关控制措施。审批人员应根据采购业务授权批准制度的规定，在授权范围内审批，不得超越审批权限。

(2) 规定经办人员办理采购业务的职责范围和工作要求。

(3) 对于重要和技术性较强的采购业务，应组织专家论证，实行集体决策和审批，防止出现决策失误而造成严重损失。

(4) 严禁未经授权的机构或人员办理采购业务。

(三) 请购与预算制度

企业应建立采购申请制度，依据购置物资或劳务类型，确定归口管理部门，授予相应的请购权，并明确相关部门或人员的职责权限及相应的请购程序。同时，还应加强采购业务预算管理。对于预算内采购项目，具有请购权的部门应严格按照预算执行进度办理请购手续；对于超预算和预算外采购项目，具有请购权的部门应对需求部门提出的申请进行审核后再办理请购手续。

（四）业务审批制度

企业应建立严格的请购审批制度。对于超预算和预算外采购项目，应明确审批权限，由审批人根据其职责、权限以及单位实际需要对请购申请进行审批。不同类别（原材料、固定资产、办公用品等）请购单要由不同的主管核准，不同的请购额也要由不同管理层次主管的核准。

（五）验收制度

企业应根据规定的验收制度和经过批准的订单、合同等采购文件，由独立的验收部门或指定专人对所购物资或劳务的品种、规格、数量、质量等进行验收，出具验收证明。

（六）付款制度

企业应按《现金管理暂行条例》《支付结算办法》等规定办理采购付款业务。其控制内容包括以下几点：

（1）财务部门办理付款业务，应对采购发票、结算凭证、验收证明等相关凭证的真实性、完整性、合法性及合规性进行审核。

（2）采购部门必须审核请购单、验收部门签收的验收报告和供应商出具的增值税发票的明细、数量、规格是否一致，然后据以出具采购付款通知单给会计部门。

（3）会计部门应对采购部门提交的各种原始凭证进行审核，复核采购发票、验收报告、入库单、合同等单据和凭证是否齐备，内容是否真实，手续是否齐全，计算是否正确。会计部门只有对上述内容审核无误并经授权批准后，方可按规定程序办理货款支付手续并支付货款。

（4）防止未核准款项的支付。

（5）加强应付账款和应付票据管理。由专人按约定的付款日期、折扣条件等管理应付款项。已到期的应付款项须经有关授权人员审批后，方可办理结算与支付。

（6）建立退货管理制度。对退货条件、退货手续、货物出库、退货货款回收等作出明确规定，及时收回退货款。

（7）建立预付账款和定金的授权批准制度，加强预付账款和定金管理。

（8）定期与供应商核对应付账款、应付票据、预付账款等往来款项。如有不符，应查明原因，及时处理。

（9）会计部门在付款的同时，还要及时登记有关账簿，做好各项会计记录。

（七）监督检查制度

企业应建立采购业务内部控制监督检查制度，明确监督检查机构或人员的职责权限，定期或不定期地进行检查。监督检查的内容主要包括：采购业务相关岗位及人员的设置情况、采购业务授权批准制度的执行情况、应付账款和预付账款管理情况、有关单据、凭证和文件的使用和保管情况等。

三、采购业务控制制度范例

1. 采购授权审批制度

江南公司采购授权审批制度如表 5-1 所示。

表 5-1　　江南公司采购授权审批制度

制度名称	采购授权审批制度	文件编号	采控 07-02
执行部门	财务部、物资设备部、采购部	监督部门	法务内审部

第 1 条　目的

为明确审批人对采购与付款业务的授权批准方式、权限、程序、责任和相关控制措施，规定经办人办理采购与付款业务的职权范围和工作要求，特制定本制度。

第 2 条　进行授权审批

采购业务中审批人应当在授权范围内进行审批，不得超越审批权限。

第 3 条　严禁未经授权的机构或人员办理采购与付款业务

1. 采购员应当在职权范围内，按照审批人的批准办理采购与付款业务。

2. 对于审批人超越授权范围审批的采购与付款业务，采购员有权拒绝办理，并及时向审批人的上级授权部门报告。

第 4 条　专家论证适用情形

对于重要和技术性较强的采购业务，采购部应当组织专家进行论证，实行集体决策和审批，防止决策失误而造成严重损失。

第 5 条　请购

使用部门、仓储部门及其他相关部门根据公司采购预算、实际经营需要等提出采购申请，经部门负责人签字后，及时向采购部门提出采购申请。

第 6 条　审批

采购经理、财务总监、总经理根据规定的职责权限和程序对采购申请进行审核、审批。

1. 采购预算内采购额在 10 万元以内的，采购经理审批；采购额在 10 万～50 万元的，由财务总监审批；采购额在 50 万元以上的，由财务总监审核，总经理审批。

2. 采购预算及计划外采购项目均由财务总监审核，总经理审批。

3. 对不符合规定的采购申请，审批人应当要求请购人员调整采购内容或拒绝批准。

第 7 条　采购

1. 采购经理根据经过审批的采购申请组织采购员进行采购。

2. 采购员进行市场调查，进行比质、比价，拟定供应商名单，经采购经理审核并提出参考意见，交总经理最终确定合格供应商名单。

3. 采购部根据合格供应商名单进行采购谈判，采购员拟定采购合同后，交采购经理审阅，报相关负责人审批后签订购货合同。

(1) 采购计划范围内金额在 5 万元以内的采购项目合同，由财务部审核后交采购部签订购货合同即可。

(2) 采购计划范围内金额在 5 万元～10 万元的采购项目合同，须交财务部审核、财务总监审批后交采购部签订购货合同。

（续表）

(3) 采购计划范围内金额在50万元以上的采购项目合同，经财务总监审核、总经理审批后交采购部签订合同。 (4) 采购计划外的所有采购项目合同，须由财务部核对后，交财务总监审核，总经理审批后，签订购货合同。 第8条　验收 质量管理部门根据企业有关验收规定对采购的商品进行验收，对于在验收中发现的问题应及时报告采购部门，采购员根据验收情况进行办理。 1. 验收过程中出现的采购商品或劳务数量不符合企业规定的情况，采购员需提出解决方案，报采购经理审批。 2. 采购的商品存在重大质量问题，采购经理组织由管理层人员、质量管理部、财务部等部门开会共同讨论解决，解决方案报总经理审批后，采购部负责处理。 第9条　付款 1. 财务部应付账款会计对采购业务的各种原始凭证进行审核，具体审核采购的各种单据和凭证是否齐备，内容是否真实，手续是否齐全，计算是否正确。 2. 应付账款在50万元以内的，由财务总监审批；应付账款在50万元～100万元的，由总经理审批。 3. 预付款与定金在10万元以内的，财务部负责人审批即可，应付账款在10万元～50万元的，报财务总监审批，在50万元以上的，由总经理审批。 4. 审核无误后交财务部应收账款会计开具付款凭证，交出纳办理货款支付，并通知采购员联系供应商。 第10条　账务处理 1. 财务部在采购单据齐全的情况下，按照《会计核算规定》及时、准确地编制记账凭证。 2. 将请购单、订购单、验收单、外购物资入库单、专用发票以及进口物资的报关单等支持性凭证附在记账凭证的后面，如凭证资料较多，也可另外装订成册，注明索引号后存档。 3. 每月应根据记账凭证准确、及时地将"存货""货币资金"及"应付账款"记人分类明细账中。 第11条　对账 1. 财务部门应于每月末与供应商进行货款结算的核对。 2. 取得供应商对账单，审核其余额与公司"应付账款"余额是否一致，在考虑买卖双方在收发货物上可能存在时间差等因素之后，公司与供应商的月末余额应保持一致。

修订日期	2021.10.16	审核日期	2021.10.20	批准日期	2021.12.30

2. 应付账款管理制度

江南公司应付账款管理制度如表5-2所示。

表5-2　　江南公司应付账款管理制度

制度名称	应付账款管理制度	文件编号	采控07-08
执行部门	财务部、采购部	监督部门	法务内审部
第1条　应付账款是公司因购买原材料、商品、物资或接受劳务等而应付给供应商的款项。 第2条　应付账款必须由财务部应付账款会计管理			

（续表）

1. 应付账款的管理和记录必须由独立于请购、采购、验收付款职能以外的财务部的应付账款会计专门负责。 2. 按付款日期、折扣条件等项规定管理应付账款，以保证采购付款内部控制的有效实施。 第 3 条　应付账款的确认和计量应真实和可靠 1. 应付账款的确认和计量必须根据审核无误的各种必要的原始凭证。这些凭证主要是供应商开具的发票、质量管理部门的验收证明、银行转来的结算凭证等。 3. 应付账款会计须审核这些原始凭证的真实性、合法性、完整性、合规性及正确性。 第 4 条　应付账款必须及时登记到应付账款账簿 1. 应付账款会计应当根据审核无误的原始凭证及时登记应付账款明细账。 2. 应付账款明细账应该分别按照供应商进行明细核算，在此基础上还可以进一步按购货合同进行明细核算。 第 5 条　及时冲抵预付账款 财务部收到供应商开具的发票以后，应该及时冲抵预付账款。 第 6 条　正确确认、计量和记录折扣 财务部将可享受的折扣按规定条件加以确认、计量和记录，以确定实际支付的款项。 第 7 条　应付账款的授权支付 财务部接到已到期的应付账款应及时支付，经财务部部长审核、总经理按权限审批后才能办理结算与支付。 第 8 条　应付账款的结转 财务部应该按照应付账款总分类账和明细分类账按月结账，并相互核对，出现差异时，应编制调节表进行调节。 第 9 条　应付账款的检查 1. 财务部按月从供应方取得对账单，与应付账款明细账或未付凭单明细表互相核对，若有差异应查明差异产生的原因。 2. 如果追查结果表明无会计记录错误，则应及时与债权人取得联系，以便调整差异。 3. 财务部相关负责人应定期从供应商处取得对账单，并进行核对、调节工作。 第 10 条　同应付账款相关的应付票据的签发必须经财务部审核，由财务总监和总经理按权限批准。 第 11 条　财务部设置应付票据账簿，并认真做好应付票据的核算工作，票据的登记人员不得兼管票据的签发。 第 12 条　财务部门应付账款会计管理空白、作废的、已付讫退回的商业汇票。 第 13 条　财务部应该定期核对应付票据，并复核票据的利息核算。 第 14 条　应付票据要定期与订货单、验收单、发票进行核对。 第 15 条　应付票据要按照号码顺序及时进行保存。					
修订日期	2021.10.20	审核日期	2021.10.30	批准日期	2021.12.30

课后习题

一、单选题

1. 企业资金周转的第一个重要环节是(　　)。

A. 采购业务　　B. 存货业务　　C. 生产业务　　D. 销售业务

2. 采购业务最关键的控制环节是(　　)。

A. 采购预算　　B. 采购作业

C. 采购验收　　D. 采购付款及记录

3. 企业所有采购申请书必须先由(　　)签名批准。

A. 董事长　　B. 总经理

C. 负责采购的副总经理　　D. 部门主管

4. (　　)既是采购决策最关键的环节,也是最终确定供应商,签订采购合同的依据。

A. 采购方式的选择　　B. 供应商的选择

C. 验收程序　　D. 价格谈判

5. 月末企业财会部门对有验收报告而没有发票的采购项目,应(　　)。

A. 暂不入账　　B. 付款时入账

C. 暂估入账　　D. 按预付款金额入账

6. 根据生产计划编制日常采购计划的部门是(　　)。

A. 计划部门　　B. 财会部门　　C. 生产部门　　D. 供应部门

7. 在请购审批业务流程中使用部门一般负责(　　)。

A. 汇总整理采购申请　　B. 填写采购申请单

C. 预算的审核和审批　　D. 采购计划的制订

8. 在采购预算业务流程中,财务部门一般负责(　　)。

A. 预算的编制　　B. 汇总整理采购预算

C. 提出预算调整申请　　D. 执行采购预算

9. 在采购招标业务流程中,供应商需要(　　)。

A. 准备招标文件　　B. 提供相关材料

C. 填报资格审查文件　　D. 发布招标信息

10. 缺乏对采购合同履行的跟踪管理,运输工具和方式选择不当,造成采购物质损失或无法保证供应是(　　)的主要风险。

A. 订立采购活动　　B. 确定采购方式和采购价格

C. 管理供应过程　　D. 验收

11. 在采购业务的内部控制制度中,要求企业先必须发出询价单,然后进行谈判并签订合同及订货单的制度是(　　)。

A. 存货采购的请购单控制制度

B. 订货控制制度

C. 货物验收控制制度

D. 入账付款或应付账款控制制度

二、多选题

1. 采购业务控制应围绕(　　)环节进行。

A. 采购计划　　B. 采购申请与审批

C. 采购业务实施　　D. 验收入库

E. 款项支付　　F. 账务处理

2. 采购业务控制包括(　　)。

A. 采购组织机构与人员控制　　B. 采购预算控制

C. 采购预算控　　D. 订货与订单控制

E. 验收与款项支付控制　　F. 退货与折让控制

3. 下列各项中,属于采购组织机构与人员控制内容的有(　　)。

A. 组织机构的设置　　B. 人员分工与岗位责任

C. 供应商的选择　　D. 业务授权审批程序

4. 下列各项中,属于请购与审批控制内容的有(　　)。

A. 请购程序　　B. 审批程序　　C. 采购计划　　D. 采购预算

5. 下列关于企业采购业务内部控制的说法中,正确的有(　　)。

A. 应采取多头采购或分散采购的方式,避免采购业务集中

B. 应当对办理采购业务的人员定期进行岗位轮换

C. 任何采购都不得安排同一机构办理采购业务全过程

D. 重要和技术性较强的采购业务,应当组织相关专家进行论证,实行集体决策和审批

6. 企业确定采购价格较常用的方法是结合使用(　　)等手段进行。

A. 询价　　B. 比价　　C. 议价　　D. 招投标

7. 下列各项中，属于采购业务流程的有（　　）。

A. 货款结算　　B. 采购预算的编制

C. 请购与审批　　D. 供应商的选择

8. 采购业务处理程序设计包括（　　）。

A. 日常采购计划编制　　B. 采购合同签订程序

C. 材料发料程序　　D. 临时采购申请程序

E. 材料验货付款程序

9. 在采购招标业务流程中，采购部门一般需要（　　）。

A. 准备招标文件　　B. 编制招标书

C. 填报资格审查文件　　D. 发布招标信息

10. 对供应商的评价标准包括（　　）。

A. 能否满足企业采购标的质量、数量、价格、服务等基本标准

B. 资信品质标准

C. 道德规范标准

D. 权重调整标准

11. 采购业务风险管理目标应保证（　　）。

A. 采购与生产、销售的要求保持一致

B. 保持贷款支付或负债增加的真实性与合理性

C. 合理揭示企业应享有的购货折扣与折让

D. 防止违法乱纪、侵吞企业资产等不法行为的发生

E. 准确提供采购业务的会计信息

三、判断题

1. 企业小额零星物品或劳务采购可以采取直接购买、事后审批的方式。（　　）
2. 企业超过一定金额的采购需求，可以由领用部门自行采购。（　　）
3. 企业可以由付款审批人和付款执行人单独完成询价与确定供应商工作。（　　）
4. 企业所有的采购必须由企业管理层集体决定审批，再交予采购部门执行。（　　）
5. 企业验收部门应使用顺序连续的验收报告记录收货，对无对应采购申请表的货物，不得签收。（　　）
6. 货物的请购、验收和记账等工作可由同一人员担任。（　　）
7. 财务部门可根据采购计划（合同）编制财务收支计划。（　　）
8. 采购业务风险管理的目的之一是保证相关业务的会计核算及时、正确。（　　）
9. 采购预算一般由仓储部门负责编制，财务部门审核。（　　）

10. 采购申请单一般由使用部门填写,采购部门汇总。 ( )

11. 资格审查合格的供应商才可以购买标书。 ( )

12. 采购招标书一般由财务部发放。 ( )

13. 一般由采购部门全权负责供应商的选择。 ( )

四、案例分析题

资料:海力公司是一家办公设备生产公司。公司的采购部门在接到其他部门经理授权的服务请求后负责预订劳务(如修理复印机、清扫办公室等)。但是由于劳务服务并不形成有形的实物,公司不要求编制收货单。会计部门收到接受劳务的发票,只需向授权部门经理核实即付款。宋丽是公司资产管理部门经理。她授权采购部门请她叔叔的公司为海力公司提供劳务服务,但隐瞒了他们的亲戚关系。

这样,宋丽多次要求她叔叔的公司提供劳务服务。而这些劳务并没有必要,有些甚至没有真正提供。她叔叔的公司给海力公司开具提供劳务的发票,骗取现金。海力公司员工最近无意发现了该行为,并向总经理汇报。最终停止了这一欺骗行为。

分析要求:本案中海力公司出现的问题说明了什么?企业应如何防止此类问题的发生?

本章实训——采购业务内部控制制度设计

【实训目标与能力要求】

本实训是培养学生运用所学企业采购业务内部控制知识进行制度建设的能力。其能力要求如下：

(1) 掌握企业采购业务内部控制的内容与制度建设的要求。

(2) 能够根据模拟公司采购业务流程并结合公司内部控制环境，进行相关制度设计。

【实训方式】

实训分小组进行，以小组为单位完成相应的实训任务，并形成实训报告，参加讨论与讲评。

【实训考核】

根据各实训小组实训准备、提交成果(实训报告)的质量和小组协作情况进行评分。项目实训成绩按百分制评定。

小组项目实训成绩＝实训准备(满分 10)＋实训成果(满分 80)＋小组协作(满分 10)。

个人项目实训成绩＝小组项目实训成绩×个人贡献系数(个人贡献系数由组长根据其在实训中的贡献大小决定)。

【实训步骤】

(1) 由任课教师引导学生解读实训资料，提示学生应注意的问题，并布置具体实训任务和时间要求。

(2) 各实训小组根据组内分工，查找、收集相关资料，进行初步分析比较。

(3) 小组内对初步分析比较的结果进行讨论、修改，并按照要求形成实训报告(实训报告采用为 word 文档，纸张大小设置为 A4，页边距上 2.8 cm，下 2.5 cm，左右各 2.5 cm，行距 1.5 倍，页码格式为阿拉伯数字、居中；总标题小三号、黑体、居中、空一行；一级标题小四号、宋体、加粗；二级标题和其他正文小四号、宋体；图表内文字五号、宋体)。

(4) 实训小组组长将收集的资料和形成的实训成果(电子文档)打包上传，由指导老师组织互评。

(5) 指导老师根据学生实训成果的质量和参与讨论的情况确定实训成绩。

【实训资料】

江北公司由于成立时间不长，加上民营企业在人员配备上的不足，一人多岗是普遍现象，因而存在管控环节不清，责任不明的情况。特别是采购业务，既没有形成较完整的采购业务内部控制体系，也没有健全的采购业务控制制度。针对这种状况，公司决定加强制度建设，不断提高采购业务管理水平。

江北公司其他基础性资料见第一章实训资料。

【实训任务】

假定你是公司新聘的主管会计，请根据图 5-6 江北公司采购业务流程，为该公司设计以下采购业务控制制度（每个小组完成一项制度设计）。

1. 付款控制制度
2. 应付票据控制制度
3. 应付账控制制度
4. 预付账款控制制度

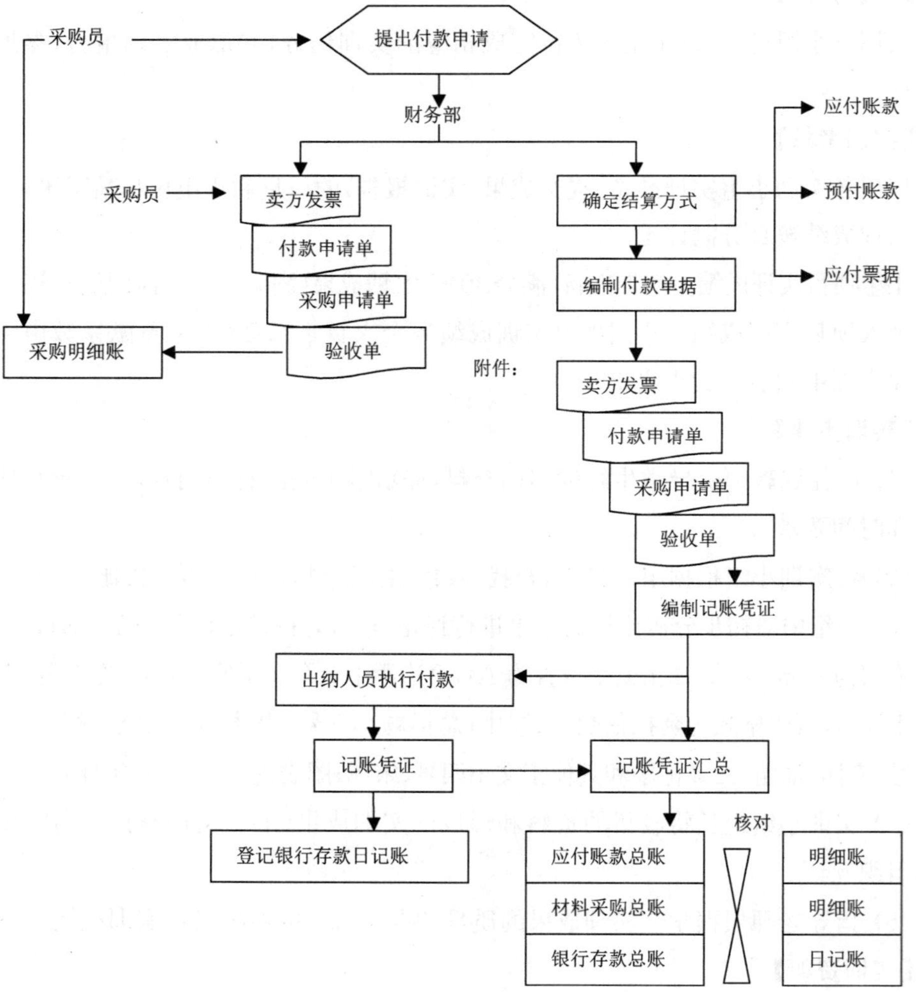

图 5-6 江北公司采购付款业务流程图

本章结构框架

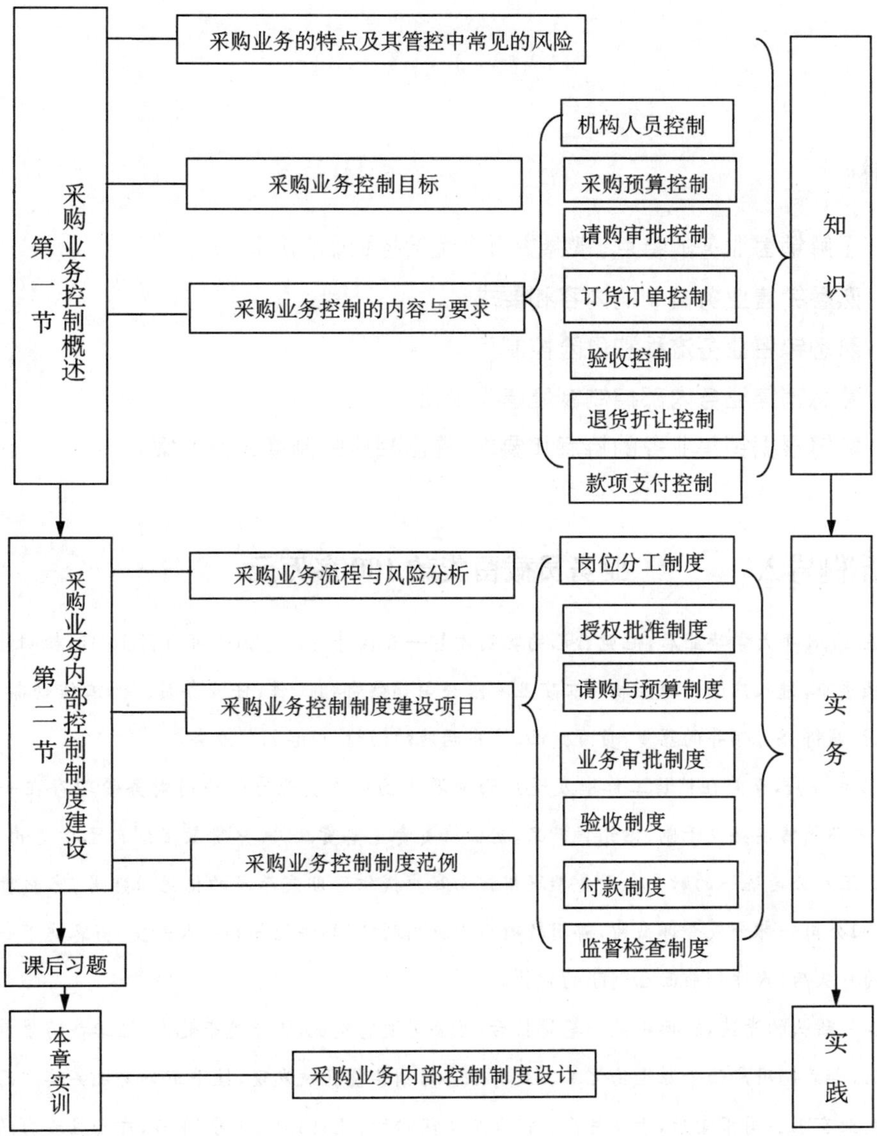
第一节 采购业务控制概述
采购业务的特点及其管控中常见的风险
采购业务控制目标
采购业务控制的内容与要求
机构人员控制
采购预算控制
请购审批控制
订货订单控制
验收控制
退货折让控制
款项支付控制
知识
第二节 采购业务内部控制制度建设
采购业务流程与风险分析
采购业务控制制度建设项目
采购业务控制制度范例
岗位分工制度
授权批准制度
请购与预算制度
业务审批制度
验收制度
付款制度
监督检查制度
实务
课后习题
本章实训
采购业务内部控制制度设计
实践

第六章　销售业务内部控制与制度建设

学习目标

1. 了解销售业务的特点，掌握货币资金管控面临的风险点
2. 熟悉销售业务控制的内容和要求
3. 熟悉销售业务流程和风险控制点
4. 熟悉销售业务内部控制制度建设项目
5. 能够根据销售业务的特点和要求，提出相应的制度建设方案

案例导入　　业务员截留货款100多万元

李某2008年大学毕业后，他凭自己的聪明才智一直在外打拼。2012年9月10日，精明能干的李某回到桂平市，进入广西金源生物化工实业有限公司销售部门工作，任业务员。他工作勤奋，业务能力强，很快赢得公司领导的器重，负责广西、广东两地的酒精、甲醛销售业务。

2013年3月，李某在销售工作中发现广西金源生物化工实业有限公司财务管理存在一个大漏洞，公司产品销售实施包干制，谁销售产品，就由谁负责追要货款，客户货款汇到自己指定的账户后，再由自己汇入公司统一的账户。于是李思祺就向客户提供了朋友李龙的信用社账号，客户货款到账后，他交回公司一部分或全部截留，挪用款项用于放高利贷、非法经营和个人开支，当客户下一笔货款汇入他的户头后，再冲销前面已到账的货款。

已尝到甜头的李某，在挪用第一笔货款后，见公司没有发现，胆子越来越大，继续截留货款。2013年8月底，李某挪用广西金源生物化工实业有限公司销售货款被发现，桂平市公安机关接广西金源生物化工实业有限公司报案后，于9月4日将李某抓获归案。2013年10月11日，广西壮族自治区桂平市检察院将李某依法批准逮捕。

经查，李某利用职务上的便利和公司财务管理上的漏洞，多次截留挪用公司货款放高利贷、非法经营和个人开支，数额高达1 148 664元。案发后，李某对自己的行为追悔莫及，主动交代自己的问题，并积极退回部分挪用的货款；尚欠的292 273.7元由其母亲陈某担保，在2014年2月28日前一次性归还广西金源生物化工实业有限公司。

资料来源：梁洪、张建宏、吴中飞，业务员截留货款100多万元[N]. 检察日报，2013-10-17.

问题探讨：

(1) 该案例反映了广西金源生物化工实业有限公司在销售业务方面的哪些内控缺陷？

(2) 你认为销售业务人员应具备哪些职业素质？

第一节 销售业务控制概述

一、销售业务的特点及其管控中常见的风险

(一) 销售业务的特点

销售业务具有不同于其他业务的特性，它不仅涉及企业内部各个方面，而且涉及企业外部广大顾客。其特点表现为：

1. 销售业务过程较为复杂

销售业务是一个分步骤的交易行为：从收到对方订购单，到洽谈交易事宜，到货物交接，再到货款收取，甚至还会发生退货和折让。在此过程中，企业不仅需要调查客户的信用，与客户展开激烈的价格谈判，全力组织客户需要的货物，还需要灵活处理销售折让和销售退回。这些环节还可能出现事先无法预料的情况，所以销售是一项复杂的系统工程。

2. 销售业务存在较大的风险

现实交易中，由于多种因素的影响，企业发出商品后，可能无法收回相应的货款，如交易产生纠纷导致客户拒付货款，客户经营不善无力支付货款，甚至蓄意欺诈等。所以，销售相对其他业务环节而言，具有更大的风险，如果处理不当，还有可能造成资金周转不灵，使企业陷入严重的财务危机。

3. 销售业务会计处理工作复杂

销售的频繁性使销售业务的会计处理工作量增大。另外，销售收入确认也相对复杂，按《企业会计准则——收入》准则的规定，企业确认销售收入的条件与要求越来越高，而各企业实际销售情况千变万化，收入确认非常容易出现错误，导致会计信息失真，影响企业财务状况和经营成果的真实性和准确性。

(二) 销售业务管控的主要风险

企业销售活动涉及的相关销售业务、投标合同等应符合国家的法律法规要求；对销售业务流程、职责划分、权限范围和审批程序应进行明确规范，机构设置和人员配备应当科学合理；销售与收款业务的核算应当真实准确。销售业务中常见的风险有：

(1) 如果未经市场调研即确定了目标价格，可能导致企业制定的价格不合理或没

有竞争力，从而导致销售利润降低或销售量减少。

(2) 如果销售定价过程不规范，或销售价格不符合企业的相关规定，可能无法满足客户和市场的需求或因销售定价未经适当的审核审批而导致大量产品滞销、企业资产损失以及资产运营效率低下。

(3) 如果合同的签订未经正确授权，或岗位设置与人员分工不当，从而导致资产损失、舞弊和法律诉讼。

(4) 如果销售行为违反了国家的法律、法规，可能导致企业遭受外部处罚、经济损失和信誉损失，或因销售政策和信用政策管理不规范、不科学导致资产损失或资产运营效率低下。

(5) 如果发货程序不规范或各项手续办理不齐全，或运输过程保管不善，可能延误发货时间，造成企业资产损失和企业形象受损。

(6) 如果赊销额度未经适当审核、审批或越权审批，或每笔账款的回收和结算监督不当，可能导致大量坏账，造成企业资金损失、运营效率下降。

二、销售业务控制目标

根据《企业内部控制应用指引第 9 号——销售业务》和《企业内部控制应用指引第 6 号——资金活动》的要求，销售业务控制应达到以下目标。

1. 合理确认、计量销售收入

有效的内部控制制度可以保证企业为客户提供的各种产品或劳务均被记录在案，并真实完整地反映企业的销售收入；防止少记、不记或漏记实现的销售收入；防止虚增销售收入；防止将收入账款转移到账外加以侵吞行为的发生。

2. 制定合理的产品和劳务价格

企业应根据市场情况采取灵活的定价策略，避免价格过高失去市场，以及价格过低而减少收入。企业应建立一个有效的价格调查和反应系统，做到随时保持一个适应市场变化的较为合理的售价，避免由于定价不合理而产生的损失。

3. 正确处理现金折扣、销售退回与折让

通过内部控制制度，检查给顾客的现金折扣是否符合企业的现金折扣政策，防止利用给顾客折扣谋取私利行为的发生；审查现金折扣的合理性，即给予顾客现金折扣的成本应小于企业因此而获得的收益。

通过内部控制，避免发出商品的品种和数量发生错误，保证发出商品的质量符合要求，从而将销售退回和折让的发生降低到最低限度。对由于客观条件造成的商品损坏而退货或折让情况，应查明其理由是否恰当，计算是否正确。同时，内部控制还要求对被退回的商品要办理恰当的退货手续，并及时予以记录，以便纠正销售收入和应收账款的余额。

4. 保证应收账款的真实性和可收回性

赊销必然会产生应收账款，赊销的同时必须对应收账款进行严格的控制。有效的内部控制应做到：销售前，首先要审核客户的资信情况，保证赊销的货款可以收回；销售后，要确定应收账款账面的债权数是否真实，是否存在收回来的货款被侵占挪用的现象，还要证实应收账款记录同销货业务实际发生额是否相一致，防止记账错误或舞弊行为的发生。

5. 及时收回货款

销售货款的及时回收是销售业务控制的关键一步。不能收回货款，收入所代表的经济利益就没有真正流入企业，企业生产就无法顺利进行。企业应在销售前认真调查、分析客户信誉及财务状况，在销售后对客户还款能力进行及时追踪，同时，建立应收账款催收制度，及时回收销货款。

三、销售业务控制的内容与要求

销售业务内部控制的主要内容包括：销售预算控制、接受订单控制、开单发货控制和收款控制。

（一）销售预算控制

销售预算是全面预算系统的起点，是全面预算编制的基础。它不仅是企业的年度销售计划，还决定着企业年度生产安排、费用支出等经营活动，是企业战略管理的一部分。销售预算内部控制的内容包括销售预测、销售预算编制和销售预算的审批。

1. 销售预测

企业应根据市场的发展变化，充分考虑单位市场占有率和存在的风险，从现有市场状况、单位自身状况、竞争对手状况、顾客状况等方面入手分析，定量分析法和定性分析法相结合，合理预测销售量。

2. 销售预算的编制

以销售预测为基础，在全面预算总方针的指导下，由销售部门编制销售预算。销售预算应保持与企业发展战略以及单位的内部环境要求的一致性。销售预算的内容应包括销售的品种结构、销售的季节性、销售价格金额、销售策略等。

3. 销售预算的审批

销售预算编制完成后应交由销售部门主管进行检查批复，编制人员根据批复意见进行修改，直至通过主管审批签字，方可上交给单位预算委员会进行审批。销售预算送交董事会授权的预算委员会进行审议，预算委员会对销售预算的修改意见应形成书面意见稿，送回销售部门进行修改。预算委员会审议通过的销售预算，必须经过签字方可生效执行。

(二) 接受订单控制

客户提出的购货订单是企业销售的起点。对于客户的订单,应明确订货内容,包括所订购商品的型号、规格、数量、价格、质量等级、交货时间、交货方式等。赊销订单应送交信用部门,进行信用额度审核检查,确定客户信用、支付能力和确定企业自身的生产能力,最后决定是否接受订单。接受订单后应签订销货合同,或以确认的订单取代销货合同,应注意相应条款的完整性和合法性。

1. 收取订单

销售部门人员在收取订单时,应对订单上的售价、产品要求、交货时间进行初步确定。核准订单上的售价不能超过权限,超过权限的应向主管人员报批。产品要求、交货时间必须符合企业的生产能力。订单变更时应随即处理,订单涂改应有签章。

2. 信用额度的评定

销售部门收到赊销订单后,首先应送到单位的信用部门办理批准手续,未经过信用审批的赊销订单不得执行。企业应授权给信用部门,建立完整的客户信用体系,建立客户信用资料档案,制定有效的信用审查制度。信用部门通过调查分析客户的信用状况,与企业的信用标准进行综合比较,作出是否给予信用并形成书面意见稿,送交信用部门经理审批。

【回顾与思考】

信用额度的大小将对销售过程中哪项业务和哪项资产的管理产生重大影响?

3. 信用额度审核登记

经过信用评定、信用部门主管签字的赊销订单应送交销售部门经理或其他被授权人进行审批签字。对收到的每一份经审批的购货订单必须登记在购货订单登记簿上,成交后,销售执行情况和客户支付情况也将记录在该登记簿上,保证从可以信赖的客户那里收到的订单尽快地给予满足和为日后再处理客户的购货订单时积累材料。同时,也应在财务信息系统中留底保存,亦作为日后差异分析之用,与销售执行结果进行比较,进行差异分析。信用额度评定的文件应编号保存,并在财务信息系统留底备查。

(三) 开单发货控制

企业经过信用审批,接受客户的购货请求,进入销售业务的执行环节。此环节包括销售通知单的编制、销售通知单的证实、发货等内容。

1. 销售通知单的编制

销售通知单必须登记各种不同的客户订单内容,如所订货物的货号、数量、价格等,以完整和规范化的格式反映出来。销售过程中所需的各种授权和批准在销售通知单上必须签署齐全。销售通知单必须事先进行连续编号，并制成能反映出整个销售环节控制作用的统一格式。销售通知单在执行后应归档管理，并由专门的职员对其进行定期检查。

2. 销售通知单的证实

在销售通知单正式执行前，企业应根据需要就销售通知单同客户进行证实，这样可避免由于执行销售通知单后，因客户改变或取消订单而发生的损失。但如果销售业务处理的时间相当短的话，销售通知单同客户的证实程序也可以省略。

3. 发货

在销售通知单编制完成并经过证实后，对它的执行就是存货的提取、包装和发运工作。仓储部门应根据销售部门编制和其负责人签字认可的销售通知单组织发货。实际发货的品种和数量应记录在有关账册和销售通知单各副联上，并将其中一联交财会部门登账。如果包装业务也由仓储部门执行，则它还应填制包装联表，记录其完成的工作量。

【回顾与思考】

财会部门接到发货相关凭证后，其账务处理包括哪些内容？

（四）收款控制

销售的收款方式分现销和赊销两种。不同的销售方式对商品和资金的控制有一定的差异。

1. 现销

对于现销业务，财务人员应根据销售发票进行合规性、合法性审核，并加盖审核印章，由审核人员签字。销售发票审核无误后，根据销售发票的结算联与客户办理货款结算手续。

2. 赊销

如果是赊销，必然形成应收账款。应收账款是企业对外提供商业信用的结果，相当于一项投资。在既定的授信政策下，需要考虑如何形成应收账款、如何催收应收账款，以及能回收多少应收账款、需要投入多少收款费用等问题。应收账款的控制主要包括应收账款追踪分析、应收账款账龄分析、应收账款收现率分析、应收账款坏账准备制度和应收账款催收制度等内容。

【回顾与思考】

我国会计准则对企业赊销业务的账务处理是如何规定的？

第二节 销售业务内部控制制度建设

企业应依据《企业内部控制应用指引第 9 号——销售业务》所确立的销售业务控制的内容和要求，结合企业销售业务管理实际，全面梳理销售业务流程，完善销售业务相关管理制度，确定适当的销售政策和策略，明确销售、发货、收款等环节的职责和审批权限，按照规定的权限和程序办理销售业务，定期检查分析销售过程中的薄弱环节，采取有效控制措施，确保实现销售目标。

一、销售业务流程与风险分析

企业的销售业务流程包括销售计划管理、客户开发与售出管理、销售定价、订立销售合同、发货、收款、售后服务和会计系统控制等环节，销售业务的内部控制就是对业务流程中各环节可能出现的风险进行分析，并结合企业的内部环境和生产经营管理实际，采取相应的措施进行控制。一般企业的销售业务流程如图 6-1 所示。

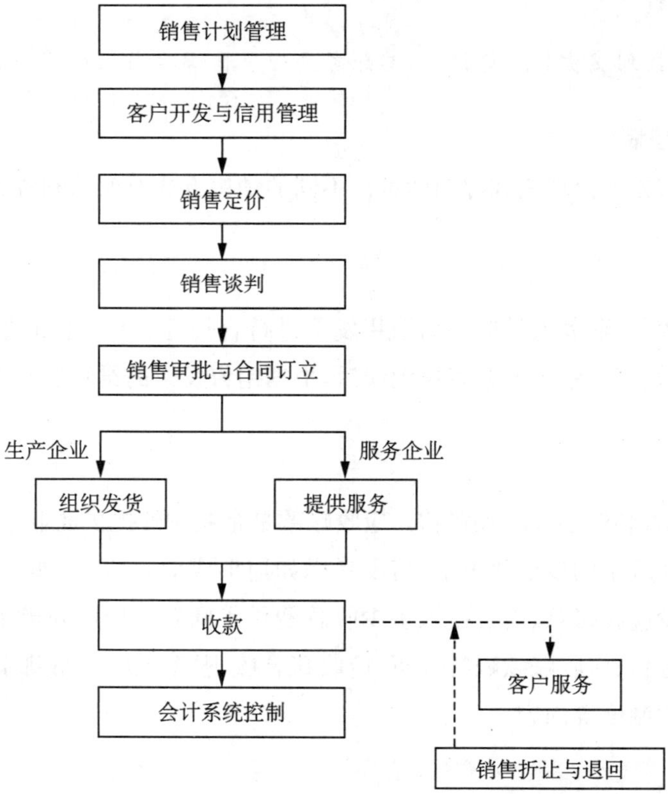

图 6-1 企业销售业务流程图

下面以江南公司为例，对公司销售业务审批、定价、发货、赊销业务流程与风险分析进行展示。

（一）销售业务审批流程与风险分析

江南公司销售业务审批流程与风险分析如图 6-2 所示。

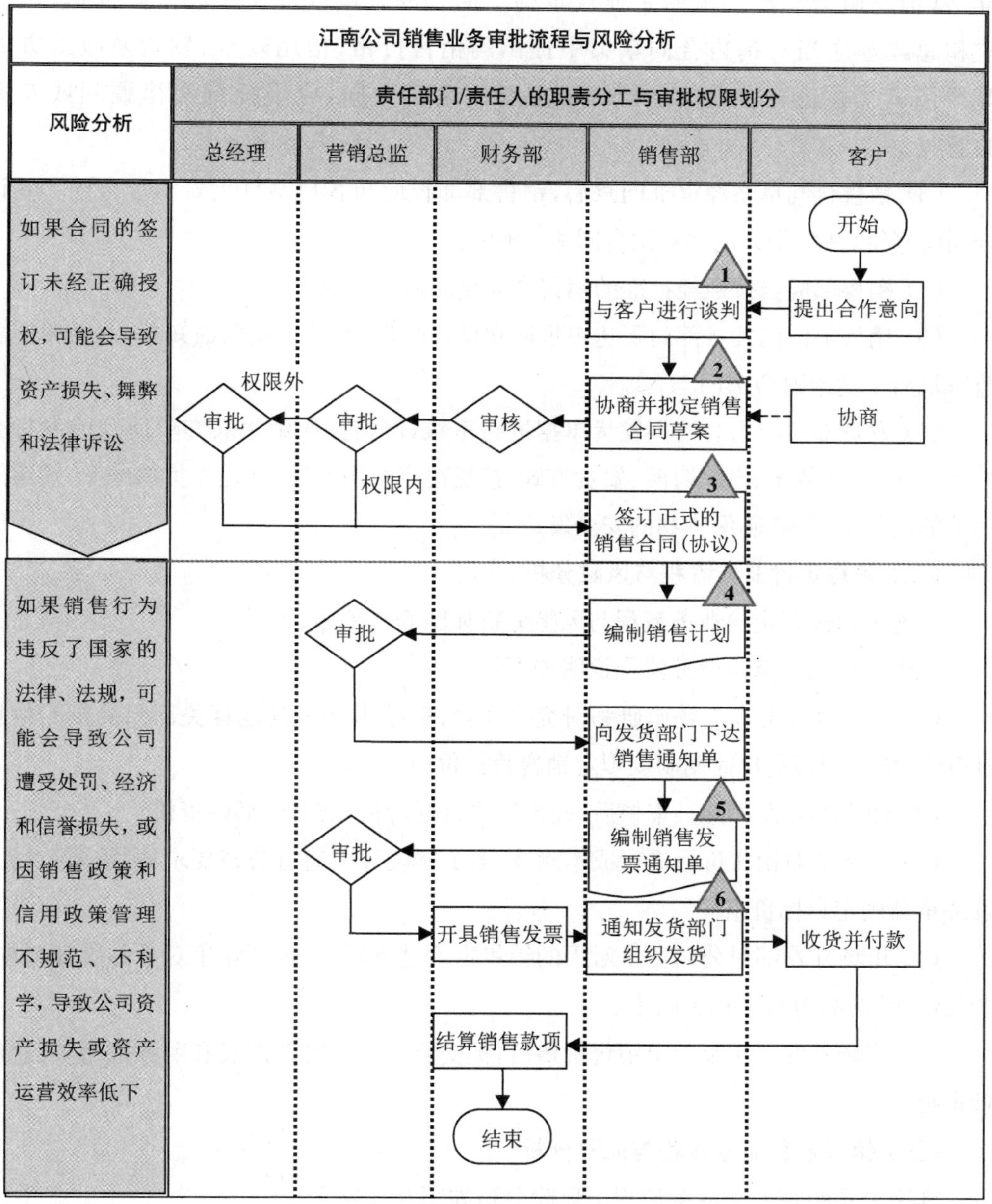

图 6-2　江南公司销售业务审批流程与风险分析

江南公司销售业务审批流程说明如下：

(1) 在销售合同签订之前，销售员应就销售价格、信用政策、发货及收款方式等具体事项与客户进行谈判。对谈判中涉及的重要事项，应当有完整的书面记录。

(2) 销售部与客户协商后，拟定销售合同草案，提交给营销总监和总经理审批，营销总监和总经理依照企业规定的不同合同金额审批权限进行审批，营销总监和总经理应当对销售合同草案中提出的销售价格、信用政策、发货及收款方式等严格审查并建立客户信息档案。重要的销售合同，应当征询法律顾问或专家的意见。

(3) 销售合同草案经审批同意后，销售部部长应与客户签订正式销售合同。签订合同应当符合《中华人民共和国合同法》的规定。

(4) 销售部应当按照经批准的销售合同编制销售计划。

(5) 销售部门向发货部门下达销售通知单，同时编制销售发票通知单，并经营销总监审批后下达给财会部门。

(6) 发货部门应当对销售发货单据进行审核，严格按照销售通知单所列的发货品种和规格、发货数量、发货时间、发货方式、接货地点组织发货，并建立货物出库、发运等环节的岗位责任制，确保货物的安全发运。

(二) 销售定价业务流程与风险分析

江南公司销售定价业务流程与风险分析如图 6-3 所示。

江南公司销售定价业务流程说明如下：

(1) 市场开发部在市场调研和研究了生产部、技术部等其他相关部门提供的信息基础上，依据销售定价控制制度拟定销售目标价格。

(2) 经市场开发部部长审核后，确定销售目标价格，交财会部门审核。

(3) 财务部对销售价格进行成本测算，若成本测算未通过公司要求，则需要市场开发部重新确定目标价格。

(4) 市场开发部对公司竞争对手的销售定价进行研究，包括竞争对手品牌知名度、产品性能、产品包装等相关因素。

(5) 市场开发部初步确定销售价格后，提交经市场开发部部长和财务部审核、总经理审批。

(三) 销售发货业务流程与风险分析

江南公司销售发货业务流程与风险分析如图 6-4 所示。

江南公司销售发货业务流程说明如下：

(1) 销售员开展销售活动，与客户签订销售合同，客户根据合同要求及需要发出订单。

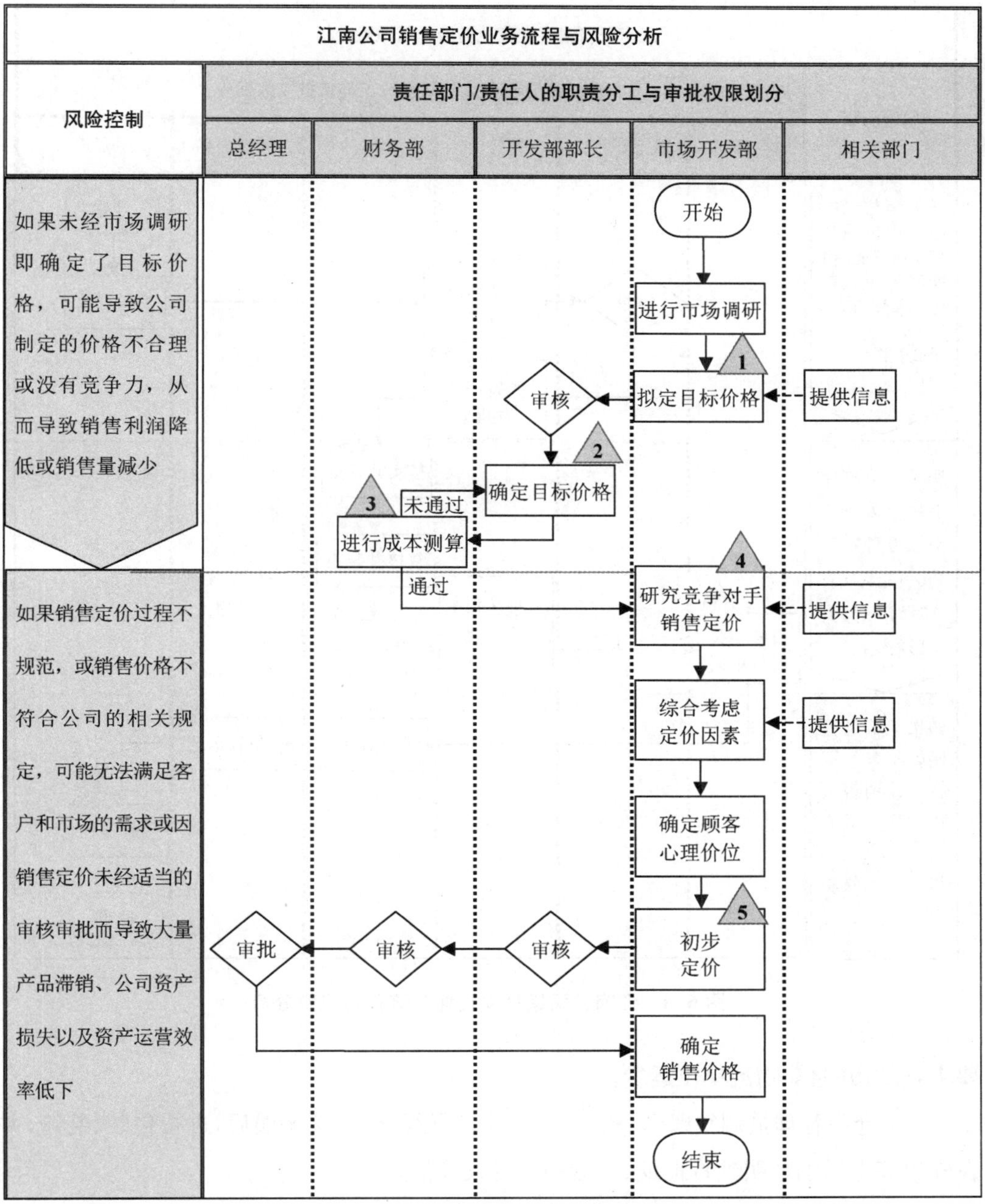

图 6-3　江南公司销售定价业务流程与风险分析

(2) 销售员对订单所列的发货品种和规格、订单数量、金额、发货时间以及发货方式、接货地点等进行初步审核，上报销售主管审批。

(3) 销售员根据审批后的订单，签发发货单，交由物资设备部准备发货。

(4) 仓储部核实销售员签发的发货单，根据发货单规定的品种、数量、包装、时间等

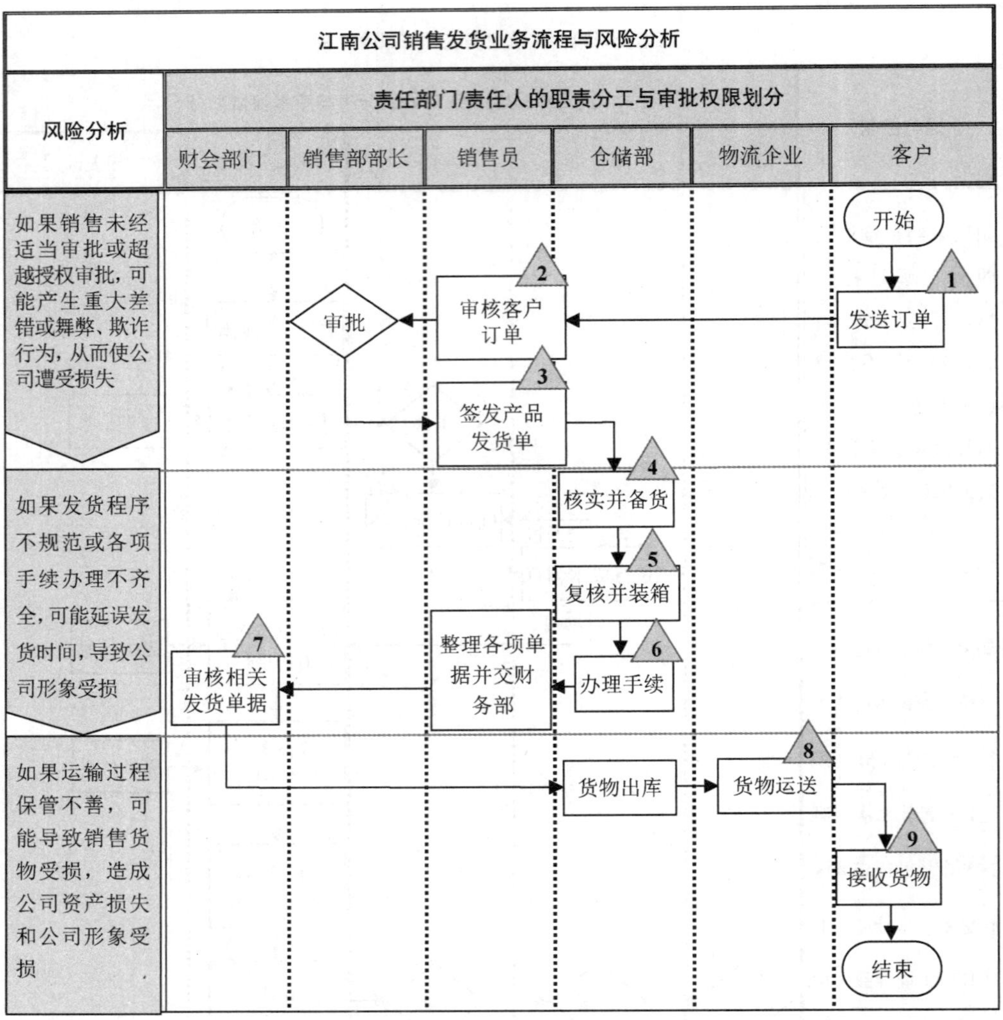

图 6-4　江南公司销售发货业务流程与风险分析

要求备货，并通知物流单位运货。

（5）仓库管理员调整账卡，核销存货，并进行复核；复核无误后，进行包装、装箱，并在外包装上详细写明到货地址、电话和取货人等信息。

（6）仓库管理员依据发货单，在所发货物装车后开具仓储发货明细清单，并将实际数量填在产品发货单栏内，加盖仓库专用章。

（7）财务部对销售员提交的各项单据进行审核，审核无误后允许发货。

（8）按照订单约定时间和发货方式，由物流企业负责送货或由客户取货。

（9）销售员在货物发出后，及时与客户沟通，提醒客户收货，确认到货情况，并协助处理出现的意外情况。

(四) 赊销业务流程与风险分析

江南公司赊销业务流程与风险分析如图 6-5 所示。

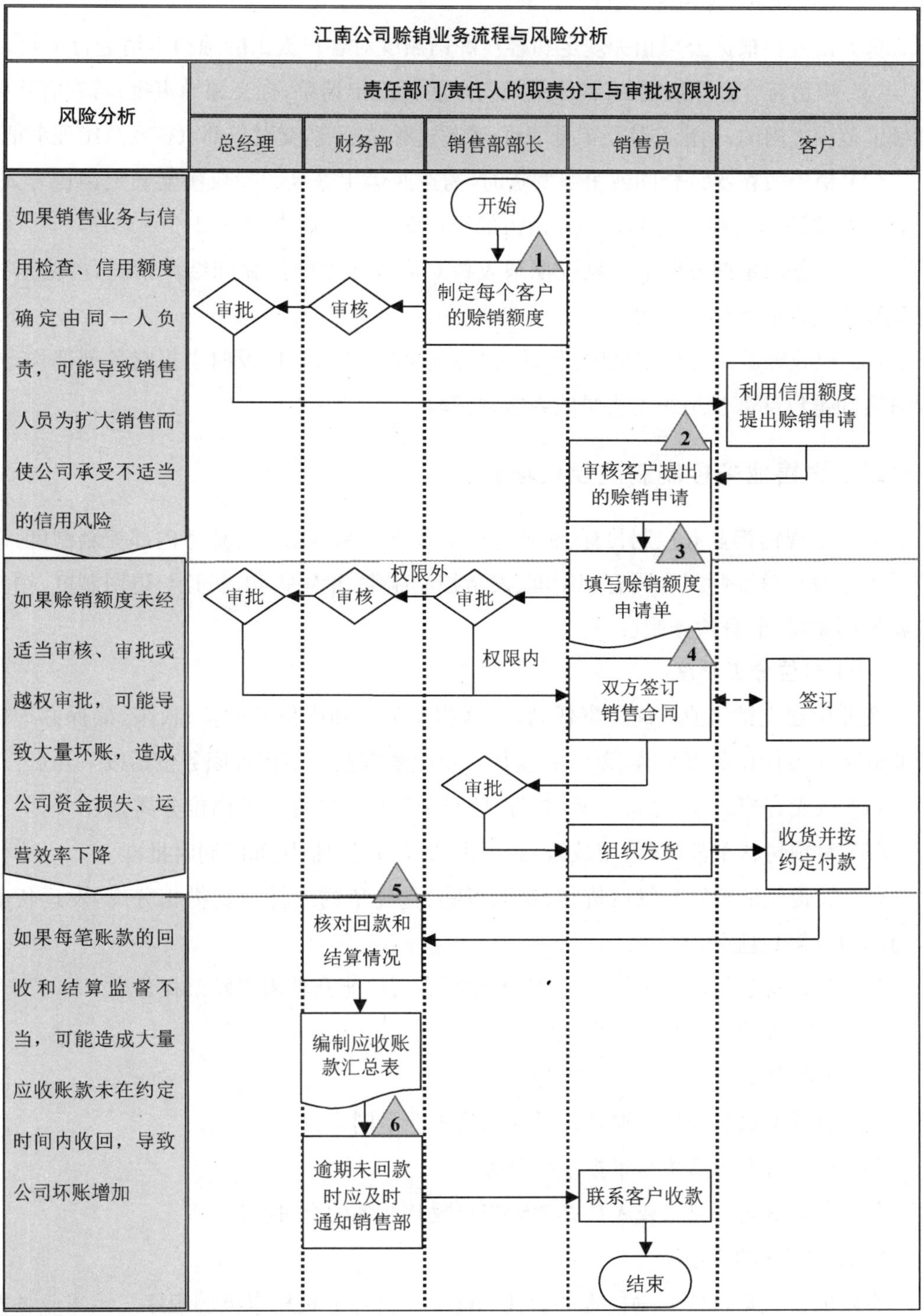

图 6-5　江南公司赊销业务流程与风险分析

江南公司赊销业务流程说明如下：

(1) 销售部部长依据对客户的调查情况，针对每个客户划分赊销额度范畴，交财务部审核、总经理审批后组织执行。

(2) 销售员根据公司相关规定和客户赊销额度对客户提出的赊销申请进行审核。

(3) 申请符合企业规定的，销售员填写赊销额度申请单，提交领导审批；若在客户赊销额度范围之内的，销售部部长审批即可；若超过赊销额度，交财务部审核及总经理审批。

(4) 销售员在签订合同或组织发货时，需按照信用等级和授权额度确定销售方式，所有签发赊销的销售合同都必须经销售部经理签字盖章后方可发出。

(5) 财务部定期按照信用额度期限表核对应收账款的汇款和结算情况，严格监控每笔账款的回收和结算进度。

(6) 应收账款超过信用期限仍未回款的，催收会计人员应及时上报财务部部长，并及时通知销售部部长组织销售员联系客户清收。

二、销售业务控制制度建设项目

为了实现销售业务控制目标，企业应建立以下控制制度销售业务内部控制制度：岗位分工、授权审批制度、合同管理制度、发货控制制度、销售折扣、折让与退回制度、销售收款控制制度、监督检查制度。

(一) 岗位分工制度

企业应建立销售业务岗位责任制，明确相关部门和岗位的职责、权限，确保办理销售业务不相容岗位相互分离、制约和监督。企业销售业务不相容职务包括以下几点：

(1) 接受客户订单、签订合同的岗位应与最后付款条件核准岗位分离。

(2) 对预付款条件(即信用政策)必须由销售部门和信用部门同时批准。

(3) 发货凭证编制与发运货物、提取货物、包装货物或托运货物相分离，发运货物人与门卫保安也应分离。

(4) 开具发票与发票审核、编制销售发票通知单与开具销售发票相分离。

(5) 应收账款记录与收款岗位应当分离。

(6) 催收货款与结算货款应当分离。

(7) 退货验收的人员与退货记录的人员不能是同一人。

(8) 折扣与折让给予与审批应当分离。

(9) 不能由同一部门或人员办理销售与收款业务的全过程。

(二) 授权审批制度

有效的授权审批应明确授权的责任和建立经济业务授权审批的程序。销售业务授权审批制度要求如下：

(1) 明确审批人员对销售业务授权批准的方式、权限、程序和责任。

(2) 规定经办人员办理销售业务的职责范围和工作要求。

(3) 对于金额较大或情况特殊的销售业务和特殊信用条件,应进行集体决策,经过有审批权限人员的审批后方可执行,防止决策失误造成严重损失。

(4) 应建立健全合同审批制度。审批人员对价格、信用条件、收款方式等内容进行审批。

(5) 严禁任何未经授权的机构或人员经办销售业务。

(三) 合同管理制度

企业在销售过程中必须签订规范的购销合同,并严格按销售合同组织生产和销售。销售合同订立前,应指定专门人员就销售价格、信用政策、发货及收款方式等具体事项与客户进行谈判。谈判人员至少应有两人,并与订立合同的人员相分离。销售谈判全部过程应有完整的书面记录。

合同必须由专人管理,并根据应收账款账龄分析清单实时监控合同执行情况,重视货款到期日的监控工作。一旦货款逾期,要责成有关人员作出有时间限期的书面催讨计划,并落实监督措施。

(四) 发货控制制度

销售部门应按经批准的销售合同编制销售计划,向发货部门下达销售通知单,同时,编制销售发票通知单,并经审批后下达给财务部门,由财务部门根据销售发货通知单向客户开出销售发票。

发货部门应对销售发货单据进行审批,严格按销售通知单所列的发货品种和规格、发货数量、发货时间及发货方式组织发货,并建立货物出库、发运等环节的岗位责任制,确保货物安全发运。

【回顾与思考】

你在商场购物时,一般都需要经过哪几个环节?为什么开票、交款和索要发票不在一个地方办理?

(五) 销售折扣、折让与退回制度

企业应制定较为详细的折扣政策或规定。商业折扣应规定可以享受折扣客户的条件、不同数量和品种的购货订单可以享受的折扣比例。现金折扣应规定适用范围和不同的还款时间可以享受的折扣比例等。

【回顾与思考】

销售折扣、折让与退回和会计处理有何不同?

（六）销售收款控制制度

企业应将销售收入及时入账，不得账外设账，不得擅自坐支现金。销售人员应避免接触销售现款，应建立应收账款账龄分析制度和逾期应收账款催收制度。销售部门应负责应收账款的催收，财务部门应督促销售部门加紧催收。对催收无效的逾期应收账款可以通过法律程序解决。应按客户设置应收账款台账，及时登记每一客户应收账款余额增减变动和信用额度使用情况。

应由专人保管应收票据，即将到期的应收票据，应及时向付款人提示付款。已贴现票据应在备查簿登记，以便日后追踪管理。应制定逾期票据的冲销管理程序和逾期票据追踪监控制度。应定期与往来客户通过函证等方式核对应收账款、应收票据、预收账款的往来款项。如有不符，应查明原因，及时处理。

（七）监督检查制度

监督检查制度应包括以下内容：销售业务相关岗位及人员的设置情况、销售业务授权批准制度的执行情况、销售的管理情况、收款的管理情况、销售退回和折让的管理情况。对于在监督检查过程中发现的销售业务内部控制中的薄弱环节，企业应当采取措施，及时加以纠正和完善。

三、销售业务控制制度范例

1. 销售合同管理制度

江南公司销售合同管理制度如表 6-1 所示。

表 6-1　　江南公司销售合同管理制度

制度名称	销售合同管理制度	文件编号	内控 09-03
执行部门	销售部门、财务部	监督部门	法务内审部
第 1 章　总则 第 1 条　为明确销售合同的审批权限，规范销售合同的管理，规避合同协议风险，特制定本制度。 第 2 条　本制度根据《中华人民共和国合同法》及其相关法律法规的规定，结合本公司的实际情况制定，适用于销售部门的销售合同审批及订立行为。 **第 2 章　销售格式合同编制与审批** 第 3 条　公司销售合同采用统一的标准格式和条款，由公司销售部经理会同法律顾问共同拟定。 第 4 条　公司销售格式合同应至少包括但不限于以下内容。 1. 供需双方全称、签约时间和地点。 2. 产品名称、单价、数量和金额。 3. 运输方式、运费承担、交货期限、交货地点及验收方法应具体、明确。			

（续表）

<table>
<tr><td colspan="6">4. 付款方式及付款期限。
5. 免除责任及限制责任条款
6. 违约责任及赔偿条款。
7. 具体谈判业务时的可选择条款。
8. 合同双方盖章生效等。
第 5 条　公司销售格式合同须经公司管理高层审核批准后统一印制。
第 6 条　销售业务员与客户进行销售谈判时，根据实际需要可对格式合同部分条款作出权限范围内的修改，但应报销售部经理审批。
第 3 章　销售合同审批、变更与解除
第 7 条　销售业务员应在权限范围内与客户订立销售合同，超出权限范围的，应报销售经理、营销总监、总经理等具有审批权限的责任人签字后，方可与客户订立销售合同。
第 8 条　销售合同订立后，由销售部将合同正本交档案室存档，副本送交财务部等相关部门。
第 9 条　合同履行过程中，因缺货或客户的特殊要求等，销售部或客户提出变更合同申请，由双方协商变更，重大合同款项应经总经理审核后方可变更。
第 10 条　根据合同规定的解除条件、产品销售的实际和客户的要求，销售部与客户协商解除合同。
第 11 条　变更、解除合同的手续，应按订立合同时规定的审批权限和程序执行，在达成变更、解除协议后，须报公证机关重新公证。
第 12 条　销售合同的变更、解除一律采用书面形式（包括当事人双方的信件、函电、电传等），口头形式一律无效。
第 13 条　公司法律顾问负责指导销售部办理因合同变更和解除而涉及的违约赔偿事宜。
第 4 章　销售合同的管理
第 14 条　空白合同由档案管理人员保管，并设置合同文本签收记录。
第 15 条　销售部业务员领用时需填写合同编码并签名确认，签订生效的合同原件必须齐备并存档。
第 16 条　销售业务员因书写有误或其他原因造成合同作废的，必须保留原件交还合同管理档案人员。
第 17 条　合同档案管理人员负责保管合同文本的签收记录，合同分批履行的情况记录，变更、解除合同的协议等。
第 18 条　销售合同按年、按区域装订成册，保存 10 年以作备查。
第 19 条　销售合同保存 10 年以上的，合同档案管理人员应将其中未收款或有欠款单位的合同清理另册保管，已收款合同报销售经理批准后作销毁处理。
第 5 章　附则
第 20 条　本制度由销售部负责制定、解释及修改。
第 21 条　本制度自颁布之日起生效。</td></tr>
<tr><td>修订日期</td><td>2021.10.16</td><td>审核日期</td><td>2021.10.23</td><td>批准日期</td><td>2021.12.30</td></tr>
</table>

2. 应收票据管理制度

江南公司应收票据管理制度如表 6-2 所示。

表 6-2　　江南公司应收票据管理制度

<table>
<tr><td>制度名称</td><td colspan="2">应收票据管理制度</td><td>文件编号</td><td colspan="2">内控 09-09</td></tr>
<tr><td>执行部门</td><td colspan="2">销售部、财务部门</td><td>监督部门</td><td colspan="2">法务内审部</td></tr>
<tr><td colspan="6">第 1 条　为规范公司应收票据的管理，防范应收票据风险，特制定本制度。
第 2 条　公司应收票据管理应遵循核准、记录和保管职能相互分离原则。
第 3 条　应收票据的审核。
1. 公司在接受应收票据时，财务人员要按照《票据法》和《支付结算办法》等规定，仔细审核票据的真实性、合法性，防止以假乱真，避免或减少应收票据风险。
2. 收回的票据为非统一发票抬头客户正式背书，因而未能如期兑现或交货尚未收回货款，且不按公司规定作业，手续不全者，其经办业务员应负责赔偿售价或损失的 10%。
第 4 条　应收票据的批准。
1. 应收票据的取得和贴现必须经由保管票据以外的主管人员书面批准。
2. 接受客户票据需经批准手续，降低伪造票据以冲抵、盗用现金的可能性。
3. 票据的贴现须经主管人员审核和批准，以防伪造。
第 5 条　应收票据的账务处理。
1. 应收票据的账务处理，包括收到票据、票据贴现、期满兑现时登记应收票据等有关的总分类账。
2. 销售会计应仔细登记应收票据备查簿，以便日后进行追踪管理。
第 6 条　应收票据的保管。
1. 公司设专人保管应收票据，且保管人员不得经办会计记录。
2. 对于即将到期的应收票据，应及时向付款人提出付款。
3. 对已贴现的票据应在备查簿中登记，以便日后追踪管理。</td></tr>
<tr><td>修订日期</td><td>2021.10.16</td><td>审核日期</td><td>2021.10.23</td><td>批准日期</td><td>2021.12.30</td></tr>
</table>

课后习题

一、单选题

1. 下列各项中，负责开具企业销售发票的部门是(　　)。
A. 信用管理部门　B. 销售部门　C. 仓库部门　D. 会计部门
2. 下列各项中，负责编制企业销售预算的部门是(　　)。
A. 销售部门　B. 会计部门　C. 仓库部门　D. 信用管理部门
3. 下列各项中，负责对申请赊销客户信用额度进行核定的部门是(　　)。
A. 会计部门　B. 销售部门　C. 仓库部门　D. 信用管理部门
4. 下列各项中，负责现销业务收款控制的部门是(　　)。
A. 会计部门　B. 仓库部门　C. 信用管理部门　D. 销售部门
5. 下列各项中，负责赊销业务收款控制的部门是(　　)。
A. 会计部门　B. 仓库部门　C. 信用管理部门　D. 销售部门
6. 下列各项中，负责编制销售发票通知的部门是(　　)。
A. 会计部门　B. 销售部门　C. 仓库部门　D. 信用管理部门
7. 在销售定价业务流程中，财会部门主要负责(　　)。
A. 拟定目标价格　B. 确定销售价格　C. 审核销售价格　D. 审批销售价格
8. 下列各项中，负责企业逾期应收账款催收的部门是(　　)。
A. 会计部门　B. 销售部门　C. 仓库部门　D. 信用管理部门
9. 下列各项中，负责赊销批准的部门是(　　)。
A. 会计部门　B. 仓库部门　C. 信用管理部门　D. 销售部门
10. 下列各项中，负责定期编制并向顾客寄送应收账款对账单的部门是(　　)。
A. 会计部门　B. 信用管理部门　C. 销售部门　D. 仓库部门
11. 客户信用部门应定期编制应收账款账龄分析表，对账龄较长的客户重点采取措施。这项规定是(　　)。
A. 销售价格政策控制制度　B. 销售发票控制制度
C. 收款业务控制制度　D. 退货业务控制制度

二、多选题

1. 下列各项中,属于销售业务的内容有(　　)。
   A. 批准赊销信用　　B. 开具销售发票
   C. 审批销售退回和折让　　D. 发送货物
2. 下列各项中,需要进行职务分离的有(　　)。
   A. 填制销货通知的人,不能同时负责发出商品的工作
   B. 接受客户订单的人,不能同时负责发出商品的工作
   C. 记录应收账款的人员,不能同时负责该货款的收取和退款工作
   D. 会计人员不能同时负责销售业务各环节的工作
   E. 会计人员不能同时负责核准付款条件和客户信用调查工作
3. 企业销售业务控制的内容一般应包括(　　)等内容。
   A. 销售预算控制　　B. 接收订单控制
   C. 开单发货控制　　D. 收款控制
4. 企业的销售预算一般应包括(　　)等内容。
   A. 销售的季节性　　B. 销售策略
   C. 销售的品种结构　　D. 销售价格与金额
5. 企业的信用政策包括(　　)等内容
   A. 授信方式　　B. 授信标准
   C. 销售退回管理　　D. 收账政策
6. 企业给予客户的授信方式一般包括(　　)。
   A. 信用期限　　B. 现金折扣　　C. 批准权限　　D. 折扣期限
7. 应收账款日常管理控制包括(　　)等内容。
   A. 应收账款账龄分析　　B. 应收账款催收制度
   C. 应收账款追踪分析　　D. 应收账款坏账准备制度
8. 企业销售风险管理目标的内容包括(　　)。
   A. 制定合理的产品和劳务价格　　B. 合理确认、计量销售收入
   C. 正确处理销售折扣、折让和退回　　D. 及时收回货款
   E. 保证应收账款的真实性和可收回性
9. 销售业务风险管理制度包括(　　)。
   A. 销售业务岗位分工制度　　B. 销售业务授权审批制度
   C. 合同管理制度　　D. 发货控制与收款制度
   E. 销售折扣、折让和退回制度

10. 在销售发货业务流程中,仓库部门主要负责(　　)。

A. 签发产品发货单　　B. 核实产品发货单并备货

C. 复核产品发货单并发货　　D. 办理货物出库手续

E. 整理各项单据并交财会部门

11. 按内部控制要求,销售退回的货物应当由(　　)检验清点后方可入库。

A. 会计部门　　B. 仓储部门　　C. 销售部门　　D. 质检部门

12. 下列各项中,属于合同制销售业务处理程序的内容有(　　)。

A. 销售部门根据销售合同编制销售通知单

B. 销售部门根据客户要求和产品价格目录编制销货发票

C. 货物发出后,销售部门登记产成品明细账

D. 货物发出后,财会部门登记产成品明细账

E. 会计部门对提货单、销售发票等审核无误后,通知出纳员办理货款结算

13. 下列各项中,属于退货业务管理制度内容的有(　　)。

A. 建立退货损失惩罚制度

B. 制定统一的产品销售价格目录

C. 设立独立于销售部门的销货争议处理机构

D. 建立销售折让优先制度

E. 建立现金折扣制度

三、判断题

1. 销售预算的编制由销售部门负责。(　　)
2. 信用额度的确定由销售部门负责。(　　)
3. 工商企业销售业务活动仅指销售商品。(　　)
4. 现销业务的收款控制由销售部门负责。(　　)
5. 赊销业务的收款控制由财会部门负责。(　　)
6. 净额法防止了虚增资产或收益,也存在虚减资产与收益的可能。(　　)
7. 接受订单岗位应与签订合同岗位相分离。(　　)
8. 填写销货通知单与开具销货发票可以是同一人员。(　　)
9. 企业的信用政策一般由销售部门和信用管理部门统一制定。(　　)
10. 参与订货谈判的人员应与订立合同的人员相分离。(　　)
11. 催收货款与结算货款一般由财会部门负债。(　　)
12. 销售退回当时即可办理销账和退款手续。(　　)
13. 保证足额安全地收取款项是收款业务控制制度的根本目标。(　　)

14. 合同发货制销售业务处理中，销售部门根据客户要求和产品价格目录编制销货发票。 （ ）

四、案例分析题

资料：T企业由国营企业改制上市，主营房地产。上市之初，上下士气高涨，于是投资兴建了一批高档房屋。然而，房屋建成后市场反应冷淡，全年销售情况极不乐观，房屋积压严重。

年终的高层会议上，总经理深吸一口烟说："必须想个办法。如果年末报表每股收益达不到10%，明年配股就很难，现在公司可是急需现金哪！"与会人员都默不作声，谁都清楚公司的现状，死马如何能够"医活"？总经理的目光巡视一圈，最后落到公司新任CFO的脸上，这是位在业内以精通"资本运营"而闻名的员工。

办法倒是有一个，CFO说，"老总，你不是有个好朋友S总吗，我们和他的公司倒签一份销售合同，将房屋卖给他，但不需要他付款，我们做应收款。然后，我们再和他签一份明年以相同价格回购的协议，这样，明年两项交易一冲销，我们互不相欠，但今年的收入不就留在我们企业了吗？"众皆愕然，想不到收入的确认会如此之容易。那年，在这样的会计制度规定下，T企业就那样"死里逃生"了。

分析要求：T企业能确认"收入"吗？该项"收入"从性质上看属于什么事项？

本章实训——销售业务内部控制制度设计

【实训目标与能力要求】

本实训是培养学生运用所学企业销售业务内部控制知识进行制度建设的能力。其能力要求如下:

(1) 掌握企业销售业务内部控制的内容与制度建设要求。

(2) 能够根据模拟公司采购业务流程并结合公司内部控制环境,进行相关制度设计。

【实训方式】

实训分小组进行,以小组为单位完成相应的实训任务,并形成实训报告,参加讨论与讲评。

【实训考核】

根据各实训小组实训准备、提交成果(实训报告)的质量和小组协作情况进行评分。项目实训成绩按百分制评定。

小组项目实训成绩=实训准备(满分 10)+实训成果(满分 80)+小组协作(满分 10)。

个人项目实训成绩=小组项目实训成绩×个人贡献系数(个人贡献系数由组长根据其在实训中的贡献大小决定)。

【实训步骤】

(1) 由任课教师引导学生解读实训资料,提示学生应注意的问题,并布置具体实训任务和时间要求。

(2) 各实训小组根据组内分工,查找、收集相关资料,进行初步分析比较。

(3) 小组内对初步分析比较的结果进行讨论、修改,并按照要求形成实训报告(实训报告采用 word 文档,纸张大小设置为 A4,页边距上 2.8 cm,下 2.5 cm,左右各 2.5 cm,行距 1.5 倍,页码格式为阿拉伯数字、居中;总标题小三号、黑体、居中、空一行;一级标题小四号、宋体、加粗;二级标题和其他正文小四号、宋体;图表内文字五号、宋体)。

(4) 实训小组组长将收集的资料和形成的实训成果(电子文档)打包上传,由指导老师组织互评。

(5) 指导老师根据学生实训成果的质量和参与讨论的情况确定实训成绩。

【实训资料】

江淮家具制造有限责任公司由于其产品性质、经销范围和销售对象上的特点,其销售业务流程比较简单，具体销售业务由两个门市和一个卖场负责，销售方式以现销为主、赊销为辅，江北公司销售业务流程如图 6-6 所示。作为民营企业，在人员配备上是力求少而精，因而许多业务相互交叉、一人多岗是普遍现象。江北公司在赊销业务的合同签订、发货、退货、货款收回等环节的内部控制比较薄弱，既没有形成较完整的内部控制体系，也没有健全的控制制度。针对这种状况，公司决定加强制度建设，不断提高销售业务管理水平。

江北公司其他基础性资料见第一章实训资料。

【实训任务】

假定你是公司新聘的主管会计，请根据图 6-6 江北公司销售业务流程，为该公司设计以下销售业务控制制度(每个小组完成一项制度设计)。

1. 销售合同管理制度
2. 发货、退货管理制度
3. 货款回收管理制度
4. 应收账款管理制度

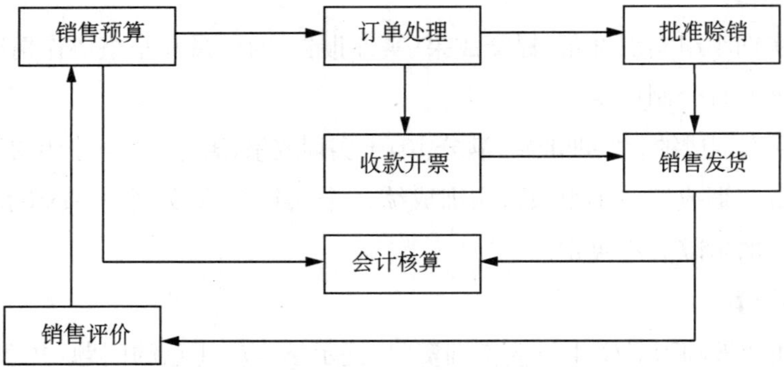

图 6-6　江北公司销售业务流程图

本章结构框架

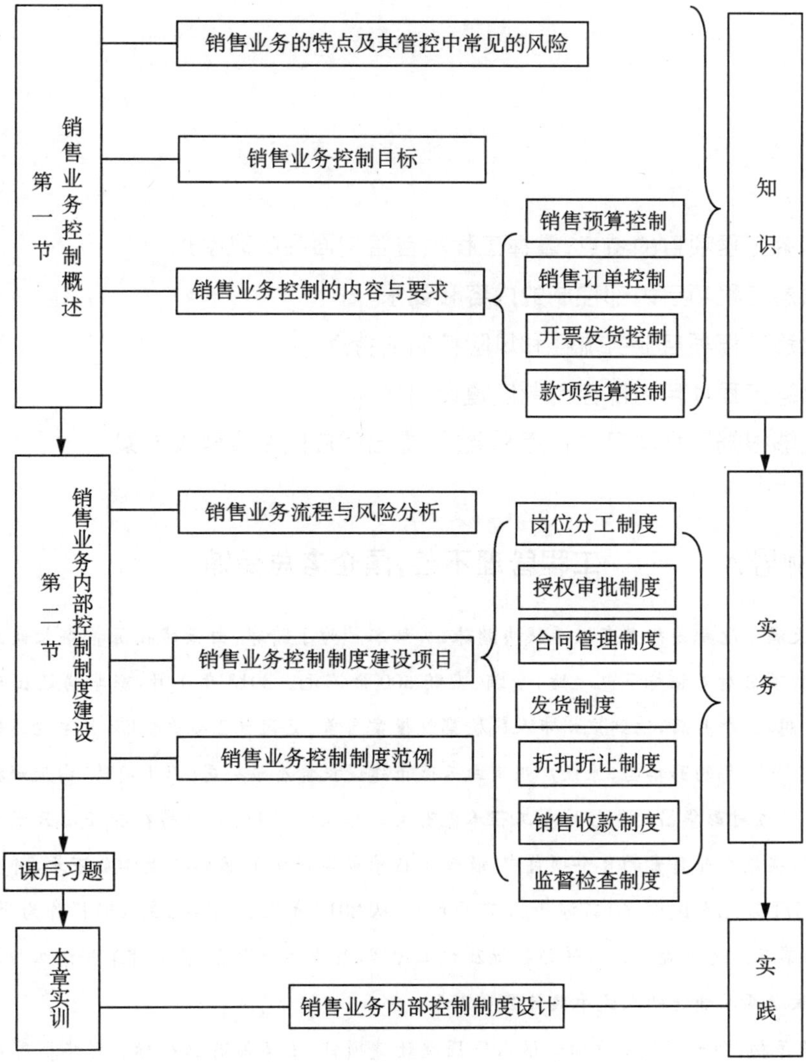
第一节 销售业务控制概述
销售业务的特点及其管控中常见的风险
销售业务控制目标
销售业务控制的内容与要求
销售预算控制
销售订单控制
开票发货控制
款项结算控制
知识
第二节 销售业务内部控制制度建设
销售业务流程与风险分析
销售业务控制制度建设项目
销售业务控制制度范例
岗位分工制度
授权审批制度
合同管理制度
发货制度
折扣折让制度
销售收款制度
监督检查制度
实务
课后习题
本章实训
销售业务内部控制制度设计
实践

第七章 工程项目内部控制与制度建设

学习目标

1. 了解工程项目的特点，掌握工程项目管控面临的风险点
2. 熟悉工程项目内部控制的内容和要求
3. 熟悉工程项目业务流程和风险控制的特点
4. 熟悉工程项目内部控制制度建设项目
5. 能够根据工程项目的特点和要求，提出相应的制度建设方案

案例导入　　工程管理不善，国企老总受贿

“我每天满心思都是想着怎么弄钱去赌球，去翻本。”为了赌球，白云城投原董事长兼总经理彭华昌，利用工程项目对外招标承包之际，受贿、索贿600余万元。2013年1月，彭华昌还出现在多个活动中。不料想，三个月后，他到广州市人民检察院投案自首，交代自己多次受贿，并主动退赃12万元。

出生于1969年的彭华昌，原任广州市白云城市建设投资有限公司(以下简称“白云城投”)董事长兼总经理。检方对彭华昌的指控均和工程承包有关。据检方指控，彭华昌在担任白云城投董事长兼总经理期间，在该企业负责的4个项目中，收受工程承包商送给的贿赂款近400万元，并索贿200多万元(共计571万元人民币、40万港币、1万美元)。从2010年至2012年，白云城投作为代业主方，负责白云机场第三跑道安置区工程的招投标及施工管理，彭华昌为周某、黄某辉承接该工程及施工提供便利，从中收取两人贿送的人民币共计210万元。

2012年年初，白云城投负责白云区人民医院迁建项目，王某俊有意投标。彭华昌答应王某俊的请求，帮忙指定招标代理公司、设定招标条件，为王某俊的各项工程投标提供帮助。为了保证王某俊挂靠的公司中标，彭华昌还与王合谋以组织有资质的施工单位进行围标的非法手段来投标。此后，王某俊挂靠的公司顺利中标。在此期间，彭华昌向王某俊索取人民币共计170万元。

2011年至2013年，彭华昌利用职务便利，为卢某冲承接“广州市六十五中学校安工程”提供帮助，分5次共受贿11万元以及面值2万元的购物卡。

此外，彭华昌还被指控，其多次承诺可以帮商人郑某承接工程，向郑某索贿共计180万元人民币、40万港币、1万美元。

招投标是在市场经济条件下，进行大宗货物的买卖、工程建设项目的发包与承包及服务项目的采

购与提供时，所采取的一种交易方式。招投标制度是比较成熟、科学合理的工程承发包方式，是保证工程质量、加快工程进度的最佳办法，但目前由于机制不完善、涉及到招标人的重大利益等原因，招投标自实行以来不是那么理想，期间不断出现各种违法行为。

资料来源：http://www.xici.net

问题探讨：

1. 上述案例反映了白云城投在工程项目方面内控的哪些漏洞？
2. 如何避免工程招投标中的舞弊行为？

第一节 工程项目管控概述

一、工程项目的特点及其管控中常见的风险

工程项目又称单项工程或单体工程。它是建设项目的构成部分，即单独组织设计，单独组织施工，且竣工后能够单独发挥生产效益或效能的工程。如医院内的门诊大楼、办公楼、围墙等项目均为工程项目。

(一) 工程项目业务的内容

工程项目可以分为基本建设项目和技术改造项目两大类，其业务内容包括以下几点：

1. 项目投资决策(项目评估)

工程项目决策是对拟建项目的必要性、可行性进行技术经济评价，对不同建设方案进行比较选择，以及对拟建项目的技术经济指标作出判断和决定的过程。工程项目决策是工程项目的起点。

2. 项目勘察与设计

工程勘察是运用多种科学技术方法，为查明工程项目建设地点的地形、地貌、土质、岩性、地质构造、水文地质等自然条件所进行的测量、测试、观察、勘探、试验、鉴定和综合评价等工作，其目的是为设计和施工提供可靠的依据。工程设计是根据批准的设计任务书，按照国家的有关政策、法规、技术规范，在规定的场地范围内，对拟建工程进行详细规划、布局，把可行性研究中推荐的最佳方案具体化，形成图纸、文字，为工程施工提供依据。

3. 项目招标与投标

招标是项目建设单位将工程项目的内容和要求以文件形式标明，招引项目承包单位(承包商)报价(投标)，经比较，选择理想承包单位并达成协议的活动。投标是承包商向招标单位提出承包该工程项目价格和条件，供招标单位选择以获得承包权的活动。

4. 工程施工与监理

工程施工是根据建设工程设计文件的要求，对建设工程进行新建、扩建、改建的活动。建设工程施工管理，是指自项目开始至项目完成，通过项目策划和项目控制，以使项目的费用目标、进度目标和质量目标得以实现。

工程监理是指具有相关资质的监理单位受甲方的委托，依据国家批准的工程项目建设文件、有关工程建设的法律、法规和工程建设监理合同及其他工程建设合同，代表甲方对乙方的工程建设实施监控的一种专业化服务活动。

5. 项目竣工验收

工程项目竣工验收由建设单位、施工单位和项目验收委员会，以批准项目的设计任务书和设计文件，以及国家(或部门)颁发的施工验收规范和质量检验标准为依据，按照一定的程序和手续，在项目建成并试生产合格后对工程项目所进行的总体检验和认证。

6. 工程项目竣工决算

竣工决算是以货币为计量单位，以日常核算资料为主要依据，通过编制报表和文字说明书的方法，综合反映经济活动和财务成果的总结性报告文件。它综合反映工程项目从筹建到竣工的全过程的财务状况和建设成果。

(二) 工程项目的特点

1. 工程项目规模大，耗用资金多

由于项目规模大，耗用资金多，因此，要求单位有较高的项目管理水平；否则，项目失败将给单位带来巨大损失。

2. 工程项目涉及面广，风险大

在很长时间内，工程项目只消耗人力、物力、财力，而不提供任何产品，风险较大。

3. 工程项目质量要求高，技术高度综合，工艺复杂

建筑工程勘察、设计、施工的质量必须符合国家有关建筑工程安全标准的要求，一个大型项目往往要经历几千道工序。

4. 协作要求高

基本建设项目比一般工业产品大得多，协作要求高，涉及行业多，协调控制难度大。

(三) 工程项目管控活动中常见的问题

1. 违法违规现象突出

违法违规现象是指建设单位普遍存在规避招标、虚假招标，迫使勘察、设计、施工及监理单位以低于成本的价格竞标的现象。不少建设单位把项目的可行性研究视为走过场，如不办理施工图设计审查就盲目开工、项目竣工后不验收备案等。

2. 工程项目普遍存在“三超”现象

“三超”现象是指项目概算超投资估算、预算超概算、决算超预算。正常的造价约束

顺序应该是投资估算、概算、预算、决算数额依次减少，而现实中却恰恰相反。

3. 工程项目质量低劣

例如，云南昆禄高速公路建成仅 18 天，路段大范围路基沉陷坍塌，路面悬空，纵向开裂；福建省薄城县隋北大桥在施工中发生拱架坍塌，造成 7 人死亡，18 人受伤；重庆綦江大桥塌垮更为惨痛，造成 26 人死亡，10 多人失踪。这些事故的发生均由工程质量问题造成。

二、工程项目控制目标

根据工程项目的特点以及经营管理的要求，工程项目控制应保证达到以下目标。

1. 保证工程项目业务的合法性

工程项目批准前要进行可行性分析，包括经济效益预测与判断。工程项目要具备完备、合法的审批手续。此外，由于工程项目工期长、投资数额大，有些项目还需要采取分包等方式施工建造，往往容易在招投标过程中发生舞弊行为。因此，工程项目控制要将防止舞弊行为的发生作为其重要目标。

2. 保证工程项目质量的可控性

没有质量保证的“豆腐渣”工程不但没有经济价值，而且会带来许多后患。尤其是重点工程项目，更需要按照质量第一的要求进行控制。

3. 保证工程项目业务会计核算资料的可靠性

会计部门要按工程项目有关管理规定组织核算，正确编制会计凭证，及时对工程建设事项作出记录，全面、完整地反映工程项目的形成过程，保证工程项目业务会计核算资料准确可靠。

4. 保证工程项目成本的合理性

要正确核算工程项目成本，按照预算严格控制费用支出水平，做好工程竣工验收及总结评价工作，保证工程项目成本合规、合理。

三、工程项目内部控制的内容与要求

工程项目业务内容及其业务流程，决定了工程项目内部控制的内容，具体包括工程项目决策，工程项目勘察设计，工程项目招标、评标、定标和商签合同，工程施工与监理，工程成本，工程项目竣工验收，工程项目竣工决算，工程项目评价等方面的控制。

（一）工程项目决策的控制

工程项目决策先后需要经过工程项目投资机会研究与项目初步可行性研究、项目建议书的编制、项目详细可行性研究、项目的评估与决策等环节，每一个环节必须经过审批，才能进行下一个环节。

1. 工程项目投资机会研究与项目初步可行性研究

投资项目是实现投资回报的载体,对工程项目进行机会研究重点一般放在财务与经营方面,目的是在初步调查研究结果的基础上探讨该项目投资的必要性与可能性,最终形成工程项目建议书。

经工程项目机会研究认定有前途的项目,可进入项目初步可行性研究阶段。进入初步可行性研究的项目,需进一步判断项目是否有较高的经济效益,决定对项目中哪些关键性问题作进一步辅助研究。研究的结果须明确两个方面的问题:一是工程项目的概貌,包括产品方案、生产规模、原料可能的来源、可供选择的技术、比较满意的厂址、建设进度安排等;二是比较精确地估算出经济指标,从而作出经济效益评价。

按照我国目前的项目管理程序,经项目初选后认为可行的工程项目,进入编写项目建议书环节。

2. 项目建议书的编制

项目建议书是拟建项目的承办单位用文字形式,对投资项目的轮廓进行描述,从宏观上就项目建设的必要性和可能性提出预论证,进而向政府主管部门推荐项目,供主管部门选择项目的法定文件。编制项目建议书是建设程序中最初阶段的工作,目的是提出拟建项目的轮廓设想。其主要内容包括以下几点:

(1) 建设项目提出的必要性和依据。

(2) 产品方案、拟建规模和建设地点的初步设想。

(3) 资源情况、建设条件、协作关系等的初步分析。

(4) 投资估算和资金筹措设想。

(5) 经济效益和社会效益的估计。

3. 项目详细可行性研究

详细可行性研究是一种系统的投资决策分析研究方法,是项目投资决策前,对拟建项目的所有方面(工程、技术、经济、财务、生产、销售、环境、法律等)进行全面的、综合的调查研究,对备选方案从技术的先进性、生产的可行性、建设的可行性、经济的合理性等方面进行比较评价,从中选出最佳方案的研究方法。

详细可行性研究既是企业投资决策最基本的依据,又是银行及其他融资机构提供贷款的依据。它是投资项目建设前期研究工作的关键环节,从宏观上可以控制投资的规模和方向,改进项目管理,微观上可以减少投资决策失误,提高投资效果。

4. 工程项目的评估与决策

工程项目评估是在可行性研究的基础上,在最终决策之前,对其市场、资源、技术、经济和社会等方面的问题进行再分析、再评价,以选择最佳投资项目(或投资方案)的一种科学方法。

项目评估是投资前期对工程项目进行的最后一项研究工作，也是建设项目必不可少的程序之一。它是由项目的审批部门委托专门评估机构及贷款银行，从全局出发，根据国民经济的发展规划，国家的有关政策、法律，对可行性研究报告或任务设计书提出的投资项目方案，就项目建设的必要性，技术、财务、经济的可行性等进行多目标综合分析论证，对可行性研究报告或任务设计书所提供的材料的可靠性、真实性进行全面审核，最后提出项目“可行”或“不可行”或“重新研究”的评估报告。如认为项目可行，即批准该项目。

一旦项目评估对可行性研究报告予以肯定，形成投资决策，经有关部门批准，项目进入执行阶段。

（二）工程项目勘察设计的控制

对工程勘察与设计进行管控的具体工作包括以下内容：

（1）选定勘察设计单位，招标发包勘察设计任务，签订勘察设计协议或合同，并组织管理合同的实施，收集、提供勘察设计基础资料及建设协议文件。

（2）组织协调各勘查与设计单位之间以及设计单位与科研、物资供应、设备制造和施工等单位之间的工作配合，主持研究和确认重大设计方案，配合设计单位编制设计概、预算，做好概、预算的管理工作。

（3）组织上报设计文件，提请国家主管部门批准，组织设计、施工单位进行设计交底、会审施工图纸。

（4）做好勘查、设计文件和图纸的验收、分发、使用、保管和归档工作，为勘查、设计人员现场服务，提供工作和生活条件，办理勘查、设计等费用的支付和结算。

（三）工程项目招标、评标、定标和商签合同的控制

工程项目应采用公开招标方式确定承包商，防止发包、承包中的舞弊行为，保证工程项目的质量。建设单位应根据技术胜任能力、管理能力、资源的可利用性、收费的合理性、专业的全面性、社会信誉以及质量保证等因素来选择承包商。下面以建设工程为例说明这一过程。

1. 招标准备阶段

（1）具有招标条件的单位填写建设工程招标申请书，报有关部门审批。

（2）获准后，组织有关招标人员和评标委员会，编制招标文件和标底，发布招标公告，审定投标单位，发放招标文件，组织招标会议和现场勘察，接受投标文件。

2. 投标准备阶段

（1）根据招标公告或招标单位的邀请，选择符合本单位施工能力的工程，向招标单位提交投标意向，并提供资格证明文件和资料。

（2）资格预审通过后，组织相关投标人员，跟踪投标项目，购买招标文件，参加招标会议和现场勘查编制投标文件,并在规定时间内报送给招标单位。

3. 开标评标阶段

(1) 按照招标公告规定的时间、地点,由招标投标方派代表并有公证人在场的情况下,当众开标。

(2) 招标方对投标者作资格后审、询标、评标。

(3) 投标方作好询标解答准备,接受询标质疑,等待评标决标。

4. 决标签约阶段

(1) 评标委员会提出评标意见,报送决定单位确定,依据决标内容向中标单位发出中标通知书。

(2) 中标单位在接到通知书后,在规定的期限内与招标单位签订合同。

(四) 工程施工与监理的控制

工程质量的好坏与工程施工期有着直接关系,建设单位应加强施工阶段的监督管理,保证工程质量。在这一阶段,应从以下几方面进行内部控制:

(1) 应当指定工程项目的负责人及组织机构,或委托具有相应资质的监理单位,对项目施工全过程的质量、投资、进度和安全进行管理控制。会计机构要配备专人管理基本建设的财务与会计核算。

(2) 应当做好开工前的准备工作,满足工程开工所必需的各项条件。会计机构或人员应对各项建设资金的筹集和到位情况进行审查,保证工程项目资金的来源的合法性、可靠性,不得非法集资,不得挤占生产资金。

(3) 应当认真审查施工单位开工报告及相关资料,符合条件才能开工。按规定必须申请领取施工许可证的工程项目,单位应当在开工前取得施工许可证。在未经批准开工前,单位的会计机构或人员不得支付工程款。

(4) 应当选择工程项目质量控制的重点部位、重点工序和重点的质量因素作为控制点,进行重点控制。

(5) 应当对监理工作进行不定期的检查,确保监理资料的真实性、完整性、及时性,掌握工程质量、进度、投资的实际情况。

(6) 应当制定工程变更的提出、论证及决策程序,明确相关人员的职责。不得通过设计变更扩大建设规模、增加建设内容、提高建设标准。需要追加投资的重大变更,必须经过会计机构或人员的审查论证,并落实资金来源。

(7) 应当建立严格的工程款、材料设备款及其他费用的支付审批程序,按照有关规定使用工程项目资金,将实际金额控制在批准范围内。不得将项目资金用于计划外项目,不得随意列支工程管理费。

(8) 会计机构或人员应当严格控制工程项目各类款项的支付:工程预付款应当在

建设工程或者设备、材料采购合同已经签订、施工或者供货单位提交了经建设单位财务部门认可的履约保函和保险公司的担保书后，按照合同给定的条件支付；工程进度款项应严格按建设工程合同规定条款、实际完成的工作量及工程监理情况结算和支付；设备、材料货款按采购合同规定的条件支付；工程结束后，建设单位应按合同规定的金额或比例提留质量保证金，并在质量保证期满、经有关部门验收合格后，将其支付给施工单位。

(9) 会计机构或人员应当定期清查工程物资，核实基本建设支出，及时编制准确、完整的会计报告，如实反映建设资金的来源和占用、建设成本和投资效果、概预算和年度投资计划的完成情况。

(10) 应当定期或者至少于每年年度终了核定各项在建工程的成本，按可收回金额低于账面价值的部分及时计提减值准备。会计机构或人员应该及时查明在建工程减值的原因，追究相关人员的责任并作出相应的会计处理。

(五) 工程成本的控制

建设单位应于投资准备期估算成本控制总目标，组织主要管理人员对指标进行认真分析，然后落实成本控制目标。工程项目成本控制的主要措施有以下几种。

1. 建立工程成本管理责任制

进行成本控制是建设单位各个部门和全体职工的责任。首先，建设单位总负责人应当对工程项目的成本负完全责任，总会计师协助总负责人组织领导单位的成本管理工作，总工程师则负责在技术方面采取有效措施以降低成本，总经济师应该在管理和决策上下功夫以求降低成本。

计划部门应当合理安排施工进度和任务，选择最佳施工方案，配合财务部门做好成本计划的编制工作。材料供应部门应当建立和健全材料制度，加强对材料采购和收、发、领、退的管理，努力降低材料的采购成本，节约仓储保管费，降低材料费支出。劳动工资部门应加强对劳动力的管理，改善劳动组织，严格控制非生产用工，运用社会心理学的方法，调动职工的积极性，提高劳动效率，节约工资支出。生产技术部门则须做好技术组织措施计划的编制和贯彻工作，以保证降低成本计划的实现。设备管理部门必须加强机械设备的调度和维修，以提高单位机械设备的完好率和利用率。行政管理部门应当在必要的范围内精简机构，紧缩开支，节约行政管理费用等。

2. 实行限额领料制度和费用开支审批制度

材料费约占工程成本的65%～75%，进行成本控制首先应当建立和健全材料的收发、领、退制度。实行限额领料制度是节约材料费用支出的重要措施。其次是改进施工技术，推广使用降低料耗的各种新技术、新工艺、新材料，并在不降低工程质量的前提下，考虑廉价材料的替代；加强周转材料的管理，延长周转次数等；努力减少材料运输和储存过程中的损耗，制定损耗定额，加强材料稽核，查找短缺原因，追究责任人。

3. 加强人工费的控制

随着人们生活水平的提高，用工的薪资报酬也不断上升，目前人工费占全部工程费用的比例为15%左右，甚至有的包工项目达到了25%以上，因此对人工费的控制已经成为工程成本控制的重要一环。

4. 提高工程项目管理水平

降低项目成本的方法还有多种，包括高效率的项目组织机构设置；优化施工组织设计，采用新技术、新工艺；按质量体系和相关规范施工，减少返工率；加强合同的研究，防止被对方索赔等几个方面采取措施控制。

（六）工程项目竣工验收的控制

在工程项目竣工验收过程中，建设单位应做好以下工作：

1. 明确竣工验收标准

竣工验收准备工作全部完成以后，即可按竣工验收标准和合同规定正式办理竣工验收手续，验收标准包括：

（1）生产性工程和辅助公用设施，已按设计要求建完并能满足生产要求。

（2）主要工艺设备已安装配套，经试生产合格，构成生产线，形成生产能力，能够生产出设计文件中所规定的产品。

（3）职工宿舍和其他必要的生活福利设施，能适应投产初期的需要。

（4）竣工决算已完成。

（5）工程技术档案资料（包括竣工图）在内已经准备齐全。

2. 加强竣工验收工作的组织领导

建设单位一般应在竣工前，根据项目性质、大小，成立竣工验收领导小组或验收委员会，负责竣工验收工作。

3. 严格竣工验收的程序

一个单项工程或一个车间，已按设计要求建完，能满足生产要求或具备使用条件，即可由单位组织验收。单位要组织施工单位和设计单位整理有关施工的技术资料和竣工图，据以进行验收和办理交接手续。验收后，由单位根据有关规定投入使用。

4. 作好竣工验收资料的整理归档和实时记录

（1）会计机构或人员在工程竣工后，应及时开展各项清理工作，包括各类会计资料的归集整理、账务处理、财产物资的盘点核实及债权债务的清偿，做到账账、账证、账实、账表相符。

（2）应会同监理单位、设计单位对施工单位报送的竣工材料的真实性、完整性进行审查，并依据设计与合同的要求组织竣工验收。对存在的问题，应及时要求施工单位进行整改。

(3) 验收合格的工程项目,会计机构或人员应建立交付使用财产明细表,并转增固定资产。未经验收或验收不合格的工程不得交付使用。对于竣工验收后留有收尾工程的项目,建设单位应按照验收中审定的收尾工程内容、数量、投资和完成期限组织扫尾。

(七) 工程项目竣工决算的控制

竣工决算是以货币为计量单位,以日常核算资料为主要依据,通过编制报表和文字说明书的方法,综合反映经济活动和财务成果的总结性报告文件。它综合反映工程项目从筹建到竣工的全过程的财务状况和建设成果。竣工决算应重点审查下列内容。

1. 决算资料的准确性和完整性

首先,审查竣工决算"文字说明书"和所叙述的事实是否全面系统,是否符合实际情况,有无虚假不实、掩盖矛盾等情况,报表中各项指标是否准确真实。其次,要审查竣工决算各种报表是否填列齐全,有无缺报漏报,已报的各表的栏次、科目、项目填列是否正确完整。

2. 竣工决算表内有关项目填列的正确性

单位应核对竣工财务决算表中工程项目投入款项、交付使用资产等项目的余额是否正确。

3. 工程项目支出超支或节约的合理性

应根据批准的初步设计概算,审查工程成本中有无不属于工程范围的开支,所有工程项目是否属于计划范围内,有无计划外工程;增加的工程项目是否经单位管理部门批准;属于设计变更方面的,要审查有没有设计部门的设计变更手续。结合财务制度审查各项费用支出是否符合规定,有无乱挤乱摊成本、扩大开支范围;有无乱立标准、铺张浪费等情况。

4. 竣工时间的审查

竣工时间提前或拖后,对投资效果有着直接的影响。提前竣工,不仅可以提前交付使用、提前投产,还可以减少建设过程的费用支出。相反,竣工时间拖后,上述各项经济效果就要变成经济损失,造成极大的浪费。

(八) 工程项目评价的控制

工程项目评价就是按照设计的要求与规定,主要从技术、财务和经济三方面,对项目建成后实际达到的各项指标进行分析总结,并对可行性研究方案、计划任务书、设计、计划、概(预)算等资料进行对比,以检查预计与设计的完成程度,分析完成或未完成的原因,借以总结经验和教训,为今后投资决策提供参考资料。

第二节 工程项目内部控制制度建设

建立工程项目控制制度，应依据《企业内部控制应用指引第 11 号——工程项目》所确立的工程项目控制的内容和要求，结合企业工程项目管理实际，将有关工程项目控制措施以文本的形式具体化、条文化，是内部控制措施在企业工程项目活动中的具体体现。

一、工程项目业务流程与风险分析

企业工程项目一般分为立项、准备、施工、竣工四个阶段，其工作流程包括工程立项、招标、造价、建设、验收、决算等环节，工程项目的内部控制就是对业务流程中各环节可能出现的风险进行分析，并结合企业的内部环境和生产经营管理实际，采取相应的措施进行控制。

下面以江南公司为例，对公司工程项目管理、审批、评价分析、发包业务流程与风险分析进行展示。

(一) 工程项目管理业务流程与风险分析

江南公司工程项目管理业务流程与风险分析如图 7-1 所示。

江南公司工程项目管理业务流程描述及说明如下：

(1) 工程技术部根据立项研究和可行性研究的结果编制工程项目建议书和工程项目可行性研究报告，并提交总经理进行决策。

(2) 需要政府主管部门审批或备案的，工程技术部履行相关的外部审批或备案手续。

(3) 工程项目采购商的选择一般是通过实行公开招标的方式确定。

(4) 财务部和其他部门对工程项目概预算的编制提出合理化建议。

(5) 项目部主要对工程项目的成本、安全、质量、进度等进行控制。

(6) 单项工程完成后，施工单位可以申请项目部进行单项工程的验收；整体工程完成后，施工单位申请整体工程的竣工验收。

(7) 财务部出纳负责具体办理工程项目剩余款项的结算和支付。

(8) 财务部会计负责进行工程项目相关的总账和明细账的账务处理工作。

(二) 工程项目审批业务流程与风险分析

江南公司工程项目管理业务流程与风险分析如图 7-2 所示。

江南公司工程项目审批业务流程描述及说明如下：

(1) 相关部门提出投资或使用工程项目的需求，提交工程项目申请单给总经理。

(2) 总经理收到工程项目申请单以后，指示相关部门对项目进行投资机会的研究。

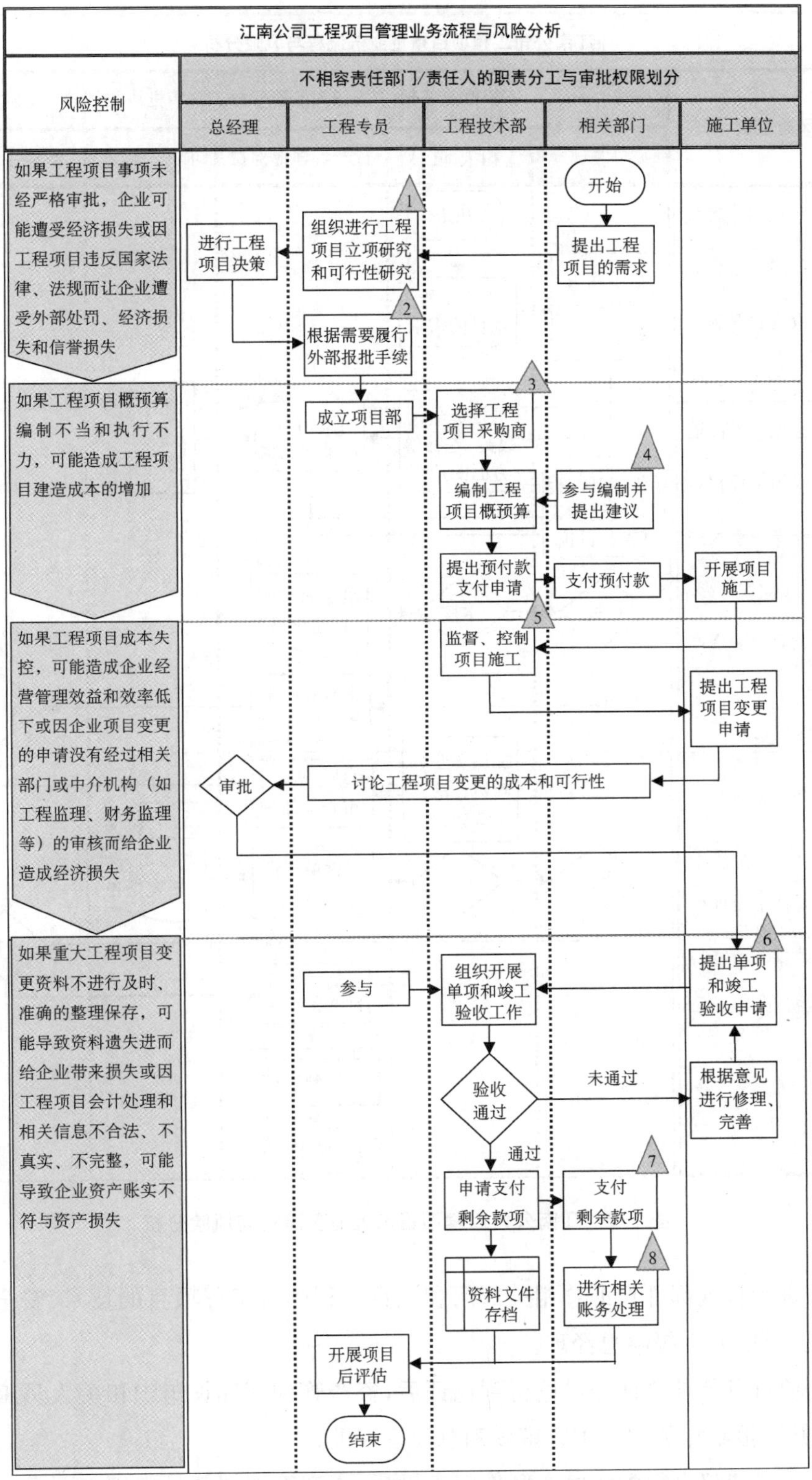

图 7-1　江南公司工程项目管理业务流程与风险分析

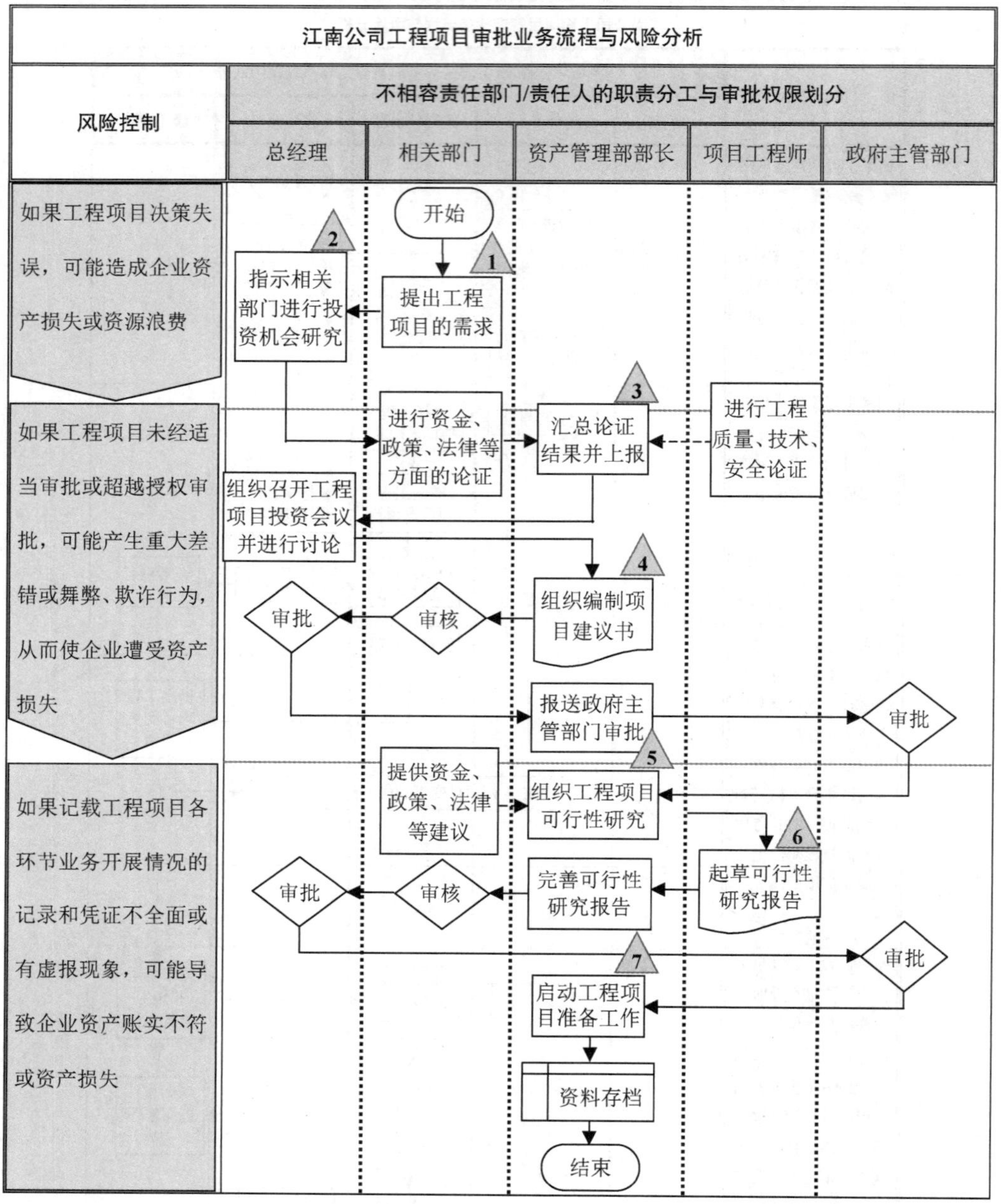

图 7-2　江南公司工程项目审批业务流程与风险分析

(3) 资产管理部部长汇总相关部门和项目工程师对工程项目的技术、安全和工程质量等的论证,并上报给总经理。

(4) 项目可行性论证经讨论得到论证后,资产管理部部长组织相关人员编制项目建议书,并上报给相关部门主管审核和总经理审批。

(5) 项目建议书得到政府主管部门审批后,资产管理部部长组织工程项目可行性研究的相关工作。

(6) 项目工程师起草可行性研究报告,资产管理部部长进行补充完善。

(7) 可行性研究报告得到总经理审批和政府主管部门审批后,资产管理部启动工程项目的各项准备工作。

(三) 项目评价分析业务流程与风险分析

江南公司项目评价分析业务流程与风险分析如图 7-3 所示。

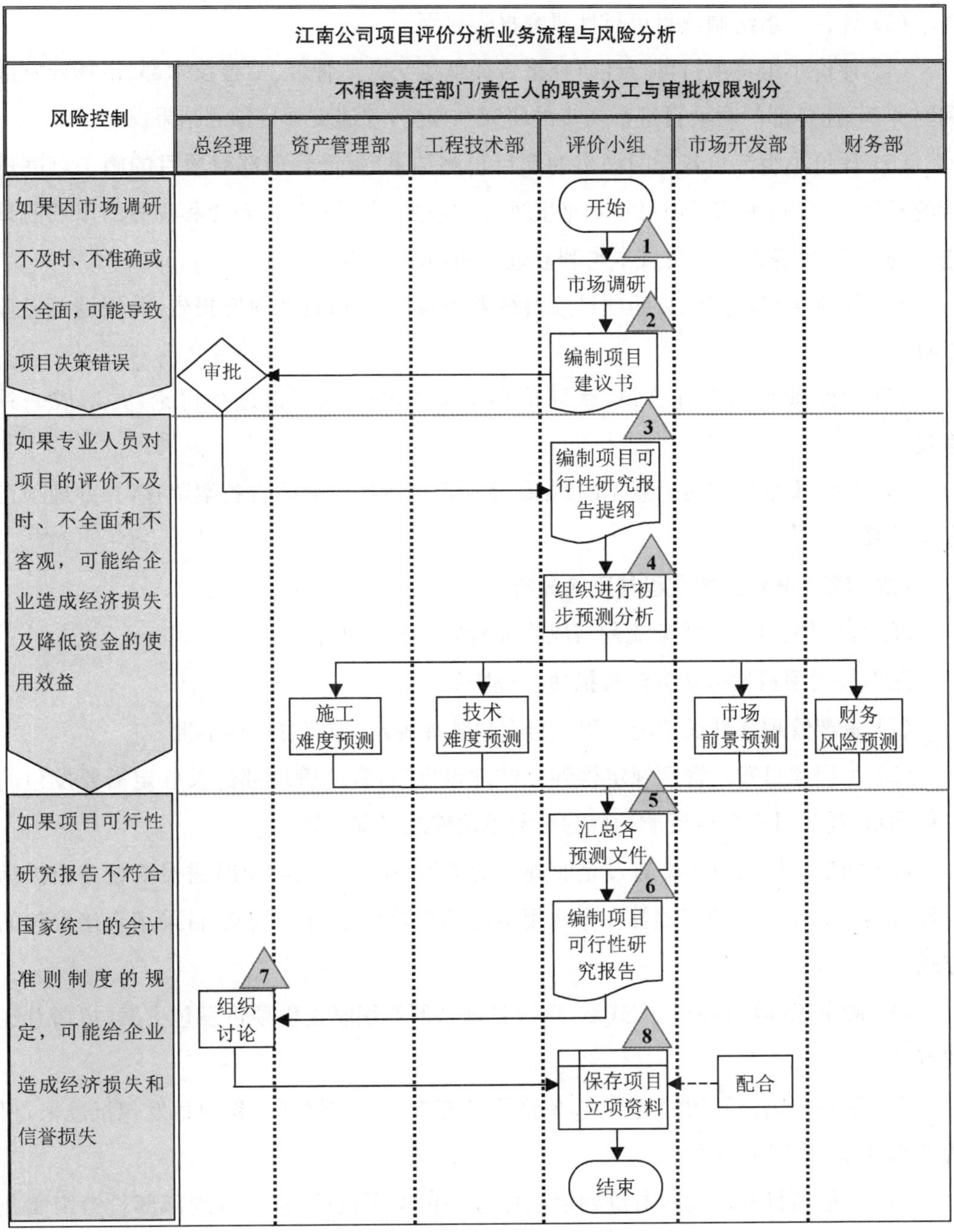

图 7-3 江南公司工程项目评价分析业务流程与风险分析

江南公司项目评价分析业务流程描述及说明如下：

(1) 评价小组根据企业年度计划，按照企业发展规划进行先期市场调查，了解市场需求及国家的有关规定、规划、政策等。

(2) 评价小组根据市场调查结果、需求状况等编制项目建议书，并报请总经理审批。

(3) 评价小组编制项目可行性研究报告提纲。

(4) 评价小组将项目可行性研究报告提纲送交资产管理、工程技术部、市场开发部和财务部，让各部门对项目进行初步的研究和预测，并递交项目预测结果。

(5) 评价小组汇总各部门做出的项目预测结果(资产管理部对项目的施工难度进行的预测、工程技术部对项目技术难度进行的预测、市场开发部对工程项目的市场前景进行的预测、财务部对项目成本与利益进行的预测)。

(6) 评价小组根据汇总的项目预测结果，编制项目可行性研究报告，并报请总经理审批。

(7) 总经理组织召开会议，就评价小组申报的工程项目进行讨论，并形成一致意见。

(8) 评价小组根据讨论意见的结果，将项目可行性研究报告备案留存，并办理项目立项手续。

(四) 项目发包业务流程与风险分析

江南公司项目发包业务流程与风险分析如图 7-4 所示。

江南公司项目发包业务流程描述及说明如下：

(1) 资产管理部部长拟定工程项目发包管理规定，报请总经理审批。

(2) 工程项目发包管理规定得到总经理审批后，资产管理部部长确定需要发包的工程项目，委托具有相应资质的标的编制单位编制工程预算。

(3) 如果工程项目预算超过企业规定的额度，相关部门应及时通报给相关招投标管理机构。如果工程项目预算在企业规定的额度范围之内，工程项目采用直接发包的方式。

(4) 确定工程项目发包方式后，资产管理部部长编制工程项目发包方案，报请总经理审批。

(5) 如果采用公开招标的方式，资产管理部部长还需编制工程项目发包批准书，报请市招投标管理机构审批。

(6) 工程项目发包批准书得到市招标管理机构审批后，资产管理部部长组织实施发包方案。

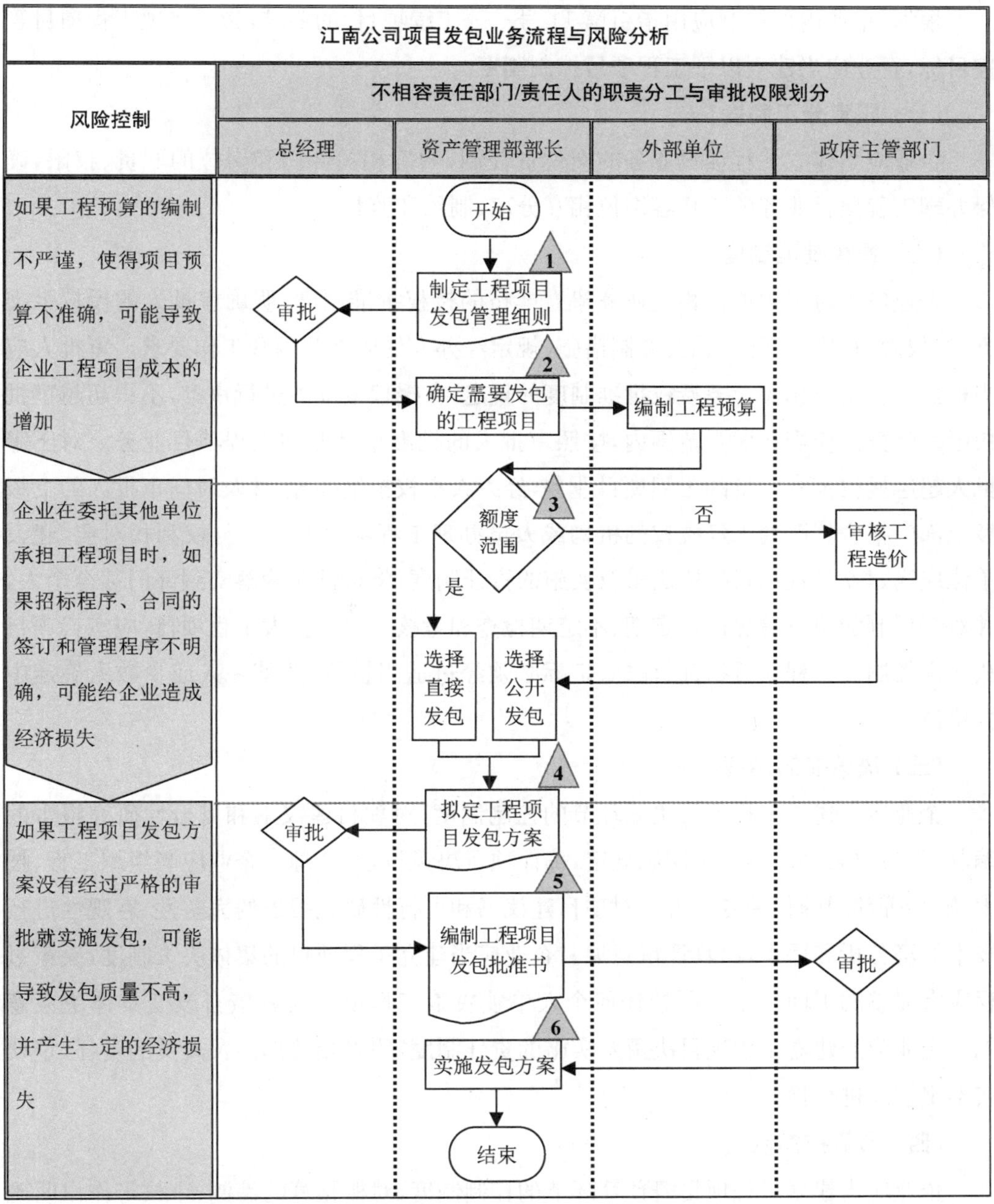

图 7-4　江南公司工程项目发包业务流程与风险分析

二、工程项目内部控制制度建设项目

根据《企业内部控制应用指引第11号——工程项目》的要求，为了实现工程项目管控目标，企业应当建立以下工程项目控制制度。

（一）职责分工制度

企业应当建立工程项目业务的岗位责任制，明确相关部门和岗位的职责、权限，确保办理工程项目业务的不相容岗位相互分离、制约和监督。

（二）授权批准制度

企业应当对工程项目相关业务建立严格的授权批准制度，明确审批人的授权批准方式、权限、程序、责任及相关控制措施，规定经办人的职责范围和工作要求。审批人应当根据工程项目相关业务授权批准制度的规定，在授权范围内进行审批，不得超越审批权限。经办人应当在职责范围内，按照审批人的批准意见办理工程项目业务。对于审批人超越授权范围审批的工程项目业务，经办人有权拒绝办理，并及时向审批人的上级授权部门报告。严禁未经授权的机构或人员办理工程项目业务。与权利相对应，建设单位应当建立工程项目投资决策及实施的责任制度，将责任明确落实到部门甚至个人，并对责任制的执行情况进行定期、不定期检查和考核。对于重大工程项目，应实行项目法人责任制。工程项目招标、评标、定标必须经过适当授权，严禁一人或少数人确定中标单位。

（三）决策控制制度

企业应当建立工程项目决策环节的控制制度，对项目建议书和可行性研究报告的编制、项目决策程序等作出明确规定，确保项目决策科学、合理。企业应当组织工程、技术、财会等部门的相关专业人员对项目建议书和可行性研究报告的完整性、客观性进行技术经济分析和评审，出具评审意见。企业应当建立工程项目的集体决策制度，决策过程应有完整的书面记录。严禁任何个人单独决策工程项目或者擅自改变集体决策意见。企业应当建立工程项目决策及实施的责任制度，明确相关部门及人员的责任，定期或不定期地进行检查。

（四）预算控制制度

企业应当建立工程项目概预算环节的控制制度，对概预算的编制、审核等作出明确决定，确保概预算编制科学、合理。企业应当组织工程、技术、财会等部门的相关专业人员对编制的概预算进行审核，重点审查编报依据、项目内容、工程量的计算、定额套用等是否真实、完整、准确。概预算制度是工程项目内部控制中最重要的部分，工程项目的立项和建造都应依据预算，对实际支出与预算的差异以及未列入预算的特殊事项，履行特别的审批手续。

（五）价款支付制度

企业应当建立工程进度价款支付环节的控制制度，对价款支付的条件、方式以及会计核算程序作出明确规定，确保价款支付及时、正确。企业会计人员应对工程合同约定的价款支付方式、有关部门提交的价款支付申请及凭证、审批人的批准意见等进行审查和复核。复核无误后方可办理价款支付手续。企业会计人员在办理价款支付业务过程中发现拟支付的价款与会同约定的价款支付方式及金额不符，或与工程实际完工情况不符等异常情况，应当及时报告。企业因工程变更等原因造成价款支付方式及金额发生变动的应提供完整的书面文件和其他相关资料。单位会计人员应对工程变更价款支付业务进行审核。

（六）竣工决算制度

企业应当建立竣工决算环节的控制制度，对竣工清理、竣工决算、竣工审计、竣工验收等作出明确规定，确保竣工决算真实、完整、及时。建立竣工清理制度，明确竣工清理的范围、内容和方法，如实填写并妥善保管竣工清理清单；依据国家法律法规的规定及时编制竣工决算；组织有关部门及人员对竣工决算进行审核，重点审查决算依据是否完备，相关文件资料是否齐全，竣工清理是否完成，决算编制是否正确。建立竣工决算审计制度，及时组织竣工决算审计，未实施竣工决算审计的工程项目，不得办理竣工验收手续；及时组织工程项目竣工验收，确保工程质量符合设计要求；对竣工验收进行审核，重点审查验收人员、验收范围、验收依据、验收程序等是否符合国家有关规定；验收合格的工程项目，应当及时编制财产清单，办理资产移交手续，并加强对资产的管理。

（七）监督检查制度

企业应当建立对工程项目内部控制的监督检查制度，明确监督检查机构或人员的职责权限，定期或不定期进行检查。

工程项目内部控制监督检查的主要内容包括：工程项目业务相关岗位及人员的设置、工程项目业务授权批准制度的执行、工程项目决策责任制的建立及执行、概预算控制制度的执行、各类款项支付制度的执行、竣工决算制度的执行等情况。对监督检查过程中发现的工程项目内部控制中的问题和薄弱环节，单位应当采取措施，及时加以纠正和完善。

三、工程项目控制制度范例

江南机械制造有限责任公司工程项目决策管理制度如表 7-1 所示。

表 7-1　　江南机械制造有限责任公司工程项目决策管理制度

制度名称	项目决策管理制度	编　号	内控 11-02
执行部门	物资设备部	监督部门	法务内审部

第 1 条　为规范公司工程项目决策的管理，依据国家相关法律法规及公司有关章程规定，制定本制度。

第 2 条　本制度所称工程项目决策是指一定金额以上的工程项目的建设、改造、装修、维护等。

第 3 条　工程项目决策必须遵循民主化、科学化、规范化原则。

1. 民主化，严禁单独个人决策工程项目或擅自改变集体决策意见。

2. 科学化，工程项目的立项研究必须按照科学的方法并保持严谨的态度。

3. 规范化，工程项目决策必须纳入集团公司重大决策程序，遵循相应的管理规范或实施细则。

第 4 条　工程项目决策应以公司整体战略规划为依据。

第 5 条　工程项目决策过程中，公司的相关部门应履行其职能，提供必要的、合理的建议。

1. 物资设备部，为工程项目提供技术方面的支持，编制项目建议书和项目可行性研究报告。

2. 财务部，为工程项目提供财务方面的参考意见。

3. 法务内审计部，为工程项目提供法律方面的支持，对决策的过程实施监督审计。

4. 其他相关部门根据需要给予必要支持和配合。

第 6 条　对需要外包的工程项目进行决策时应该明确以下事项。

1. 明确发包方式(包工包料或包工不包料)。

2. 明确招标程序。

3. 明确招标执行人员的权限和责任。

第 7 条　工程项目内部审批权限和程序

1. 工程项目投资未超过最近一个会计年度净资产值的 5%，由总经理办公会议评估论证并批准。

2. 工程项目投资占最近一个会计年度净资产值的 5%～20%，由总经理办公会议评估论证，报董事会批准。

3. 超过以上投资额的项目由总经理办公会议评估论证，经董事会审议通过后提交股东大会审议批准。

第 8 条　公司投资审查委员会对工程项目决策程序的合法性进行审计，对决策的实施过程进行监督，对决策的结果负责评审并做出结论。

第 9 条　本制度解释权及修改权在公司董事会。

第 10 条　本制度自发布之日起生效。

修订日期	2021.10.18	审核日期	2021.11.11	批准日期	2021.12.30

课后习题

一、单选题

1. 下列关于工程项目内部控制原则的表述中，正确的是(　　)。
   A. 企业高管层是制度的制定者，有权掌控内部会计控制
   B. 财务会计主管是财会工作的领导者，应当有权操纵内部控制
   C. 企业内部涉及财会工作的所有人员均不拥有超越内部控制的权力
   D. 监察、审计是企业专司监督的部门，可修改掌控内部控制
2. 为了明确相关部门和岗位的职责、权限，确保办理项目业务的不相容岗位相互分离、制约和监督，企业应当建立工程项目业务的(　　)。
   A. 经济责任制　　B. 目标责任制
   C. 岗位责任制　　D. 成本责任制
3. 企业应当根据工程项目的特点，配备合格的人员办理工程项目业务。办理工程项目业务的人员应当具备良好的(　　)。
   A. 专业知识和专业技能　　B. 业务素质和职业道德
   C. 理论知识和实践能力　　D. 实践经验和实务技能
4. 企业应当组织工程、技术、财会等部门的相关专业人员，对项目建议书和可行性研究报告的(　　)进行技术经济分析和评审，出具评审意见。
   A. 系统性、经济性　　B. 风险和效益
   C. 完整性、客观性　　D. 成本和效益
5. 企业因工程变更等原因造成价款支付方式及金额发生变动，应提供的资料是(　　)。
   A. 完整的各部门审批意见
   B. 完整的书面文件和其他相关资料
   C. 完整的设计变更文件
   D. 完整的变更通知及负责人批准手续
6. 验收合格的工程项目应当及时(　　)，并加强对资产的管理。
   A. 编制财产清单，办理资产转交手续
   B. 编制竣工决算，办理实物转交

C. 编制决算报告，办理文件转交

D. 编制决算报告，办理资料转交

7. 为了明确审批人的授权批准方式、权限、程序、责任及相关控制措施，规定经办人的职责范围和工作要求，企业应当对工程项目相关业务建立严格的（　　）。

A. 授权批准制度　　B. 业务流程制度

C. 信息传递制度　　D. 经济责任制度

8. 审批人应在授权范围内审批，不得越权，经办人应在职责范围内，按审批意见办理工程项目业务。对于审批人超越授权范围审批的工程项目业务，经办人有权（　　）。

A. 暂缓办理，并向审批人建议纠正

B. 先按审批人意见办理，并向上级部门报告

C. 先按审批人意见办理，并向审批人的上级授权部门报告

D. 拒绝办理，并及时向审批人的上级授权部门报告

9. 企业应当制定工程项目业务流程，明确各环节的控制要求，并设置相应的（　　）。

A. 记录和凭证　　B. 账簿和账册

C. 账表和报告　　D. 备查账簿

10. 企业应当建立工程项目决策环节的控制制度，对（　　）以及项目决策程序做出明确规定，确保项目决策科学、合理。

A. 项目建议书和可行性研究报告的编制

B. 项目建议书、初步设计的编制

C. 可行性研究报告、开工报告的编制

D. 初步设计、开工报告的编制

11. 企业应当建立工程项目决策及实施的责任制度，明确（　　）。

A. 相关部门及人员的权限，定期按月进行检查

B. 相关部门及人员的责任，定期或不定期地进行检查

C. 相关部门及人员的岗位，定期按季度进行检查

D. 相关部门及人员的分工，定期或不定期地进行检查

12. 企业应当建立工程概预算环节的控制制度，对（　　）等做出明确规定，确保概预算编制科学、合理。

A. 概预算岗位设置、人员配备　　B. 概预算编制、审核

C. 概预算复核人员职责、程序　　D. 概预算复审的责任、报告

13. 对工程价款支付条件、方式以及会计核算程序做出明确规定，确保价款支付及时、正确的控制制度是（　　）。

A. 货币资金控制制度

B. 工程价款结算方法

C. 工程进度价款支付制度

D. 工程项目业务流程

14. 企业为确保竣工决算真实、完整、及时，应建立的控制制度是(　　)。

A. 工程项目决策环节的控制制度

B. 工程概预算环节的控制制度

C. 竣工决算环节的控制制度

D. 工程价款支付环节的控制制度

15. 未实施竣工决算审计的工程项目(　　)。

A. 应暂缓办理竣工验收手续　　B. 应允许办理竣工验收手续

C. 应陆续办理竣工验收手续　　D. 不得办理竣工验收手续

16. 工程项目内部控制监督检查，针对业务相关岗位及人员的设置情况应重点检查的是(　　)。

A. 是否存在岗位设置不合理现象

B. 是否存在从业人员专业技能不合格现象

C. 是否存在不相容职务混岗的现象

D. 是否存在在岗人员业务素质不过关现象

17. 企业在对工程项目内部控制监督检查过程中，对发现的工程项目内部控制的问题和薄弱环节，应当(　　)。

A. 发现问题　　B. 抓住问题

C. 采取措施及时加以纠正和完善　　D. 讨论解决方案

二、多选题

1. 工程项目内部控制目标包括(　　)。

A. 规范企业会计行为，保证会计资料真实、完整

B. 确保企业经营战略和计划的贯彻执行

C. 堵塞漏洞，清除隐患，及时发现和纠正错弊行为

D. 保护企业资产的安全完整

E. 确保国家法律法规和单位内部规章制度的贯彻执行

2. 工程项目业务不相容的职务一般包括(　　)。

A. 项目建议、可行性研究与项目决策

B. 预算的编制与审核

C. 工程财务会计与出纳

D. 项目实施与价款支付

E. 竣工决算和竣工审计

3. 工程项目业务流程应明确(　　)等环节的控制要求。

A. 项目建设、可行性研究　　B. 项目决策

C. 概预算编制　　D. 价款支付

E. 竣工决算

4. 企业组织工程、技术、财会等相关专业人员对编制的概预算进行审核,重点应审查(　　)等是否真实、完整、准确。

A. 编制依据　　B. 项目内容

C. 工程量计算　　D. 设计变更

E. 定额套用

5. 企业会计人员在办理价款支付业务过程中,发现并应及时报告的异常情况有(　　)。

A. 拟支付的价款与合同约定的价款支付方式不符

B. 拟支付的价款与合同约定的价款支付金额不符

C. 拟支付的价款与工程投资计划不符

D. 拟支付的价款与工程进度计划不符

E. 拟支付的价款与工程实际完工情况不符

6. 企业为真实、完整地反映工程项目资金流入、流出情况及财产物资的增减变动情况,应加强会计核算的业务有(　　)。

A. 工程项目的资金筹划与决策

B. 工程项目的资金筹集与运用

C. 工程项目的物资采购与使用

D. 工程项目的财产清理与变动

E. 工程项目的成本费用与收益

7. 企业应根据法规及时编制竣工决算,组织有关部门和人员对竣工决算进行审核,重点审查的有(　　)。

A. 决算报表是否完备　　B. 决算依据是否完备

C. 相关文件资料是否齐全　　D. 竣工清理是否完成

E. 决算编制是否正确

8. 企业在组织工程项目竣工验收时,应对竣工验收进行审核,重点审查的内容有(　　)。

A. 验收人员是否符合有关规定

B. 验收范围是否符合有关规定

C. 验收文件是否符合有关规定

D. 验收依据是否符合有关规定

E. 验收程序是否符合有关规定

9. 项目决策控制要求企业建立的制度有(　　)。

A. 工程项目的经济责任制度

B. 工程项目决策环节控制制度

C. 工程项目中的工程审计制度

D. 工程项目的集体决策制度

E. 工程项目决策及实施的责任制度

10. 在工程进度价款支付环节的控制制度中,应明确规定的控制内容有(　　)。

A. 工程价款的计算

B. 工程价款的审核

C. 价款支付的条件

D. 价款支付的方式

E. 会计核算程序

11. 竣工决算环节的控制制度应明确规定的控制内容有(　　)。

A. 竣工清理　　B. 竣工决算

C. 竣工审计　　D. 竣工验收

E. 竣工使用

三、判断题

1. 工程项目可以分为基本建设项目和技术改造项目两大类。(　　)
2. 工程项目评估必须在可行性研究前进行。(　　)
3. 设计概算是编制投资计划的依据。(　　)
4. 设计概算用于确定建筑安装工程预算造价,而施工图预算用于确定工程项目的总造价。(　　)
5. 竣工决算的内容包括工程项目从工程动工开始到竣工完工为止全部建设过程中所支付的费用。(　　)
6. 单位生产能力(或效益)是建设投资总额与新增生产能力(效益)数量之比。(　　)
7. 施工图预算是项目投资者和施工单位估算工程费用、实行工程招标、发包、计算标底的依据。(　　)
8. 有些项目不经过初步可行性研究就可直接做可行性研究。(　　)

四、案例分析题

经了解 A 公司工程项目内部控制，发现以下情况，请分析其存在的问题。

1. A 公司为加强在建工程的管理，要求审批人根据工程项目相关业务授权批准制度的规定，在授权范围内进行审批，不得超越审批权限。经办人在职责范围内，按照审批人的批准意见办理业务。对于审批人超越授权范围审批的工程项目业务，经办人虽无权拒绝办理，但在办理后，应及时向审批人的上级授权部门报告。

2. A 公司为确保工程项目效益，对工程项目专门组织人员进行可行性研究，并出具项目评估报告，公司在对工程项目决策时，一般按照可行性研究评估报告意见进行审批。

3. A 公司为使工程尽快竣工形成生产能力，同时考虑到公司资金比较充足，与施工单位约定，工程价款在工程开工时就支付总价款的 80%。

本章实训——工程项目内部控制制度设计

【实训目标与能力要求】

本实训是培养学生运用所学企业工程项目内部控制知识与制度建设要求进行制度设计的能力。其要求如下：

(1) 掌握工程项目控制的内容、关键点及其制度建设要求。

(2) 能够根据模拟公司工程项目业务流程并结合公司内部控制环境，进行相关制度设计。

【实训方式】

实训分小组进行，以小组为单位完成相应的实训任务，并形成实训报告，参加讨论与讲评。

【实训考核】

根据各实训小组实训准备、提交成果(实训报告)的质量和小组协作情况进行评分。项目实训成绩按百分制评定。

小组项目实训成绩＝实训准备(满分 10)＋实训成果(满分 80)＋小组协作(满分 10)。

个人项目实训成绩＝小组项目实训成绩×个人贡献系数(个人贡献系数由组长根据其在实训中的贡献大小决定)。

【实训步骤】

(1) 由任课教师引导学生解读实训资料，提示学生应注意的问题，并布置具体实训任务和时间要求。

(2) 各实训小组根据组内分工，查找、收集相关资料，进行初步分析比较。

(3) 小组内对初步分析比较的结果进行讨论、修改，并按照要求形成实训报告(实训报告采用 word 文档，纸张大小设置为 A4，页边距上 2.8 cm，下 2.5 cm，左右各 2.5 cm，行距 1.5 倍，页码格式为阿拉伯数字、居中；总标题小三号、黑体、居中、空一行；一级标题小四号、宋体、加粗；二级标题和其他正文小四号、宋体；图表内文字五号、宋体)。

(4) 实训小组组长将收集的资料和形成的实训成果(电子文档)打包上传，由指导老师组织互评。

(5) 指导老师根据学生实训成果的质量和参与讨论的情况确定实训成绩。

【实训资料】

随着国家经济持续发展，民生条件得到了有效改善，城镇居民对居住环境、居室装潢装修的要求越来越高，特别是厨房卫生间的装修档次提升迅速，为家具制造业和装潢装修业提供了良好的发展机遇。为此，江北公司决定进军橱柜、卫柜市场，进行整体橱柜、卫柜的开发生产。经公司董事会集体研究决定投资 200 万元对现有桌椅生产线进行改造，使其满足生产整体橱柜、卫柜的要求。为了保证 200 万元的改造项目顺利实施，并能达到预期效果，公司董事会要求总经理尽快提出措施。于是李明总经理要求财务部起草相关管理措施，在 3 天内报送给他。

江北公司其他基础性资料见第一章实训资料。

【实训任务】

假定你是江北公司的会计主管，请根据图 7-5 所示的工程项目实施流程，分析控制关键环节和关键点，并结合公司实际，为该公司草拟以下工程项目控制制度（每个小组完成一项制度设计）。

1. 工程项目预算控制制度
2. 工程项目款项支付控制制度
3. 工程项目竣工决算控制制度
4. 工程项目竣工验收管理制度

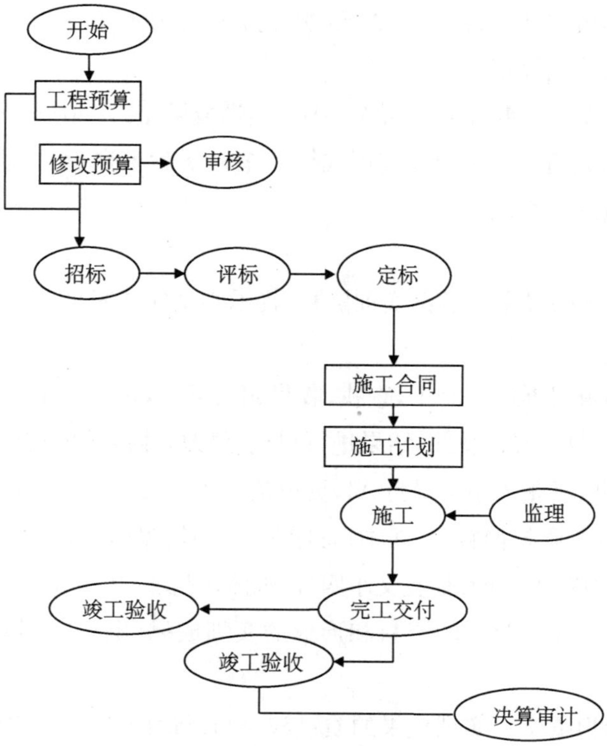

图 7-5　江北公司工程项目实施流程图

本章结构框架

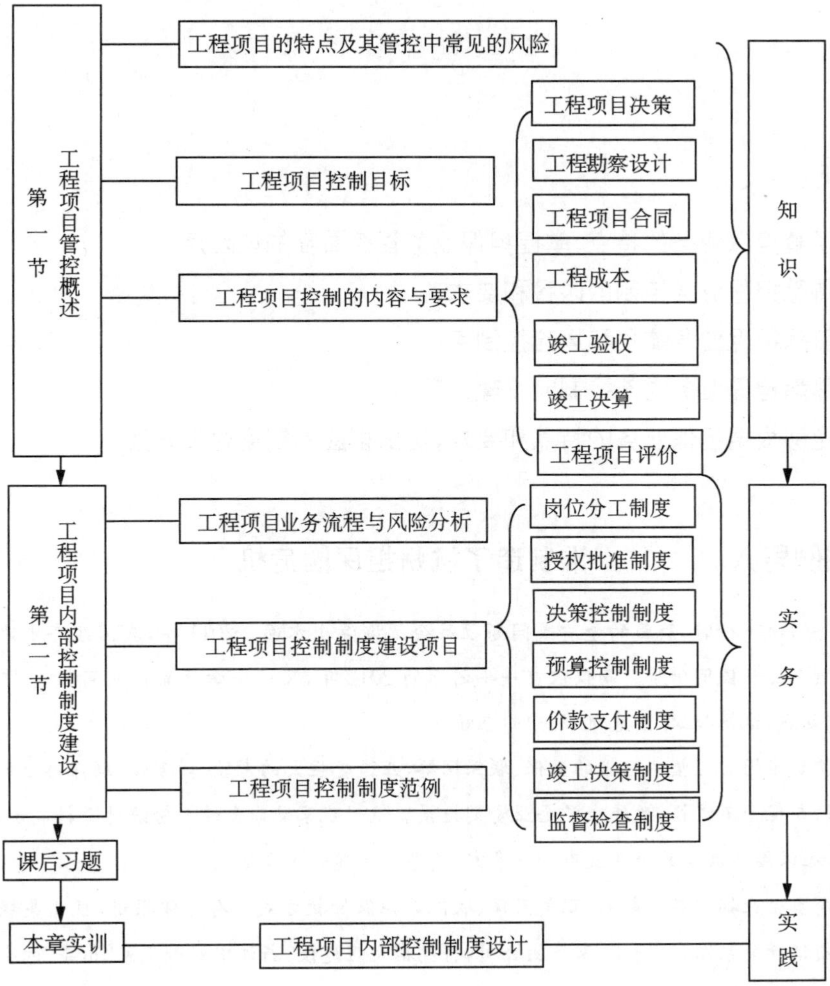
第一节 工程项目管控概述
工程项目的特点及其管控中常见的风险
工程项目控制目标
工程项目控制的内容与要求
工程项目决策
工程勘察设计
工程项目合同
工程成本
竣工验收
竣工决算
工程项目评价
知识
第二节 工程项目内部控制制度建设
工程项目业务流程与风险分析
工程项目控制制度建设项目
工程项目控制制度范例
岗位分工制度
授权批准制度
决策控制制度
预算控制制度
价款支付制度
竣工决策制度
监督检查制度
实务
课后习题
本章实训
工程项目内部控制制度设计
实践

第八章　担保业务内部控制与制度建设

学习目标

1. 了解担保业务的特点，掌握担保业务管控面临的风险点
2. 熟悉担保业务控制的内容和要求
3. 熟悉担保业务流程和风险控制点
4. 熟悉担保业务内部控制制度建设项目
5. 能够根据担保业务的特点和要求，提出相应的制度建设方案

案例导入　　谁制造了杭州担保圈危机

在经济增速下行时，隐藏的矛盾或问题往往会逐渐浮出水面。2011 年，我国经济中比较突出的问题是小微企业和民间借贷。而仅仅在一年之后的 2012 年，又一个牵涉面广的问题——“担保圈危机”正愈演愈烈，这场“担保圈危机”的中心在杭州。

浙江信贷市场曾经坚不可摧的互保、联保网络，正遭受巨大的考验，因互保、联保链上的个别企业资产被冻结或现金不流畅，致使众多企业受到拖累。杭州市家具商会的一份统计资料显示，仅仅是在家具行业，担保圈所涉及的企业就有 100 多家，债务金额超过 100 亿元。

而把众多企业捆绑在一起的，正是互保、联保等担保贷款方式。有媒体报道，杭州某银行绘制了一张互保圈信贷关系图，通过 43 家集团公司，将包括天煜建设、浙江中江等几家“出事”的企业串联了起来，约涉及法人单位 600～700 家，资金数百亿元。不过，如果是正常情况下的担保，“担保圈危机”也不会如此之大。当互保、联保成为一种创新的贷款方式时，不少企业开始极尽可能地利用这一“创新”，放大自身信用倍数，并由此形成环环相扣的“担保圈”。比如有企业主就说，一家资产上 5 000 万元的企业，至少有 3 家担保企业，多的甚至超过 10 家。这样的“放大”冲动，在上市公司的公开资料中可见一斑。比如，早在 2002 年就曾发生问题的“深圳担保圈”，涉及金额超过 20 亿元；“浙江担保圈”中有 12 家上市公司，涉及 50 多笔担保。从单家公司看，2011 年 9 月初，上市公司 ST 海龙对外担保额高达 31 亿元，是其净资产的 3 倍多。

那么，究竟是什么导致了这样的一个“担保怪圈”？是互保？是联保？还是担保本身？其实这些都不是主要问题，问题的关键在于过度担保，在于超过自身能力的担保。财务上有个专业术语叫作“或有负债”，指的是企业在过去的交易中，由于约定或承诺而形成的潜在负债，发生不发生要看未来

事情的进展。对外担保就是企业中比较常见的或有负债，承担这样的或有负债需要与企业的自身实力相匹配，否则，就意味着较大的财务风险。

资料来源：赵洋，谁制造了杭州担保圈危机[N].金融时报，2012-07-21.

问题探讨：

(1) 杭州“担保怪圈”说明了什么？

(2) 你对担保事项的法律认识如何？

第一节 担保业务控制概述

担保业务是企业作为担保人按照公平、自愿、互利的原则与债权人的约定，当债务人不能履行债务时，依照法律规定和合同协议承担相应责任的行为。担保业务的内部控制，就是要明确担保的对象、范围、方式、条件、程序、担保限额和禁止担保等事项，规范调查评估、审核批准、担保执行等环节的工作流程，按照政策、制度、流程办理担保业务，定期检查担保政策的执行情况及效果，切实防范担保业务风险。

一、担保业务的特点及其管控中常见的风险

担保是按法律规定或当事人的约定，为确保合同履行，保障债权人利益实现的一种法律行为。

(一) 担保业务的分类

1. 按担保设定是否基于当事人的意愿分类

按担保设定是否基于当事人的意愿分类，担保可以分为法定担保与约定担保。

(1) 法定担保是基于法律规定而直接成立并发生效力的担保方式。我国民法规定的法定担保主要有优先权及留置担保。

(2) 约定担保是法定担保以外的担保方式，我国民法规定此类担保有保证、抵押、质押、定金等方式。

2. 按担保标的分类

按担保标的分类，担保可以分为人的担保和物的担保。

(1) 人的担保是指以债务人以外第三人的信用为标的而设定的担保。民法上最典型的人的担保为保证担保。

(2) 物的担保是指以特定财产为标的而设定的担保，如抵押、质押、留置等。

3. 按担保设定的目的分类

按担保设定的目的分类，担保可以分为本担保与反担保。

(1) 本担保是指以保障主债权的实现为目的而设定的担保。

(2) 反担保是在本担保设定后,为了保障担保人在承担担保责任后,其对被担保人的追偿权得以实现而设定的担保。反担保是相对于本担保而言的。

(二) 担保业务的特点

与企业购销等业务比较,担保业务具有更大的风险性、被动性和不确定性等特点。

1. 担保业务的风险性

担保业务的风险性是指企业为他人提供担保,一旦被担保人不履行付款责任,担保人则承担连带责任,从而给自身带来严重的后果。担保业务通常涉及的担保额较大、当事人较多,因而具有较大的风险性。

【回顾与思考】

在期末会计处理中,企业因担保可能会形成什么负债?有相应的账务处理吗?

2. 担保业务的被动性

担保业务的被动性是指一旦企业签订了对外保证合同或协议,担保企业担保责任是否履行,被动地取决于被担保企业是否履行偿债义务。

3. 担保业务的不确定性

对外担保的直接后果是形成企业的一项或有负债,企业承担着履行担保责任的潜在风险。

(三) 担保业务管控中的主要风险

企业担保作为一种法律行为,涉及担保人、被担保人和反担保人三方,担保一旦成立,担保人就将承担连带责任。因此,企业对外提供担保,必须慎之又慎。担保业务管控中的主要风险有:

(1) 如果担保违反了国家的法律、法规,可能使企业遭受外部处罚、经济赔偿和信誉损失。

(2) 如果担保业务未经适当审批或超越授权审批,由此会产生重大差错或舞弊、欺诈行为而导致损失,或因担保执行监控不当而导致企业经营效率低下或资产遭受损失。

(3) 如果企业对担保申请人的资信状况调查不深,审批不严或越权审批,可能会产生重大差错、舞弊或欺诈行为而使企业遭受损失。

(4) 如果被担保人和提供担保人在担保中存在舞弊行为,则会导致经办审批等相关人员涉案或企业利益受损。

(5) 如果企业不能及时了解被担保企业担保项目的执行、资金使用情况、贷款的归还情况、财务运行及风险情况,可能会导致企业担保风险增加。

(6) 如果对被担保人在担保期内出现财务困难或经营陷入困境等状况监控不力,应对措施不当,可能会导致企业承担不必要的代偿责任。

二、担保业务控制目标

根据担保的定义和业务特点，企业对外担保面临的最大的问题就是风险问题，即一旦被担保企业没有偿债能力和偿债意愿时，担保企业必须承担连带责任。为防范或减少企业对外担保业务的风险，担保企业内部控制应实现以下目标。

（一）保证担保业务的合法性

企业担保内部控制系统，应确保企业的担保活动符合法律规定，防止不合法的担保给企业带来负面影响。另外，按照会计制度和会计准则的规定进行相关的会计核算，保证担保业务充分、完整和真实地予以记录，并随时通过其报告体系加以披露。

（二）降低担保业务的风险

企业对外承担担保业务具有潜在的风险性，应通过担保业务的内部控制，有效降低担保风险，避免对外担保行为给企业自身造成损失。

三、担保业务控制的内容与要求

担保的内部控制内容应与担保的业务流程相一致。担保的业务流程包括担保业务的受理、调查了解被担保单位的经营和财务状况、担保业务的审批、签订保证合同、担保监控、保证合同的履行、垫付款项及其催收等。

（一）担保业务受理控制

在受理担保业务时，必须要求被担保单位提供以下资料：

（1）被担保单位出具的担保申请书。

（2）担保事项的经济合同、协议及相关文件资料。

（3）有关反担保的资料。

被担保单位提供的资料是否完整、合法是受理担保的依据，只有被担保单位符合担保单位规定的担保原则、标准和条件时，才能考虑为其提供担保。

（二）担保前的调查控制

担保单位在提供担保前，应通过有关渠道调查了解被担保单位的经营和财务状况，具体包括以下内容：

（1）被担保单位的性质、所属行业、主管部门、注册实收资本、经营期限、经营范围及主营业务。

（2）被担保单位的资金运作方式及资金流量。

（3）被担保单位负债性质、债权人、额度、期限、担保方式、发行债券情况、或有负债等情况。

（4）被担保单位主要产品或服务、主要竞争对手、产品质量与价格、售后服务和原材料来源等情况。

(5) 被担保单位对本年销售额和利润的预测。

(6) 被担保单位的一贯资信程度。

根据调查了解的情况,对比担保政策,对担保业务进行科学、合理的评估,撰写调查评估报告。调查评估报告是担保业务审批的主要依据。

(三) 担保业务审批控制

担保业务审查人员通过对调查评估报告及相关材料的审查,分析被担保单位的履约能力、反担保情况及本单位相关效益,对照本单位的担保责任、担保标准和条件等政策规定,决定是否办理该担保业务。

企业各项经济活动担保由财务部门、法务部门统一办理,报单位分管领导审核,再由单位领导集体决策审批。单位任何个人都不能单独批准、办理对外担保事项。对越权办理的,无论该担保行为是否给单位造成经济损失,都应追究责任。

(四) 保证合同控制

担保事项经审批后,就可以与被担保单位签订保证合同。保证合同一式三份,一份交受益人;一份由会计部门作为登记的附件;一份由经办部门存查。保证合同签订后,担保经办人员应及时登记担保业务台账。保证合同一般包括以下内容:

(1) 被担保的主债权种类、数额。

(2) 债务人履行债务的期限。

(3) 担保的方式。

(4) 担保的范围。

(5) 担保的期间。

(6) 双方认为需要约定的其他事项。

严密有效的保证合同对维护合同双方的正当权益具有重要的作用。担保单位要十分注意合同中的各种"陷阱",应对保证合同的每一条款和细节反复研究,防止陷入被动。对模糊不清、似是而非的条款,应要求对方澄清并予明确化。必要时,担保单位应要求被担保单位提供以财产物资为抵押的反担保协议书或保证书。

(五) 担保有效期控制

担保形成了或有负债,给企业增加了风险,企业应在担保有效期内对担保风险进行实时监控。其包括对被担保项目资金流向的日常监控,即定期了解被担保单位的经营管理情况,了解担保事项的进展情况,促使被担保单位按时履约。应要求被担保单位定期提供担保期间财务会计报告,必要时参加被担保单位相关的会议,对被担保工程项目的施工进度和财务状况进行审核,也可派员进驻被担保单位工作,被担保单位应提供方便和支持。对异常情况应及时要求被担保单位采取有效措施化解风险。

(六) 保证合同履行控制

保证合同的履行,是指保证合同签订后,单位应被担保单位和受益人要求对保证合同进行修改或应受益人要求履行担保责任，或在担保期满保证合同注销的过程。其具体包括修改、展期、终止、垫款、收回垫付款项等环节。

1. 保证合同的修改

担保期间因主合同条款发生变更，被担保人和受益人需要变更保证合同内容，应按要求办理。经办部门应就保证合同的变更内容进行审查后，形成调查报告，同时要求被担保单位提出修改保证合同的意向文件。经批准后，经办部门再重新与被担保单位签订保证合同。

2. 保证合同的展期

保证合同的展期应视同新担保业务进行处理，须重新签订保证合同。

3. 保证合同的终止和注销。

当出现以下情况时，担保业务经办部门要及时通知被担保单位，保证合同终止：

(1) 担保有效期届满。

(2) 修改保证合同。

(3) 本单位替被担保单位垫付款项。

(4) 被担保单位和受益人要求终止保证合同。

单位已经承担担保责任的，虽然合同已终止，但在垫付款项未获得全部清偿前，经办部门不得注销保证合同，并要向被担保单位和反担保单位发送催收通知书，通知被担保单位还款。

(七) 垫付款项及其催收控制

1. 垫付款项

担保期间，担保业务执行部门收到担保受益人的书面索赔通知后，应核对书面索赔通知是否有有效签字、盖章，索赔是否在担保的有效期内，索赔的金额、索赔证据是否与保证合同的规定一致等内容。核对无误后，经有权签字人同意后对外支付垫付款项。

2. 垫付款项的催收和处理

担保业务经办人员要在垫款当日或第二个工作日内，向被担保单位发出垫款通知书，向反担保单位发送《履行担保责任通知书》，并加强检查的力度，及时、全额收回垫付款项。

【回顾与思考】

企业因担保而垫付的款项，应怎样进行账务处理？

第二节 担保业务内部控制制度建设

企业建立担保业务内部控制制度，应依据《企业内部控制应用指引第 12 号——担保业务》所确立的担保业务控制的内容和要求，结合企业担保业务管理实际，将有关担保业务控制措施以文本的形式具体化、条文化，是内部控制措施在企业担保业务活动中的具体体现。

一、担保业务流程与风险分析

担保业务的控制流程分为两部分：一是担保责任履行前的控制流程，即围绕保证合同订立的控制流程；二是当受益单位要求担保单位履行担保责任时的控制流程。企业担保业务流程如图 8-1 所示。

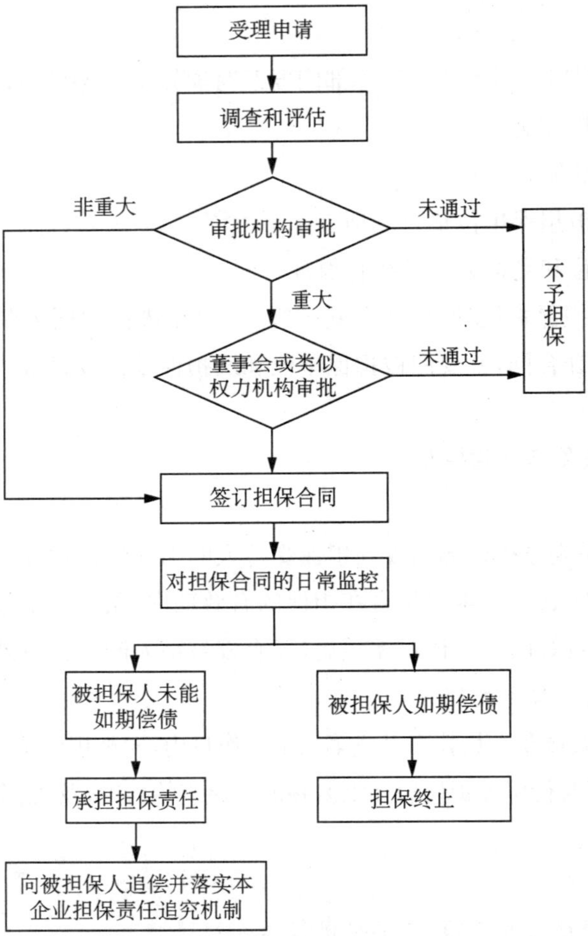

图 8-1　企业担保业务流程图

下面仍以江南公司为例，对公司担保业务流程与风险分析进行展示。

(一) 担保业务管理流程与风险分析

江南公司担保业务管理流程与风险分析如图 8-2 所示。

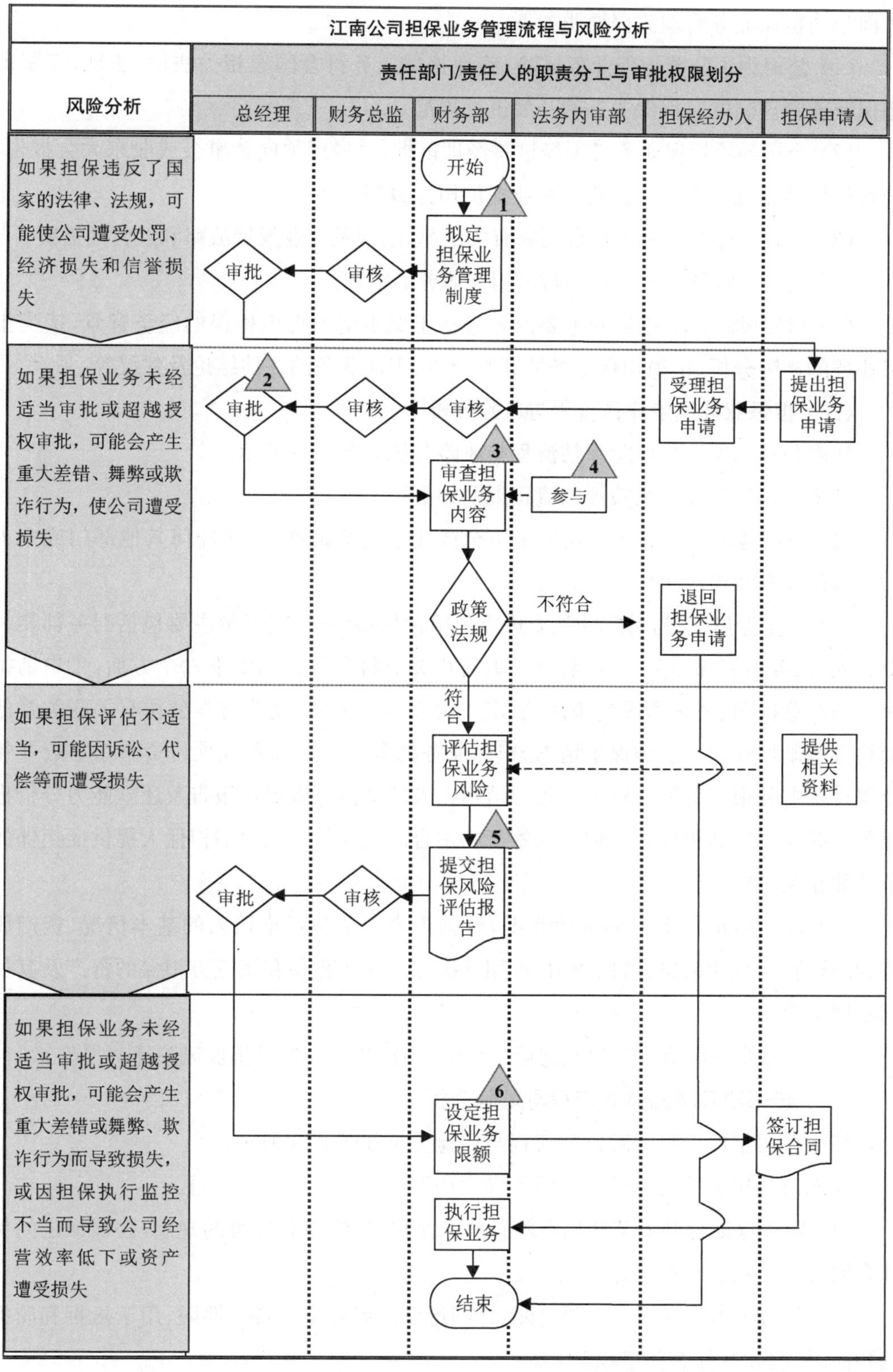

图 8-2　江南公司担保业务管理流程与风险分析

江南公司担保业务管理流程说明如下：

（1）公司为了防范担保业务风险，确保担保业务符合国家相关法律、法规，需制定担保业务管理制度对担保业务的开展进行规范。

（2）公司各项担保业务必须经过总经理审批，总经理须向董事会或股东大会报告，公司任何部门或个人均无权代表企业提供担保服务。

（3）审查担保业务是否符合国家有关法律、法规及企业发展战略和经营的需要。

（4）法务内审部相关人员参与对担保业务的审查。

（5）担保风险评估报告的主要内容包括担保申请人提出担保的经济背景、接受担保业务的利弊分析、拒绝担保业务的利弊分析、担保业务的评估结论及建议等。

（二）担保业务风险评估流程与风险分析

江南公司担保业务风险评估流程与风险分析如图 8-3 所示。

江南公司担保业务风险评估流程说明如下：

（1）公司各项担保业务必须经董事会或股东大会批准，公司任何其他部门或个人均无权代表企业提供担保业务。

（2）对担保风险进行评估时，要成立风险评估小组，小组成员主要包括财务部相关负责人、法务内审部相关人员，需要收集的相关资料主要包括以下六个方面：①申请担保人的营业执照、公司章程复印件、法定代表人身份证明、反映与本公司有关联关系的资料等基础性资料。②担保申请书、担保业务的资金使用计划或项目资料。③近 3 年经审计的财务报告等财务资料。④申请担保人的资信等级评估报告及还款能力分析报告等资料。⑤申请担保人与债权人签订的主合同复印件。⑥申请担保人提供反担保的条件和相关资料。

（3）评估申请担保人的资信状况，评估内容一般包括申请人的基本情况、资产质量、经营情况、行业前景、偿债能力、信用状况以及用于担保和第三方担保的资产及其权利归属情况等。

（4）担保业务风险评估完成之后，由评估小组负责人撰写担保风险评估报告。

（三）担保项目跟踪监督流程与风险分析

江南公司担保项目跟踪监督流程与风险分析如图 8-4 所示。

江南公司担保项目跟踪监督流程说明如下：

（1）防止保证合同中某些项目不符合国家法律、法规和政策的规定，公司拟定的保证合同应首先由公司的法律顾问审核。

（2）公司应当建立担保事项台账，详细记录担保对象、金额、期限、用于抵押和质押的物品、权利和其他有关事项。

（3）担保经办人员负责对担保项目的执行状况进行定期或不定期的跟踪和监督，

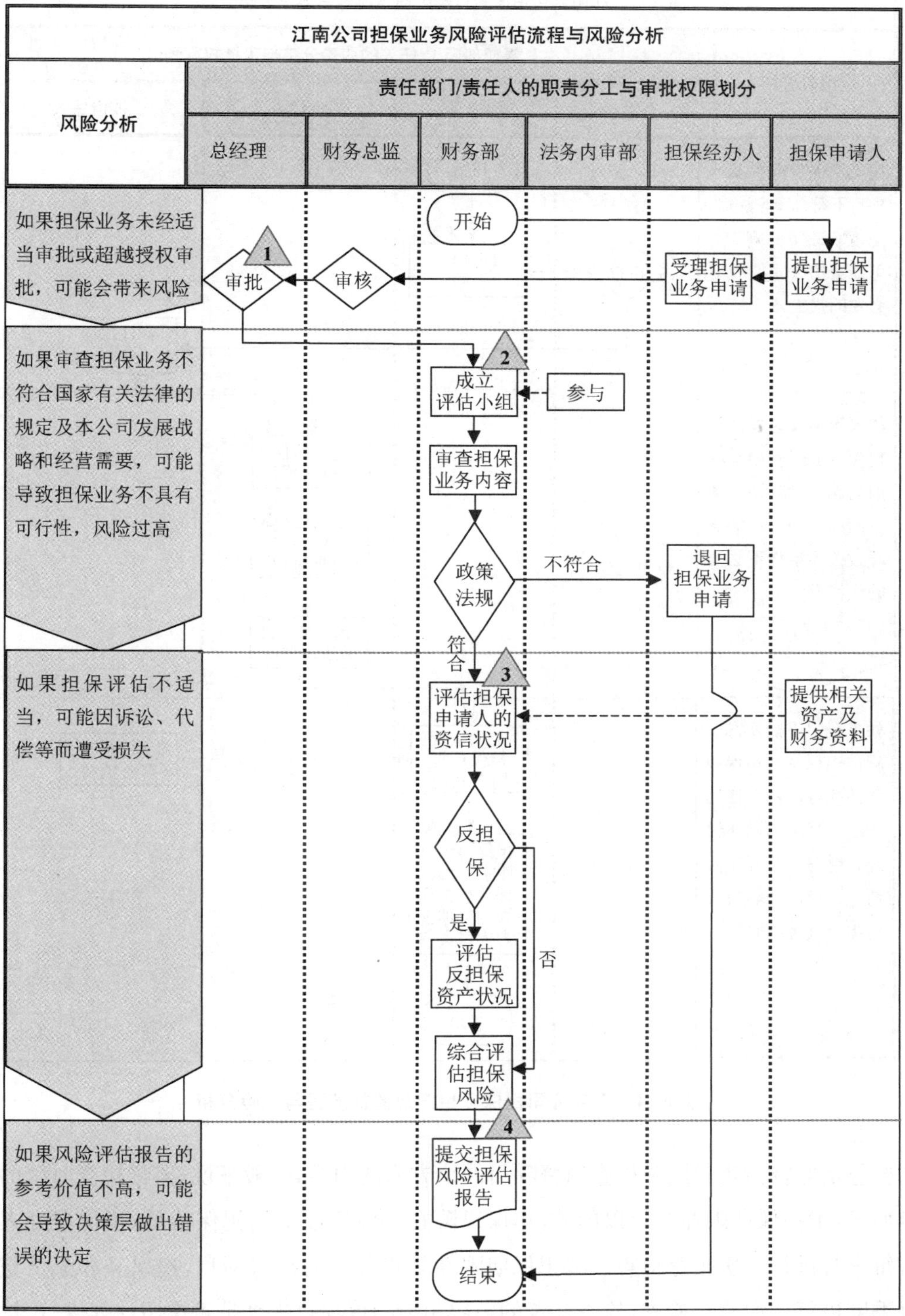

图 8-3　江南公司担保业务风险评估流程与风险分析

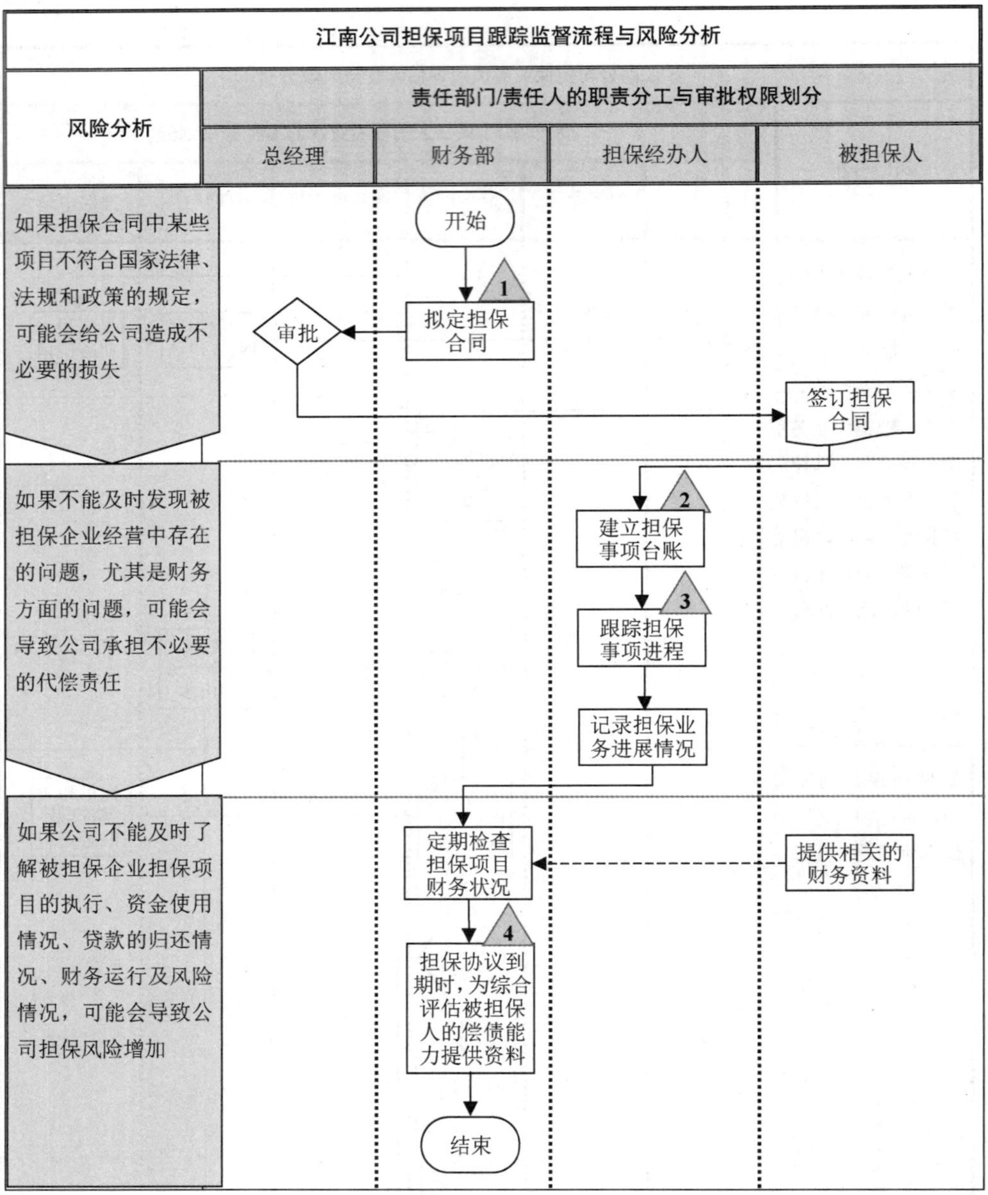

图 8-4　江南公司担保项目跟踪监督流程与风险分析

主要包括监督检查时限和检查监督项目两个方面的内容，一般来说，监督检查时限的规定如下：①担保期限在 2 年以内的，担保风险在关注级以上的担保项目，担保经办人员需每个月进行一次跟踪检查。②担保期限在 2 年以上的担保项目，担保经办人员至少每季度进行一次监督检查，检查监督的内容包括担保项目进度是否按照计划进行、被担保人的经营状况及财务状况是否正常、被担保人的资金是否按照保证合同的规定使用及有无挪用现象、被担保人的资金周转是否正常等。

(4) 保证合同到期时，财务部门要提供有关被担保单位的财务状况的资料。

(四) 担保项目信息披露业务流程与风险分析

江南公司担保项目信息披露业务流程与风险分析如图 8-5 所示。

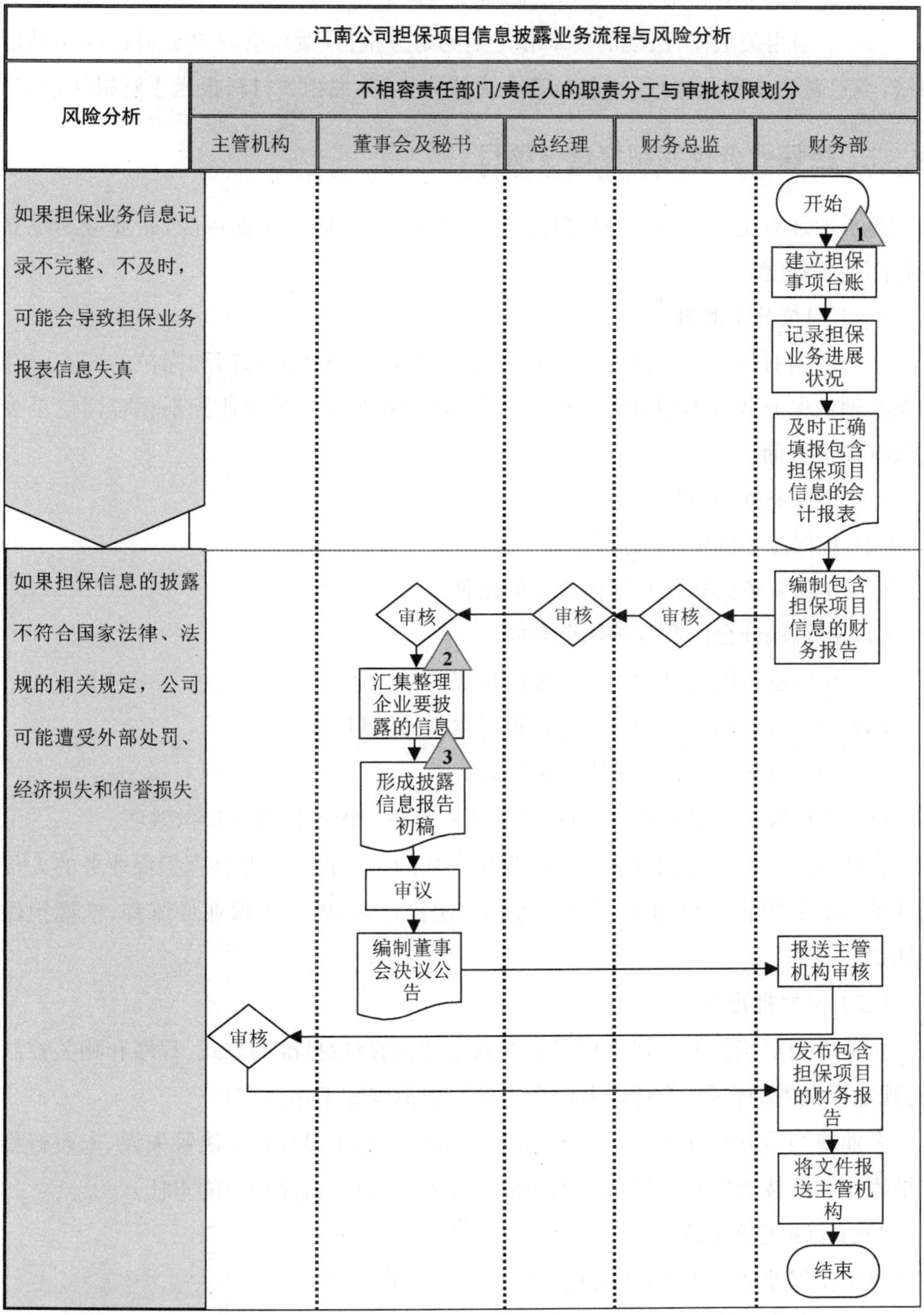

图 8-5 江南公司担保项目信息披露业务流程与风险分析

江南公司担保项目信息披露业务流程说明如下：

(1) 公司应当建立担保事项台账，详细记录担保对象、金额、期限、用于抵押和质押的物品、权利和其他有关事项。

(2) 公司董事会秘书负责整理汇总需要披露的信息。

(3) 根据相关法律、法规的要求和定期的财务报告，董事会秘书编写披露信息报告初稿，经过董事会审议之后，编制董事会决议公告，并把相关材料报送主管机构审核。

二、担保业务控制制度建设项目

为了加强对担保业务的内部控制，规范担保行为，防范担保风险，企业应当建立以下内部控制制度。

(一) 岗位分工制度

企业应当对担保业务建立严格的岗位责任制，明确相关部门和岗位的职责、权限，确保办理担保业务的不相容岗位相互分离、制约和监督。担保业务不相容岗位至少包括以下几个方面：

(1) 担保业务的评估与审批。

(2) 担保业务的审批与执行。

(3) 担保业务的执行和担保业务的监督。

(4) 拟订保证合同和复核保证合同。

(5) 担保业务的记账和担保业务的核实。

(6) 保证合同的订立和担保责任垫付款项的支付。

(7) 担保责任垫付款项的审核和付款。

(8) 审核履行担保责任、支付垫付款项和从被担保单位收回垫付款项。

企业不得由同一部门或个人办理担保业务的全过程。企业办理担保业务的人员应当具备良好的职业道德，了解担保法等相关法律法规，熟悉担保业务流程，掌握担保专业知识。

(二) 授权批准制度

企业应当对担保业务建立授权批准制度，明确授权批准的方式、程序和相关控制措施，规定审批人的权限、责任以及经办人的职责范围和工作要求。

企业应当建立担保业务责任追究制度，对在担保中出现重大决策失误、未履行集体审批程序和不按规定执行担保业务的部门及人员，应当追究相应的责任。

(三) 审批控制制度

对于担保业务的审批，主要包括以下五个审批要点：

(1) 担保业务的受理。

(2) 非经正当审批,不得签订保证合同。

(3) 担保责任、担保标准和担保条件等必须经过审核批准。

(4) 为被担保单位履行债务支付垫付款项必须经过审批。

(5) 企业应当实行集体决策审批制度。

企业向关联方提供担保的,与关联方存在经济利益或近亲属关系的有关人员在审批环节应予回避。

(四) 担保政策制度

为规范担保业务,防范风险,避免和减少因担保可能发生的损失,企业应结合实际情况,制定相应的担保政策,包括担保原则、担保标准和条件等制度,如被担保单位应是经营正常、经济效益较好、财务制度健全、营运资金合理等。

(五) 担保评估制度

企业应当对担保业务进行风险评估,确保担保业务符合国家法律法规和本单位的担保政策,防范担保业务风险。

企业提供担保业务,应当由相关部门或人员对申请担保人是否符合担保政策进行审查。对符合单位担保政策的申请担保人,单位可自行或委托中介机构对其资产质量、偿债能力、财务信用及申请担保事项的合法性进行评估,形成书面评估报告。评估报告应当全面反映评估人员的意见,并经评估人员签章。

企业要求申请担保人提供反担保的,还应对与反担保有关的资产进行评估。被担保人要求变更担保事项的,企业应当重新履行评估与审批程序。

(六) 保证合同制度

企业有关部门或人员应当根据集体审批意见,按规定的程序订立保证合同。订立保证合同前,应当征询法律顾问或专家的意见,确保合同条款符合《民法典》和企业担保政策的规定。企业应当在保证合同到期时全面清理用于担保的财产、权利凭证,按照合同约定及时终止担保关系。

(七) 担保记录制度

充分的凭证和记录是现代企业内部会计控制的重要因素,是记录和反映经济业务的载体,也是其他控制形式的有效保证。企业应当按照国家统一的会计制度关于担保业务的处理规定,对担保业务进行核算和披露。

(八) 担保监测报告制度

企业应当建立担保业务执行情况的监测报告制度,加强对被担保人财务风险及担保事项实施情况的监测,定期形成书面报告,发现异常情况,应及时采取有效措施化解风险。这样有助于了解单位承担的潜在风险,对经营与财务状况恶化的被担保单位及时作出说明,还可以据此检查账簿记录、保证合同条款等并进行恰当的处理。

(九) 反担保制度

企业应当加强对反担保财产的管理，妥善保管被担保人用于反担保的财产和权利凭证，定期核实财产的存续状况和价值，确保反担保财产安全、完整。

(十) 监督检查制度

企业应当建立对担保业务内部控制的监督检查制度，明确监督检查机构或人员的职责权限，定期或不定期地进行检查。监督检查的内容主要包括：担保业务相关岗位及人员的设置情况、授权批准制度的执行情况、担保业务的审批情况、担保业务监测报告制度的落实情况、保证合同到期是否及时办理终结手续。

对监督检查过程中发现的担保业务内部控制中的薄弱环节，负责监督检查的部门应当及时报告，有关部门应当查明原因，采取措施加以纠正和完善。企业监督检查部门应当按照企业内部管理权限报告担保业务内部控制监督检查情况和有关部门的整改情况。

三、担保业务控制制度范例

江南公司担保业务执行管理制度如表 8-1 所示。

表 8-1　　江南公司担保业务执行管理制度

制度名称	担保业务执行管理制度	文件编号	内控 12—003
执行部门	财务部	监督部门	法务内审部

第 1 章　总则

第 1 条　目的。为准确掌握担保业务的进展情况，及时化解担保风险或尽量减少担保风险给企业造成的损失，特制定本制度。

第 2 条　本制度适用于公司的所有担保业务。

第 2 章　建立担保事项台账

第 3 条　担保业务实行过程中，担保经办人负责设置担保业务事项台账，对担保相关事项进行详细全面的记录。

第 4 条　担保业务记录至少包括但不限于以下内容。

1. 被担保人的名称。
2. 担保业务的类型、时间、金额及期限。
3. 用于抵押财产的名称、金额。
4. 保证合同的事项、编号及内容。
5. 反担保事项。
6. 担保事项的变更。
7. 担保信息的披露。

第 3 章　担保业务监督检查

第 5 条　担保经办人员负责对担保项目的执行状况进行定期或不定期的跟踪和监督。

（续表）

<table>
<tr><td colspan="6">
第 6 条　监督检查时限。
1. 担保期限在 2 年以内的，担保风险在关注级以上的担保项目，担保经办人员需每 1 个月进行一次跟踪检查。
2. 担保期限在 2 年以上的担保项目，担保经办人员至少每季度进行一次监督检查。
第 7 条　监督检查项目。
1. 担保项目进度是否按照计划进行。
2. 被担保人的经营状况及财务状况是否正常。
3. 被担保人的资金是否按照担保项目书的规定使用，有无挪用现象等。
4. 被担保人的资金周转是否正常等。
第 8 条　对于在检查中发现的异常情况和问题，应本着“早发现、早预警、早报告”的原则及时上报担保项目负责人，属于重大问题或特殊情况的，应及时向公司管理层或董事会报告。
第 4 章　合同协议管理
第 9 条　担保业务经总经理、董事会或股东大会在权限范围内批准后，应当与被担保人订立书面保证合同或协议。
第 10 条　订立保证合同或协议，企业法律顾问应结合被担保人的资信状况，严格审核各项义务性条款，以保证公司的权益。
第 11 条　合同档案管理人员专门保管保证合同协议、与保证合同协议有关的主合同协议、反保证合同协议等。
第 12 条　合同档案管理人员负责有关担保及反担保财产和权利凭证等原始文件资料的管理。
第 13 条　合同档案管理人员配合财务部担保业务负责人定期核实反担保财产的存续状况和价值，确保反担保财产的安全与完整。
第 14 条　财务部担保业务负责人应当在保证合同到期时全面清理用于担保的财产和权利凭证，按照合同约定及时终止担保关系。
第 5 章　附则
第 15 条　本制度根据国家担保相关法律法规制定，若与国家日后颁布的法律法规及文件相抵触，以国家新颁布的法律法规及文件为准。
第 16 条　本制度自公司董事会审议通过后实施，由财务部负责解释。
</td></tr>
<tr><td>修订日期</td><td>2021.10.20</td><td>审核日期</td><td>2021.10.25</td><td>批准日期</td><td>2021.12.30</td></tr>
</table>

课 后 习 题

一、单选题

1. 在本担保设定后，为了保障担保人在承担担保责任后，其对被担保人的追偿权得以实现而设定的担保是(　　)。

   A. 人的担保　　B. 物的担保　　C. 约定担保　　D. 反担保

2. 下列关于企业的经济活动担保的说法中，正确的是(　　)。

   A. 企业的经济活动担保应由财务和法务部门统一办理

   B. 企业的经济活动担保应由法务部门负责办理

   C. 企业的经济活动担保应由财务部门负责办理

   D. 企业的经济活动担保由董事会决定

3. 下列说法中，正确的是(　　)。

   A. 担保形成了或有负债，需要进行账务处理

   B. 担保形成的或有负债，在期末必须进行账务处理

   C. 担保形成了或有负债，不需要进行账务处理，但需要在年报中说明

   D. 担保形成了或有负债在资产负债表中单独反映

4. 下列说法中，正确的是(　　)。

   A. 保证合同一经签订不能更改

   B. 担保期因主合同条款发生变更，应对保证合同进行修改

   C. 保证合同不允许展期

   D. 保证合同有效期不得超过 3 年

5. 下列说法中，正确的是(　　)。

   A. 担保垫付款在保证合同成立时支付

   B. 担保垫付款在收到担保受益人书面索赔后才能支付

   C. 担保垫付款一经支付就是担保单位的损失

   D. 担保垫付款必须通过银行转账支付

6. 担保企业应当建立(　　)，详细记录担保对象、金额、期限、用于抵押和质押的物品、权利和其他有关事项。

A. 担保事项明细账　　B. 担保事项台账
C. 担保事项登记簿　　D. 担保事项总账

7. 在担保业务管理流程中，提出担保业务申请的是（　　）。
A. 担保人　B. 被担保人　C. 担保受益人　D. 担保经办人

8. 在担保风险评估流程中，应由担保经办人负责的是（　　）。
A. 受理担保业务申请　　B. 审查担保业务内容
C. 评估担保业务申请　　D. 提供被担保单位资料

9. 在担保项目跟踪监督流程中，应由财务部门负责的是（　　）。
A. 建立担保事项台账　　B. 跟踪担保事项流程
C. 记录担保业务进展情况　　D. 定期检查担保项目财务状况

10. 在担保项目信息披露流程中，一般应由董事会及秘书负责的是（　　）。
A. 记录担保业务进展情况　　B. 编制包含担保项目信息的财务报告
C. 汇总整理企业要披露的信息　　D. 发布包含担保项目信息的财务报告

二、多选题

1. 按担保标的分类，担保可以分为（　　）两类。
A. 人的担保　B. 物的担保　C. 法定担保　D. 约定担保

2. 与企业购销等业务相比，担保业务具有（　　）三个特点。
A. 风险性　B. 被动性　C. 主动性　D. 不确定性

3. 担保管控中常见的问题包括（　　）。
A. 缺乏风险意识　　B. 担保评估与评价机制缺失
C. 越权行事　　D. 决策审批与责任制度不健全

4. 担保控制的内容包括（　　）。
A. 担保业务受理控制　　B. 担保前的调查控制
C. 担保业务审批控制　　D. 保证合同签订与履行控制
E. 担保垫付款及其催收控制

5. 保证合同的履行大致可以分为（　　）。
A. 担保期满，担保注销　　B. 担保期未满，担保注销
C. 应受益人要求履行担保责任　　D. 应担保人要求履行担保责任

6. 当出现以下（　　）情况时，保证合同终止。
A. 担保有效期满　　B. 修改担保期合同
C. 担保单位已经履行担保责任　　D. 被担保方和受益方要求终止保证合同

7. 在担保业务管理流程中，一般应由财务部门负责的有（　　）。

A. 拟定担保业务管理制度　　B. 审查担保业务内容
C. 受理担保业务申请　　D. 评估担保业务风险

8. 在担保风险评估流程中，一般应由财务部门负责的有(　　)。
A. 成立评估小组　　B. 审查担保业务内容
C. 评估担保业务申请　　D. 提供被担保单位资料

9. 在担保项目跟踪监督流程中，一般应由担保经办人负责的有(　　)。
A. 建立担保事项台账　　B. 跟踪担保事项流程
C. 记录担保业务进展情况　　D. 定期检查担保项目财务状况

10. 在担保项目信息披露流程中，一般应由财会部门负责的有(　　)。
A. 记录担保业务进展情况　　B. 编制包含担保项目信息的财务报告
C. 汇总整理企业要披露的信息　　D. 发布包含担保项目信息的财务报告

11. 担保业务风险管理目标包括(　　)。
A. 保证担保业务的合法性　　B. 努力降低担保业务的风险
C. 保证担保受益人的利益　　D. 保证被担保人的利益

12. 下列各项中，属于担保业务风险管理制度的有(　　)。
A. 担保评估制度　　B. 保证合同制度
C. 担保记录与监测报告制度　　D. 反担保制度

三、判断题

1. 受理担保业务申请的人员不能同时是负责最后核准担保业务的人员。(　　)
2. 拟订保证合同的人员可以同时担任保证合同的复核工作。(　　)
3. 参与评估工作的人员不得参与担保项目的审批。(　　)
4. 担保项目评估的结论是担保企业决定是否提供对外担保的依据。(　　)
5. 企业的保证合同必须由总经理审批。(　　)
6. 经多方确认不能追回的代偿权，可确认为企业的损失，经批准予以核销。(　　)
7. 担保业务评估与审批必须分离。(　　)
8. 担保业务记录与担保业务执行相分离。(　　)
9. 担保订立与担保责任垫付款的支付可以由财会部门统一办理。(　　)
10. 担保垫付款的支付与记录都是财会部门负责。(　　)
11. 企业法务审计部门在担保业务活动中只参与保证合同的签订。(　　)

四、案例分析题

联合公司的法定代表人蔡某至今仍在为自己的老实受骗而痛苦万分。

“只是履行一下形式而已”，这就是原上海某实业总公司的法定代表人张某给蔡某吃下的“空心汤圆”。张某为了向银行申请贷款，找到了熟人蔡某，提出请联合公司为他们担保，而老实仗义的蔡某爽快地在张某带来的格式保证合同上签字并加盖公章。银行向实业公司发放贷款700万元。张某将这笔钱投进了期货市场，最后全部亏损。无法还钱，张某又向蔡某提出继续担保，蔡某又签下了担保书。银行以借新还旧的方法，重新发放了750万元贷款，将其中的700万元偿还旧贷款。直到贷款期满，张某还是还不了750万元的借款，银行将实业公司和担保方联合公司告上了法院，这时的实业公司已关门，张某也下落不明。因联合公司担保了贷款的归还，法院依法判联合公司对实业公司的750万元借款承担连带清偿责任。联合公司觉得很冤枉，但法律无情。

该案例中体现的担保陷阱让不少“东郭先生”尝尽苦果。案例里除了实业公司为联合公司设下的“骗局”之外，也暴露了联合公司自己的问题。在实业公司的第一笔贷款未能偿还的情况下，联合公司居然还一再为其持续提供担保，这种没有任何控制的担保导致联合公司付出了惨痛的代价。正如《企业内部控制应用指引第12号——担保业务》中规定的一样，在担保申请人出现以下情形之一的，就应该审慎提供担保，甚至拒绝担保，以避免自身利益受到严重损害：①担保项目不符合国家法律法规和本企业担保政策的。②已进入重组、托管、兼并或破产清算程序的。③财务状况恶化、资不抵债、管理混乱、经营风险较大的。④与其他企业存在较大经济纠纷，面临法律诉讼且可能承担较大赔偿责任的。⑤与本企业已经发生过担保纠纷且仍未妥善解决的，或不能及时足额交纳担保费用的。

分析要求：本案中联合公司对实业公司的担保活动存在哪些问题？如何防止掉入担保陷阱？

本章实训——担保业务内部控制制度设计

【实训目标与能力要求】

本实训是培养学生运用所学企业担保业务内部控制知识进行制度建设的能力。其能力要求如下：

(1) 掌握企业担保业务内部控制的内容与制度建设要求。

(2) 能够根据模拟公司担保业务流程并结合公司内部控制环境，进行相关制度设计。

【实训方式】

实训分小组进行，以小组为单位完成相应的实训任务，并形成实训报告，参加讨论与讲评。

【实训考核】

根据各实训小组实训准备、提交成果（实训报告）的质量和小组协作情况进行评分。项目实训成绩按百分制评定。

小组项目实训成绩＝实训准备（满分 10）＋实训成果（满分 80）＋小组协作（满分 10）。

个人项目实训成绩＝小组项目实训成绩×个人贡献系数（个人贡献系数由组长根据其在实训中的贡献大小决定）。

【实训步骤】

(1) 由任课教师引导学生解读实训资料，提示学生应注意的问题，并布置具体实训任务和时间要求。

(2) 各实训小组根据组内分工，查找、收集相关资料，进行初步分析比较。

(3) 小组内对初步分析比较的结果进行讨论、修改，并按照要求形成实训报告（实训报告采用 word 文档，纸张大小设置为 A4，页边距上 2.8 cm，下 2.5 cm，左右各 2.5 cm，行距 1.5 倍，页码格式为阿拉伯数字、居中；总标题小三号、黑体、居中、空一行；一级标题小四号、宋体、加粗；二级标题和其他正文小四号、宋体；图表内文字五号、宋体）。

(4) 实训小组组长将收集的资料和形成的实训成果（电子文档）打包上传，由指导老师组织互评。

(5) 指导老师根据学生实训成果的质量和参与讨论的情况确定实训成绩。

【实训资料】

江北公司作为一家民营企业，常常会有同为民营企业的客户上门请求融资担保。

但由于没有一个完整的担保控制系统，也没有健全的担保业务控制制度，董事长、总经理都曾经私下为其他公司提供过融资担保，使公司几次陷入困境。对此，公司董事会于2021年12月集体讨论决定，从2022年起，任何担保都必须按照如图8-6所示江北公司担保业务流程进行办理。

江北公司其他基础性资料见第一章实训资料。

【实训任务】

如果你是该公司主管会计，请为公司设计以下担保业务控制制度（每个小组完成一项制度设计）。

1. 担保授权审批制度
2. 担保风险评估制度
3. 担保执行管理制度
4. 担保垫付款管理制度

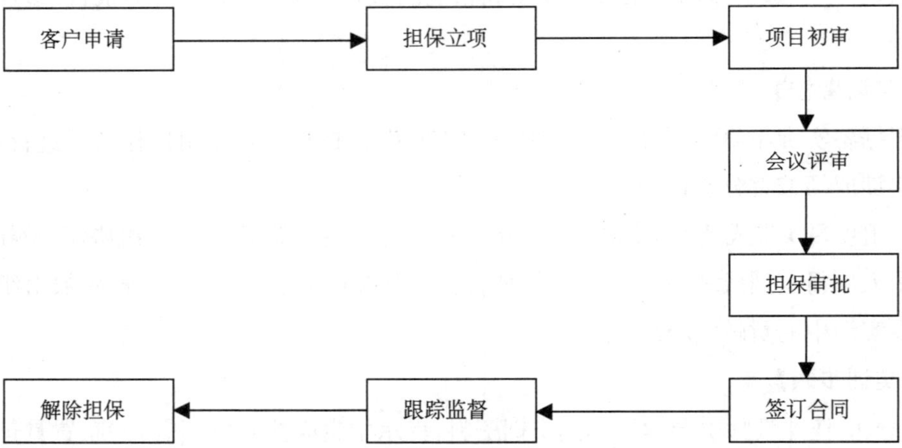

图 8-6　江北公司担保业务流程图

本章结构框架

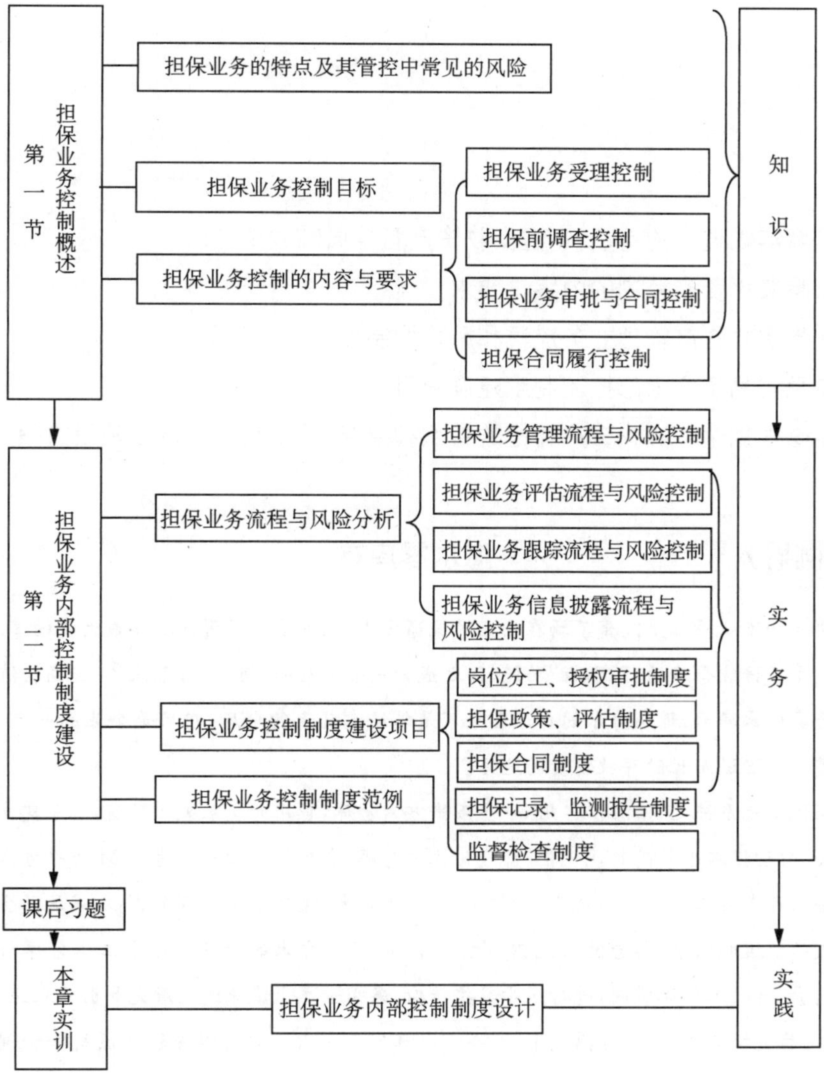
第一节 担保业务控制概述
担保业务的特点及其管控中常见的风险
担保业务控制目标
担保业务控制的内容与要求
担保业务受理控制
担保前调查控制
担保业务审批与合同控制
担保合同履行控制
知识
第二节 担保业务内部控制制度建设
担保业务流程与风险分析
担保业务管理流程与风险控制
担保业务评估流程与风险控制
担保业务跟踪流程与风险控制
担保业务信息披露流程与风险控制
担保业务控制制度建设项目
岗位分工、授权审批制度
担保政策、评估制度
担保合同制度
担保记录、监测报告制度
监督检查制度
担保业务控制制度范例
实务
课后习题
本章实训
担保业务内部控制制度设计
实践

第九章　实物资产管理业务内部控制与制度建设

学习目标

1. 了解实物资产的特点，掌握实物资产管控面临的风险点
2. 熟悉实物资产控制的内容与要求
3. 熟悉实物资产管理业务流程和风险控制点
4. 熟悉实物资产内部控制制度建设项目
5. 能够根据企业实物资产管控的特点和要求，提出相应的制度建设方案

案例导入　　海尔零库存

海尔现代物流从根本上改变了物在企业的流通方式，基本实现了资本效率最大化的零库存。

海尔改变了传统仓库的“蓄水池”功能，使之成为一条流动的“河”。海尔认为，提高物流效率的最大目的就是实现零库存，现在海尔的仓库已经不是传统意义上的仓库，它只是企业的一个配送中心，成了为下道工序配送而暂时存放物资的地方。

建立现代物流系统之前，海尔占用50多万平方米仓库，费用开支很大。目前，海尔建立了两座我国规模最大、自动化水平最高的现代化、智能化立体仓库，仓库使用面积仅有2.54万平方米。其中一座坐落在海尔开发区工业园中的仓库，面积1.92万平方米，设置了1.8万个货位，满足了企业全部原材料和制成品配送的需求，其仓储功能相当于一个30万平方米的仓库。这个立体仓库与海尔的商流、信息流、资金流、工作流联网，进行同步数据传输，采用世界上最先进的激光导引无人运输车系统、机器人技术、巷道堆垛机、通信传感技术等，整个仓库空无一人。自动堆垛机把原材料和制成品举上7层楼高的货位，自动穿梭车则把货位上的货物搬下来一一放在激光导引无人驾驶运输车上，运输车井然有序地按照指令再把货送到机器人面前，机器人叉起托盘，把货物装上外运的载重运输车上，运输车开向出库大门，仓库中物的流动过程结束。整个仓库实现了对物料的统一编码，使用了条形码技术、自动扫描技术和标准化的包装，没有一道环节会使流动的过程梗塞。

海尔的流程再造使原来表现为固态的、静止的、僵硬的业务过程变成了动态的、活跃的和柔性的业务流程。未进行流程再造前的1999年，海尔实现营业收入268亿元，库存资金15亿元，销售资金占用率为5.6%。2000年实现营业收入406亿元，比上年增加了138亿元；库存资金降为7亿元，销售资金占用率为1.72%。2006年海尔的目标是把库存资金降为3个亿，销售资金占用率降到0.5%，

届时海尔将基本实现零库存。海尔所谓的库存物品，实际上成了在物流中流动着的、被不断配送到下一个环节的“物”。

资料来源：百度文库. 海尔现代物流创造的奇迹[EB/OL]. [2014-09-24]. http://wenku.baidu.com/view/3e415953ad02de80d4d8400b.html.

问题探讨：

(1) 如何从源头上避免实物资产的流失？

(2) 加强实物资产内部控制可以防止哪些腐败现象的发生？

第一节 实物资产管理业务控制概述

资产是企业从事生产经营和管理活动的劳动手段和劳动对象，是企业进行生产经营活动的基础。作为实物资产的存货和固定资产，是绝大多数企业不可或缺的一类资产，加上这类资产本身的属性特点，其内部控制与其他资产有所不同。

一、实物资产的特点

(一) 存货资产的特点

存货是企业在日常活动中持有以备出售的产成品或商品、处在生产过程中的在产品，以及在生产过程或提供劳务过程中耗用的材料和物料等。企业为了保证生产经营活动的连续进行，必须不断购入、耗用、销售存货。因此，存货总是处在不断流转过程之中，具有以下特点：

1. 在流动资产中所占比重较大

存货的这一特点，使得存货计价正确与否、存货资金占用量高低、存货采购是否符合企业的实际需要等，对企业的财务状况均有较大影响，如流动比率、存货周转期等，从而影响人们对单位偿债能力和资产运转情况的整体评价。

2. 存货的种类、数量繁多，存放分散

存货的这一特点，导致存货盘点比较困难、会计记录工作量大，容易发生记账错误。存货实物容易发生损坏、变质、短缺、被盗等情况。

3. 存货的计价方法较多

企业存货的日常核算分为按实际成本计价核算和按计划成本计价核算，企业可根据管理需要对存货采取不同的计价核算方式。当采用实际成本计价核算时，存货发出的核算方法又分为先进先出法、加权平均法和个别计价法等。不同的计价方法使存货的会计处理变得复杂。

4. 对净收益影响较大

按照收入与成本费用配比要求，对已销售存货在确认收入实现的同时，企业应按存货实际成本结转确认销售成本。存货实际成本同销售成本的依存关系，决定了存货价值计量的重要性，存货价值计量的准确与否会直接影响企业当期的净收益。

（二）固定资产的特点

固定资产是企业创造财富不可或缺的手段，是企业生产经营的主要劳动资料，具有以下特点：

1. 使用期限长，维修费用高

固定资产在较长时间内以其实物形态多次反复参加生产经营活动，对固定资产应有定期的盘查制度，以确定其所处的状态。同时，为了保持固定资产可使用的良好状态，企业必须建立一套维修保养制度，对固定资产进行适时维修或改良。固定资产维修与改良费用一般较高，开支是否合理将直接影响资产的使用成本。

2. 价值随其损耗逐渐转移到产品或劳务成本之中

固定资产的这一特点，使得计提折旧是否合理、计算是否正确，在很大程度上影响企业的营业成本与费用，影响资产的净值。固定资产使用年限、残值、有形损耗、无形损耗等折旧因素难以精确估计，受人为因素的影响较大，需要有良好的控制制度和精确的基本数据，以防止估计情况与实际使用情况偏离过大，或者人为的错误估计行为的发生。

二、实物资产管控中的主要风险

企业实物资产管理涉及取得、使用、处置和期末计价等多个环节，与采购部门、物资及设备管理部门、生产部门和财会部门等多个部门的业务活动相关，因此，对实物资产管理的业务流程、职责划分、权限范围和审批程序应进行明确规范，部门设置和人员配备应当科学合理，资产核算应当真实准确。实物资产管控主要有以下风险：

（1）由于采购决策失误或未经适当授权审批或越权审批，可能产生重大差错及舞弊、欺诈行为，可能造成企业资产损失或浪费。

（2）由于采购、验收、使用、保管等业务部门和岗位分工不符合不相容职务相分离要求，职责不清、责任不明，可能发生舞弊行为而造成损失。

（3）由于资产验收与核算不合法、不真实、不完整，可能导致企业资产账实不符或资产损失。

（4）由于保管不善，盘点不及时、不规范，可能导致资产损坏、流失、账实不符等。

（5）由于资产处置不规范、不合理，可能造成资产损失、资源浪费以及舞弊行为的发生。

(6) 由于固定资产更新改造不够、使用效能低下、维护不当、产能过剩，可能导致企业缺乏竞争力、资产价值贬损、安全事故频发或资源浪费。

三、实物资产管理业务控制目标

实物资产在形态、功能作用、计价方法等方面与货币资金、无形资产和其他资产均存在较为显著的差异。实物资产本身所具有的特点，决定了其内部控制应实现的基本目标，包括：一是明确由谁负责保管和使用，确保实物资产安全完整；二是确定存货与固定资产的产权归属和保值、增值。企业应建立实物资产管理岗位责任制度，对实物资产购买、验收入库、使用、发出、盘点、保管和处置等关键环节进行有效控制，防止各种实物资产被盗、毁损和流失。

(一) 保证资产取得的合理性

取得资产一般会发生资金流出，影响企业的资金流量和经济效益，因此取得资产是单位进行资产控制的第一步。企业无论从什么渠道、采取什么方式取得资产，其决策必须做到经济合理，对取得的资产必须进行成本核算。

(二) 保证资产计价的准确性

资产控制的一个重要目标，就是确保各项资产价值准确无误，并在确保资产计价准确的基础上，对物价的变动、资产变现的强弱，以及可收回金额等予以密切关注，及时记录并做好相应的会计处理。

(三) 明确资产的产权归属

资产要素是指企业过去的交易或者事项形成的、由企业拥有或者控制的、预期会给企业带来经济利益的资源。需要注意的是，在盘存日，法定所有权属于企业的一切物品，不论其存放在何处，都应作为企业的存货，在资产负债表中反映。对于融资租赁固定资产，按照实质重于形式原则应视同本企业资产，也应在资产负债表中反映。

(四) 保证资产价值计量的合理性，金额计算的正确性

资产的价值将随其使用和市场变化情况而发生变化。固定资产折旧和减值准备的计提、无形资产摊销和减值准备的计提、包装物和低值易耗品的摊销、存货减值准备的计提等，都是资产价值转移和价值变动的会计核算形式。但是，计提或摊销方式、方法的选择确定带有一定的主观性，其合理性与相关人员的职业水准有关。因此，必须配备合格的会计人员。

四、实物资产管理业务控制的内容与要求

企业实物资产控制的内容主要包括资产的取得、使用、处置和期末计价控制，控制的重点是资产的购入、使用和退出。

(一) 存货控制

存货内部控制是企业整个内部控制中的重点内容和中心环节，与存货相关的内部控制涉及供、产、销各个环节。存货业务控制可细分为购入前控制、购入和使用控制、存货退出企业的控制、存货期末计价控制四个方面。企业存货业务流程、主要业务和参与部门如表 9-1 所示。

表 9-1　　企业存货的业务流程和参与部门

流程名称	主要业务	参与部门
存货增加方案	采购预算、资金规划	财会、生产、董事会、采购
存货的取得	采购入库、产品完工验收	采购、仓储、财会
存货的发出	生产领用、管理领用	生产、销售、仓储、财会
存货期末计价	计提跌价准备	财会、仓储
存货的退出	销售出货、盘点、清查	财会、仓储、销售、生产

1. 购入前的控制

(1) 预算控制。预算控制是对存货的购入种类、数量、质量、价格和绩效的计划控制。预算控制能够使企业有限的资源达到最佳的配置，是开展存货管控的前提和基础。

(2) 生产趋势分析控制。存货的重要用途是满足生产的需要，企业在采购存货之前，应该根据企业存货使用的历史资料和市场因素，分析在相连的经营期内产品生产的变动程度，相应调整存货购买的有关决策。在制定和调整生产预算的过程中，生产、财务、销售和仓储保管等部门应该协同工作，其关系如图 9-1 所示。

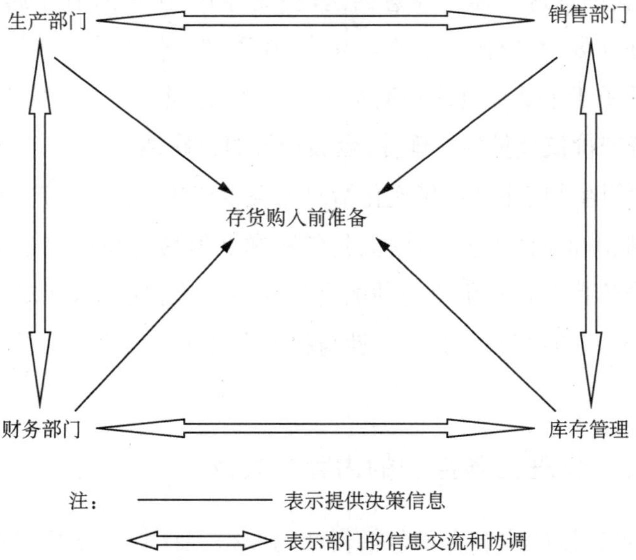

图 9-1　生产、财务、销售和仓储保管等部门关系图

2. 存货购入和保管的控制

(1) 结算环节控制。无论是通过哪种方式取得的存货都应该对结算环节进行控制,包括银行存款、现金支付控制和非货币的单据控制。通过结算环节的内部控制,能够降低支付风险、正确确认和计量存货成本。

(2) 验收环节控制。无论通过哪种方式取得的存货都应该对验收环节进行控制,包括存货验收部门和人员、存货实物数量和质量、验收单据填制和传递等内容。

(3) 存货保管环节控制。存货保管控制主要对存货的安全和存货储存、使用效率进行控制,包括存货的授权使用、库存成本控制、限制接近、安全存放、抽检和仓库管理人员牵制等内容。

【回顾与思考】

在存货购入结算和入库环节,不同计价方式下会计处理有何不同?

3. 存货退出企业的控制

(1) 存货损坏的控制。对于存货损坏应要求仓库记录人员及时填制毁损清单,存货管理人员根据清单对存货经过的业务环节进行检查,找到存货毁损的原因和有关责任人,无法明确责任时按照有关规定处理。

(2) 存货丢失的控制。对于存货丢失仓库人员应该及时登记存货丢失的有关记录,并与涉及的部门和人员进行核对,查明丢失的原因,按照规定进行处理。

(3) 存货盘点的控制。仓库部门和财会部门应该定期或不定期对重要的存货进行清点,清点频率和清点品种的确定要符合成本效益原则,清点之后要填制存货盘点报告以备查,对于出现的盘亏或盘盈应及时处理,做到账实相符。

【回顾与思考】

在存货退出企业的几种情形中,会计部门分别需要作何账务处理?

4. 存货期末计价的控制

在期末,存货核算人员,应当按照我国《企业会计准则》规定,对期末存货减值现象进行判断确认,正确计算可变现净值,将存货跌价准备及时计入当期损益,防范可能出现的风险。

(二) 固定资产控制

固定资产控制的内容与其业务流程紧密相关,固定资产管理业务流程分为增加、使用和处置三个基本阶段,每个阶段具有相应的更细化的业务活动,这些活动决定了固定资产控制的主要内容，包括固定资产增加控制、固定资产使用控制和固定资产处置控制三方面。企业固定资产管理流程、主要业务及参与部门如表 9-2 所示。

表 9-2　　企业固定资产的业务流程和参与部门

流程名称	主要业务	参与部门
固定资产增加方案	采购预算、资本投资规划	财会、生产、董事会、采购
固定资产的取得	采购入库、构建、验收	采购、资产管理、财会
固定资产的使用和维护	日常维护、大修、处置	生产、财会、修理
固定资产折旧计提	确定折旧年限、残值、折旧方法，计算折旧	财会、资产管理
固定资产的退出	盘点、清查、计提减值准备	财会、生产、资产管理、销售

1. 固定资产增加的控制

(1) 预算控制。企业必须对固定资产的增加进行预算管理。具体包括固定资产的需求计划的提出、投资风险与效益分析、预算方案的编制和形成等内容。

(2) 固定资产增加方式的控制。企业固定资产的增加方式有外购、自行建造和融资租入等，不同的增加方式有不同的控制内容，主要分为购买资金的使用、自行研发的设计方案、自行建造的质量和融资租赁的租赁成本控制。

(3) 固定资产进入企业后的控制。验收、财产保险、入库管理等内容是固定资产增加控制的最后环节，对于需要安装的固定资产在完成安装后才能进入企业。

【回顾与思考】

在固定资产增加过程中，不同增加方式下会计处理有何不同？

2. 固定资产使用的控制

(1) 固定资产移送的控制。对于公用的固定资产，各部门具体使用时就会出现固定资产移送的情况，需要通过对固定资产的使用申请、调度、移交、转移记录等进行控制。

(2) 固定资产使用的记录控制。企业固定资产的使用记录主要有转移记录、使用情况登记表、固定资产卡片等。

(3) 固定资产计提折旧的控制。具体控制内容包括确定计提折旧的年限和方法、折旧计提方法和固定资产使用寿命的调整等内容。

(4) 固定资产期末计价的控制。固定资产期末计价控制的具体内容包括企业固定资产减值准备计提方法、计提标准的确定和计提金额的记录等。

(5) 固定资产保管的控制。企业资产管理部门应该按照固定资产的类别或者使用部门进行集中保管,建立固定资产的记录索引系统,具体包括固定资产编号管理、固定资产保管责任制等内容。

(6) 固定资产修理和维护的控制。固定资产的修理既要发生成本,又面临着一定的修理风险,财会部门要对有关的经济活动内容进行会计记录控制,生产部门要对修理的结果进行质量控制,这些都是重要的控制内容。

【回顾与思考】

在固定资产使用过程中,都需要作哪些会计处理?

3. 固定资产处置的控制

固定资产处置的控制是对固定资产退出企业经营活动过程的控制。企业固定资产处置方式包括报废、毁损、盘亏、出售转让、投资、捐赠等 6 种,固定资产的处置关系到企业正常生产活动的顺利进行,特别是非正常的处置很可能导致固定资产的投资成本无法弥补,因此企业资产管理部门应该对固定资产的处置过程进行控制。

【回顾与思考】

在固定资产处置过程中,不同处置方式下会计处理有何不同?

第二节 实物资产管理内部控制制度建设

建立资产控制制度,应依据《企业内部控制应用指引第 8 号——资产管理》所确立的资产控制内容和要求,结合企业实物资产管理实际,将有关资产控制措施以文本的形式具体化、条文化,是内部控制措施在企业资产增减存业务管控活动中的具体体现。

一、实物资产管理业务流程与风险分析

实物资产管理的业务流程与风险控制主要体现了资产的运动过程,控制的目的在于保证资产的安全完整和有效使用。

(一) 存货管理业务流程与风险分析

企业的存货管理业务从外购物资验收开始,经库存保管、发出、生产加工、产成品入库、产成品库存保管、到产品销售出库等环节完成一个物流过程,存货管理业务的内部

控制就是对业务流程中各环节可能出现的风险进行分析，并结合生产经营管理的实际情况，采取相应的措施进行控制。一般生产企业物流流程如图 9-2 所示。

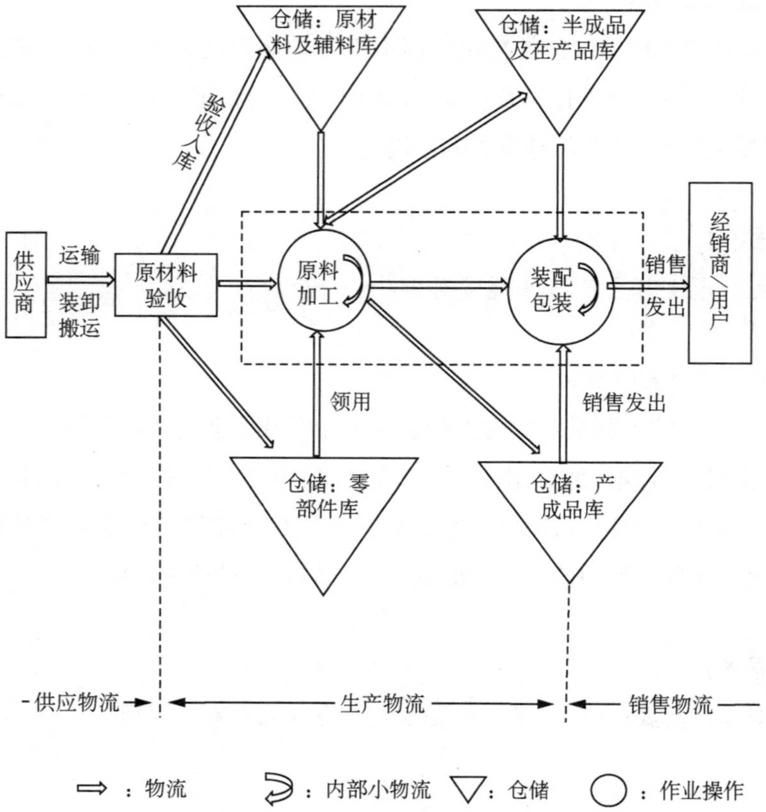

图 9-2　生产型企业物流流程图

下面以江南公司为例，对公司存货采购计划、存货采购管理、供应商评选、外购存货验收、外购存货存放管理流程与风险分析进行展示。

1. *存货采购计划业务流程与风险分析*

江南公司存货采购计划业务流程与风险分析如图 9-3 所示。

江南公司存货采购计划业务流程说明如下：

（1）采购部应当根据仓储计划、资金筹措计划、生产计划、销售计划等制订采购计划，对存货的采购实行预算管理，合理确定材料、在产品、产成品等存货的比例。

（2）仓储部部长应按照存货采购计划，组织仓储统计员严格执行。

（3）仓储统计员应逐日根据各种材料的采购间隔期和当日材料的库存量分析确定应采购的日期和数量，或者通过计算机管理系统重新预测材料需要量以及重新计算安全存货水平和经济采购批量，据此提出存货采购申请。

（4）仓储统计员根据生产实际情况以及仓储情况填写“存货采购申请单”。计划

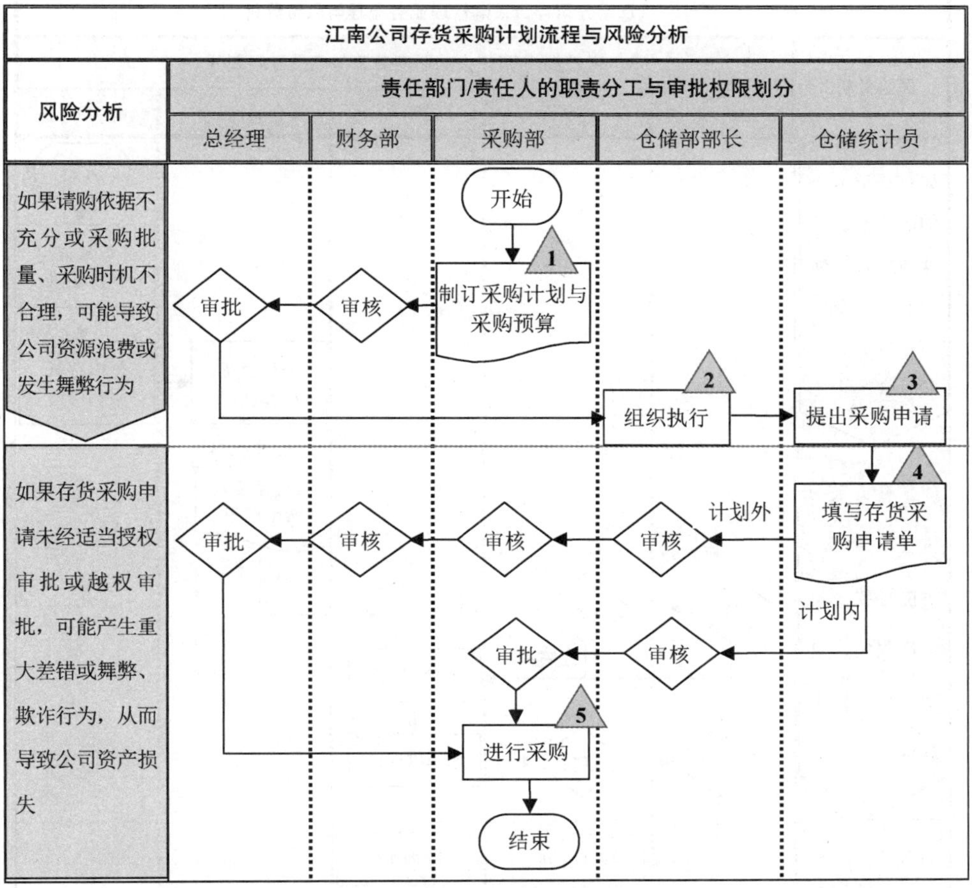

图 9-3　江南公司存货采购计划流程与风险分析

内存货采购申请单，需经仓储部部长审核、采购部部长审批后采购。计划外存货采购申请单，需经仓储部部长审核签字确认后，交采购部和财务部审核、总经理审批后实施采购。

(5) 采购部按照公司相关规定及时进行存货采购。

2. *存货采购管理业务流程与风险分析*

江南公司存货采购管理业务流程与风险分析如图 9-4 所示。

江南公司存货采购管理业务流程说明如下：

(1) 请购部门根据实际生产情况，及时提交存货采购申请。

(2) 仓储部通过计算机管理系统重新预测材料需要量以及重新计算安全存货水平和经济采购批量，填写存货采购申请单。

(3) 采购员通过询价、比价，选择供应商，提交采购部经理审核后再由总经理审批。

(4) 采购部部长在总经理授权下，与供应商签订采购合同。

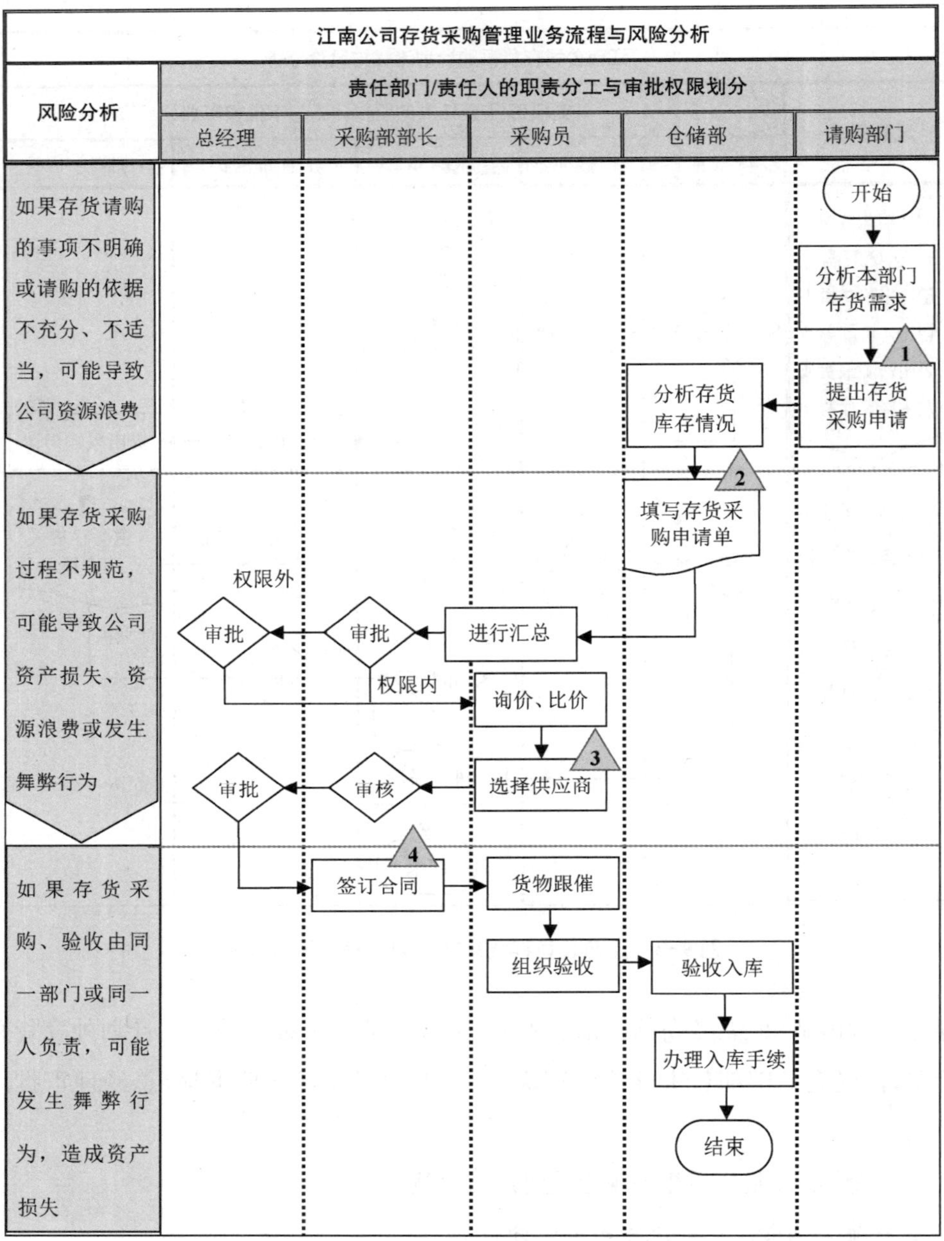

图 9-4　江南公司存货采购管理业务流程与风险分析

3. 外购存货验收业务流程与风险分析

江南公司外购存货验收业务流程与风险分析如图 9-5 所示。

江南公司外购存货验收业务流程说明如下：

（1）采购员接到货物后，按照采购订单上的内容一一进行核对。核对完毕后，清点货物的数量，数量无误后通知质检部门进行质量检验。

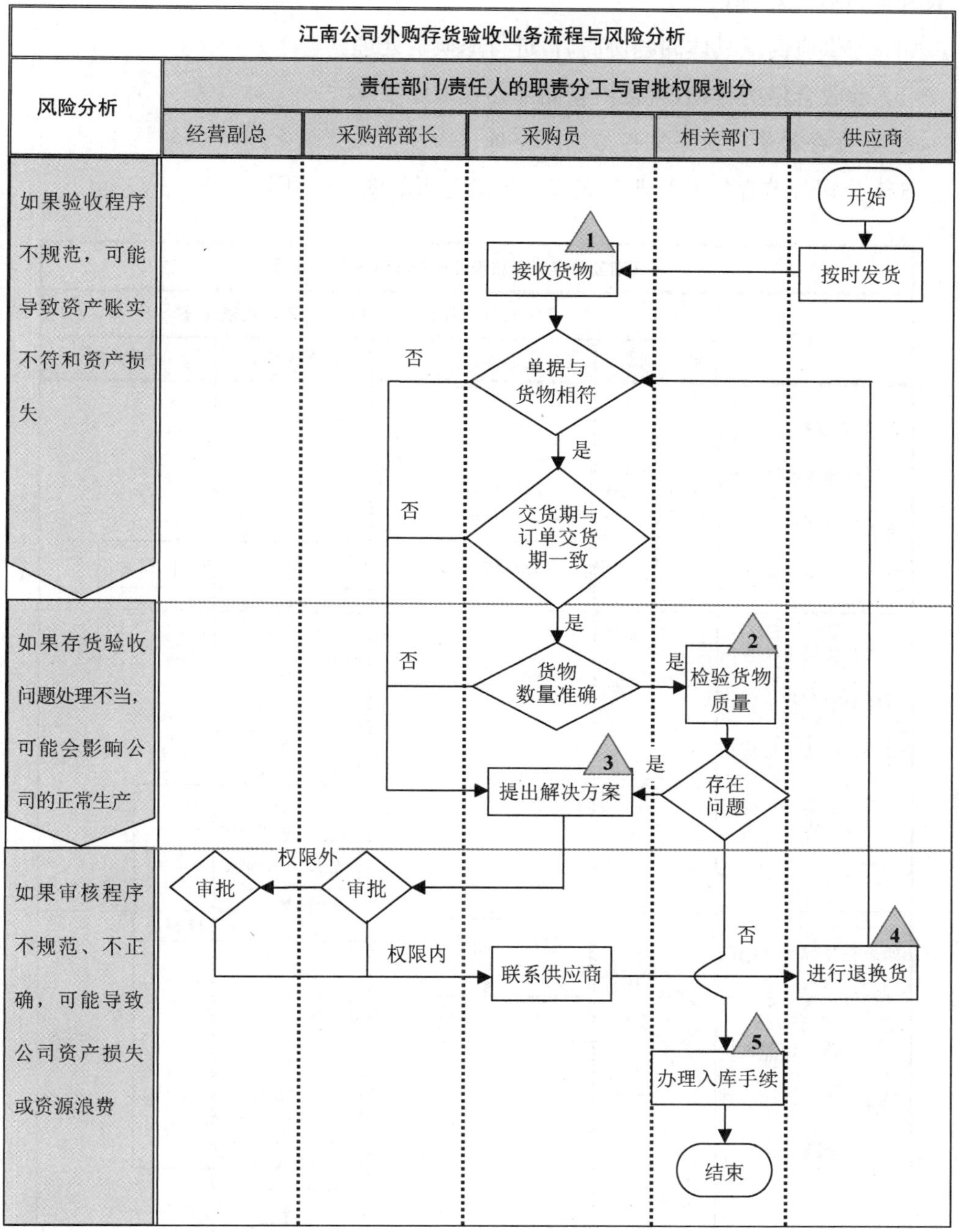

图 9-5　江南公司外购存货验收业务流程与风险分析

（2）质检部门根据存货验收管理，参照货物的实际特点，进行质量检验。

（3）质检部门出具质量检验报告，货物存在质量问题的，采购员根据公司规定及货物的实际情况提出具体的解决方案，根据审批权限提交采购部部长或经营副总经理审批。采购员在清点核对货物时出现问题，应提出具体解决方案，根据审批权限报采购部部长和经营副总经理审批。

(4) 与供应商就具体问题协商后，进行退换货处理。

(5) 验收合格的货物，直接由仓储部办理入库手续。

4. 存货存放管理业务流程与风险分析

江南公司外购存货验收业务流程与风险分析如图 9-6 所示。

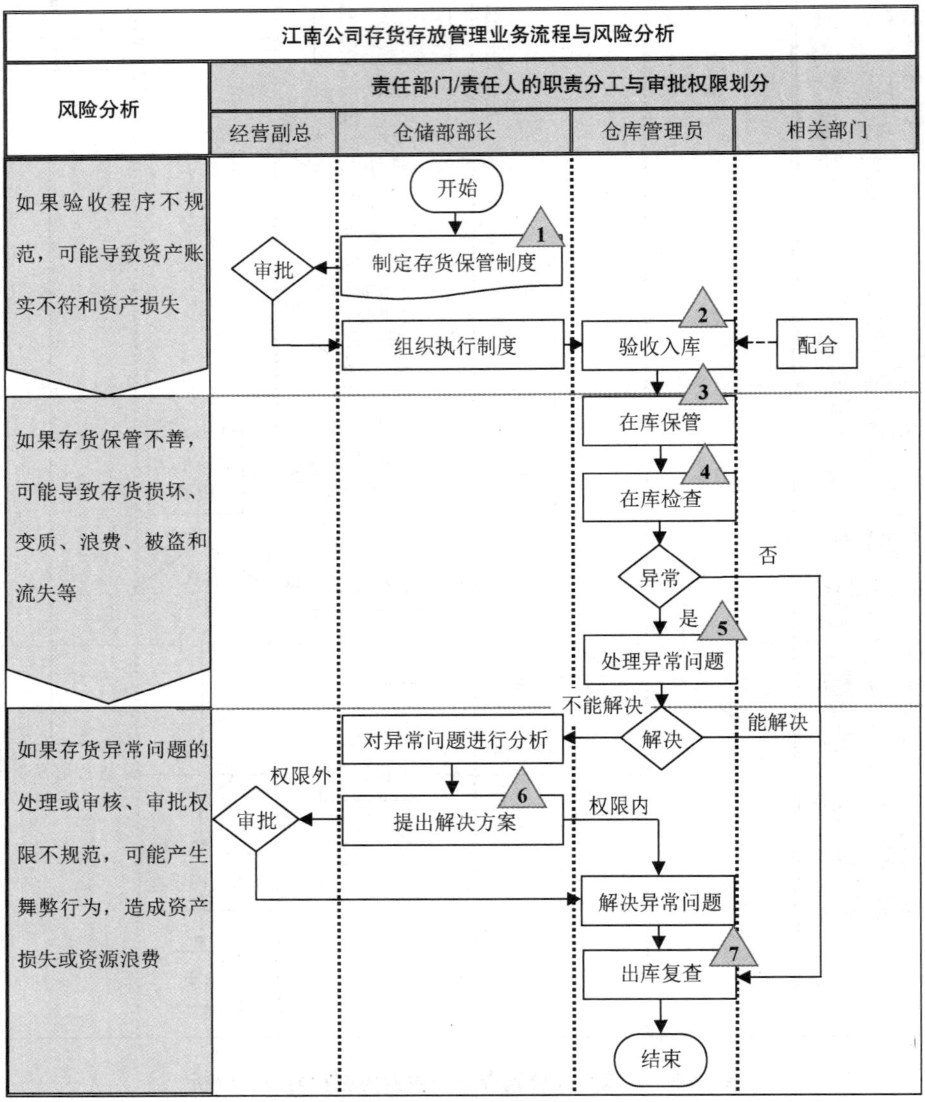

图 9-6　江南公司存货存放管理业务流程与风险分析

江南公司存货存放管理业务流程说明如下：

(1) 仓储部部长制定存货保管制度，报请经营副总经理审批后执行。

(2) 仓库管理员在质检部的协助下，对存货进行验收入库，根据存货的属性、包装、尺寸等的不同安排存放场所，并对入库的存货建立存货明细账，详细登记存货类别、编号、名称、规格型号、数量、计量单位等内容，并定期与财务部就存货品种、数量、金额等进行核对。

(3) 仓库管理员对存货进行在库保管，具体包括控制仓库温湿度、防霉防腐、防锈、防虫害、安全、卫生管理等内容。

(4) 仓库管理员要定期或不定期做好存货的在库检查工作。

(5) 仓库管理员在存货在库检查中发现异常情况应及时处理，对不能解决的问题要及时报请仓储部部长进行处理。

(6) 仓储部部长根据分析结果提出解决方案，在权限范围内的直接交由仓库管理员进行处理，需经营副总经理审批的方案，审批后交仓库管理员处理。

(7) 根据分析结果，调整库存盈亏处理，填写“库存调整表”交经营副总经理审批。

(二) 固定资产管理业务流程与风险分析

企业的固定资产管理业务流程从制定发展规划开始，包括固定资产投资预算、购进或建造、验收、投保、日常维护、改造、清查盘点、退出等环节，固定资产业务的内部控制就是对业务流程中各环节可能出现的风险进行分析，并结合生产经营管理的实际情况，采取不同的措施进行控制。企业固定资产管理基本业务流程如图 9-7 所示。

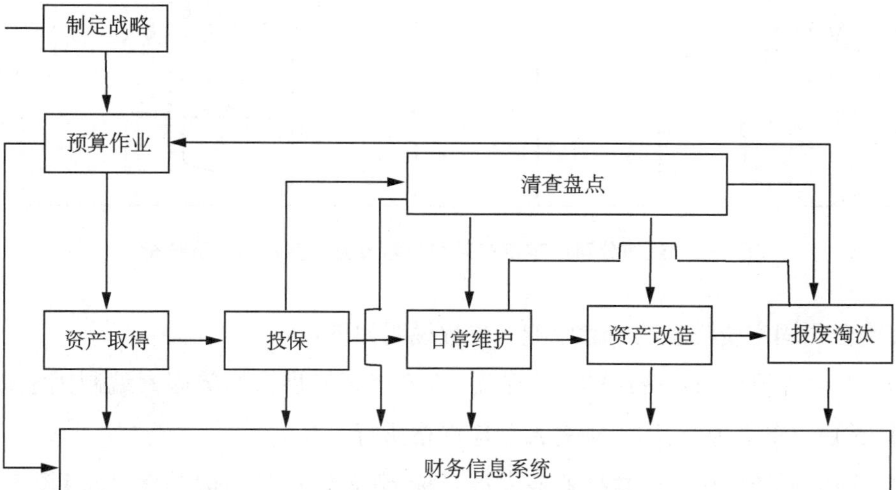

图 9-7 固定资产基本业务流程图

下面仍以江南公司为例，对公司固定资产采购与验收、固定资产使用、固定资产清查、固定资产维护和固定资产处置流程与风险分析进行展示。

1. 固定资产采购与验收业务流程与风险分析

江南公司固定资产采购与验收业务流程与风险分析如图 9-8 所示。

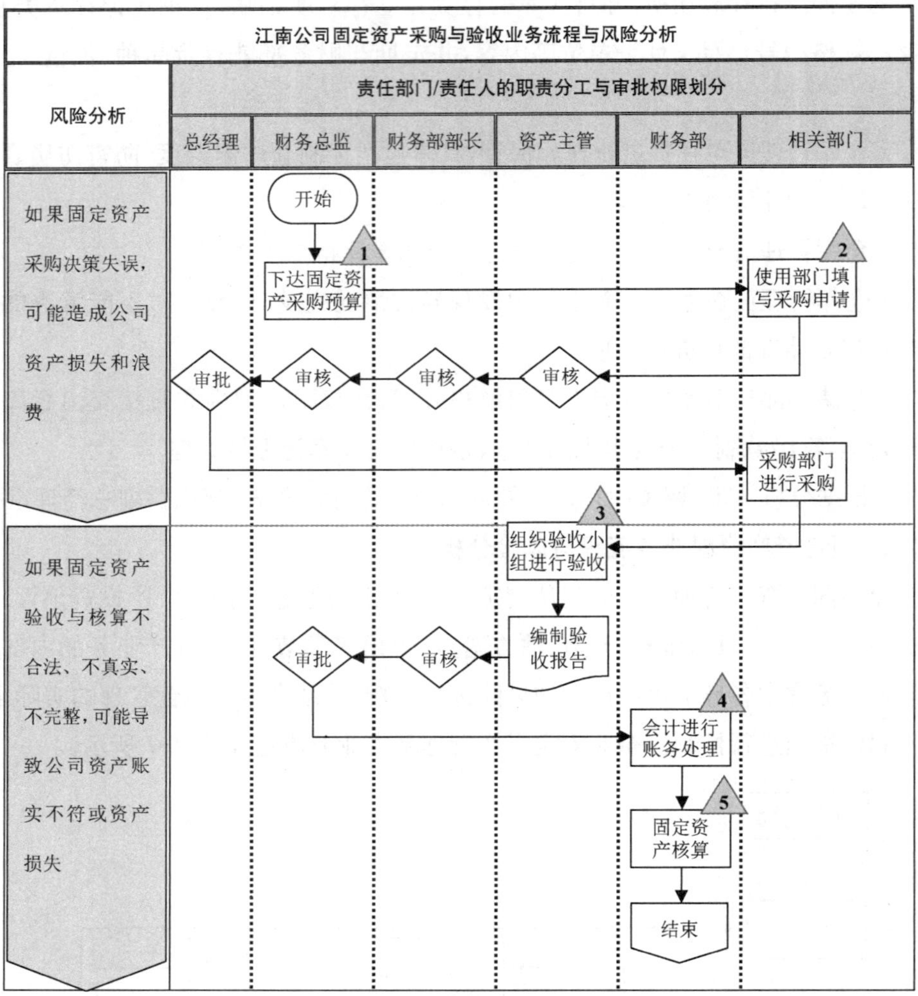

图 9-8　江南公司固定资产采购与验收业务流程与风险分析

江南公司固定资产采购与验收业务流程说明如下：

(1) 企业应根据固定资产的使用情况、生产经营发展目标等因素编制固定资产采购预算，并由财务总监下达，企业各部门应严格执行。

(2) 固定资产使用部门根据业务发展目标、固定资产的新旧程度、使用频率、废品率等因素提出固定资产采购申请。

(3) 仓储部部长组织相关人员组成固定资产验收小组，对采购的固定资产进行验收，验收主要考察外包装、规格、型号、配置、数量和资料六个方面。

(4) 财务部会计应根据固定资产的取得方式确定固定资产成本的构成，并进行相应的账务处理。

(5) 固定资产核算包括固定资产折旧核算和固定资产后续支出核算。

2. 固定资产使用、清查、维护和处置业务流程与风险分析

江南公司固定资产使用、清查、维护和处置业务流程与风险分析如图 9-9 所示。

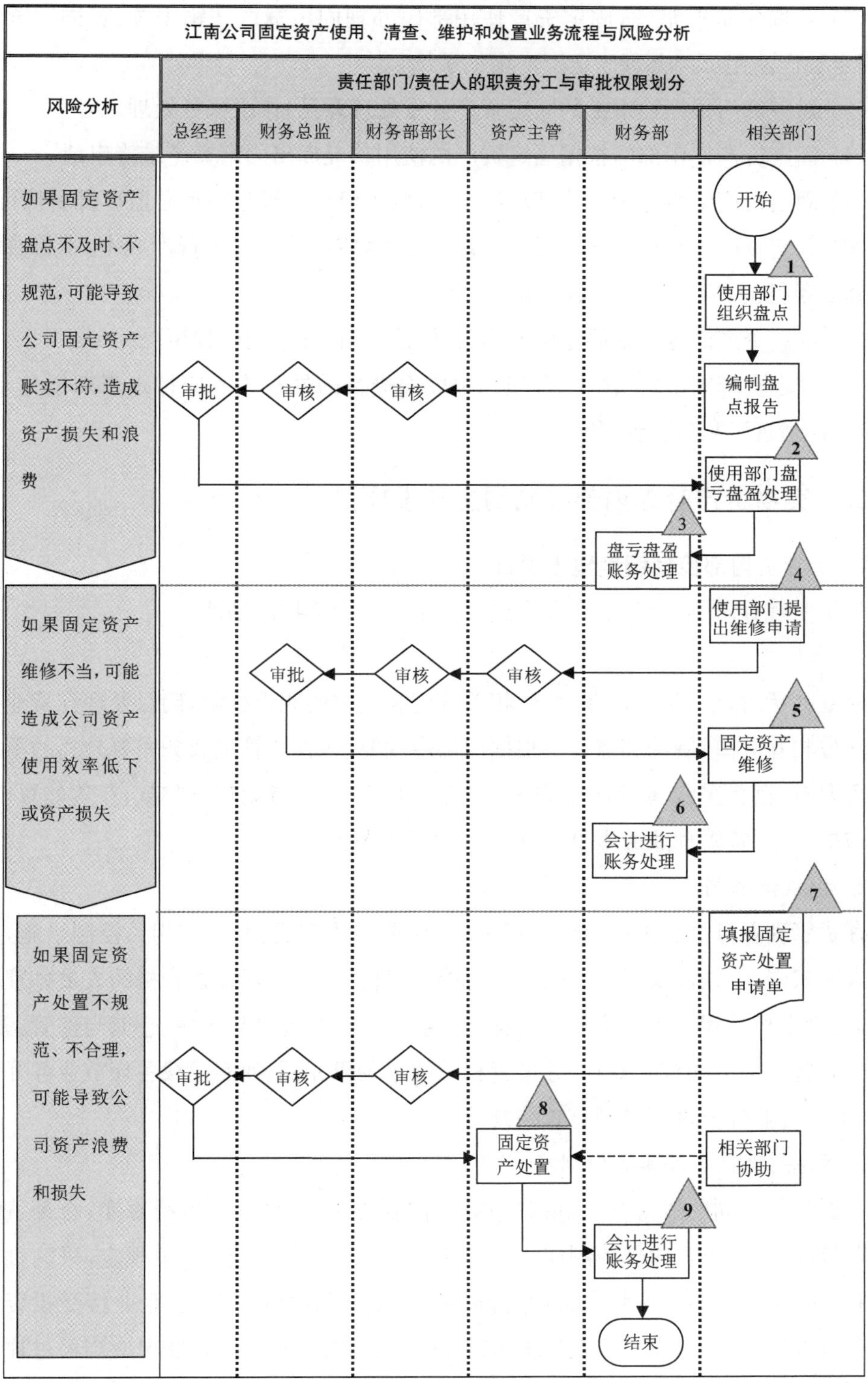

图 9-9 江南公司固定资产使用、清查、维护和处置业务流程与风险分析

江南公司固定资产使用、清查、维护和处置业务流程说明如下：

(1) 固定资产使用部门制订固定资产盘点计划并进行盘点。

(2) 若固定资产盘亏，固定资产使用部门办理固定资产注销手续；若固定资产盘盈，固定资产使用部门办理固定资产增加手续。

(3) 财务部门根据经审批的固定资产盈亏处理意见，作出账务处理。

(4) 固定资产使用部门根据固定资产的使用状况提出固定资产维修申请。

(5) 固定资产维修分为大修理和经常修理，大修理应经过财务总监审批后执行。

(6) 固定资产维修符合固定资产确认条件的，应当计入固定资产成本；不符合固定资产确认条件的，应当计入当期损益。

(7) 固定资产处置包括固定资产出售、转让、毁损和报废四种情况。

(8) 固定资产因出售、转让、毁损和报废而进行的处置收入应计入当期损益，通过“固定资产清理”科目进行核算。

二、实物资产管理内部控制制度建设项目

(一) 存货内部控制制度建设项目

为了实现存货管控目标，企业应建立以下存货内部控制制度。

1. 岗位分工制度

建立存货管理岗位责任制，明确相关部门和岗位的职责权限，确保办理存货业务不相容岗位相互分离、制约和监督。根据内部牵制要求，存货管理业务需要分离的不相容职务主要有：存货采购、验收与付款；存货保管与清查；存货销售与收款；存货处置申请、审批与执行；存货管理业务审批、执行与相关会计记录。

2. 授权批准制度

存货管理业务授权批准制度，应明确授权批准的方式、程序和相关控制措施，规定审批人的权限、责任以及经办人的职责范围和工作要求；应当配备合格的人员办理存货业务；应制定科学规范的存货业务流程，明确存货取得、验收与入库、仓储与保管、领用、发出与处置等环节的控制要求，并设置相应的记录或凭证，如实记载各环节业务开展情况，确保存货业务全过程得到有效控制。

3. 取得、验收与入库管理制度

根据存货不同的取得方式，采取相应的控制方法，确保存货取得真实、合理、透明。外购存货应符合《企业内部控制应用指引第 7 号——采购业务》有关规定，采购批量和采购时点确定应符合市场状况、行业特征和单位经营管理的需要。企业接受投资者投入的存货，以及取得对方单位抵付债务的存货，其实有价值和质量状况应当经过评估和检查，并与相关合同或协议的约定一致。

企业应组织有关部门和人员对所取得存货的品种、规格、数量、质量和其他相关内容进行验收，出具验收证明。对于验收合格的存货应及时办理入库手续。对验收过程中发现的异常情况，负责验收的部门和人员应立即向有关部门报告。有关部门应及时查明原因，根据存货的不同取得方式作出相应的处理。

企业财会部门应按国家统一会计制度规定，根据验收证明对验收合格的存货及时办理入账手续，正确登记入库存货的数量与金额。对会计期末货物已到、发票未到的货物，应暂估入账。存货管理部门应设置实物明细账，详细登记经验收合格入库存货的类别、编号、名称、规格、型号、计量单位、数量、单价等内容，并定期与财会部门核对。对代管、代销、暂存、受托加工存货，应单独记录。

4. 仓储与保管制度

企业应根据销售计划、生产计划、采购计划、资金筹措计划等制定仓储计划，合理确定库存存货的结构和数量。加强对存货的日常管理，严格限制未经授权的人员接触存货。生产部门应加强对生产现场的材料、低值易耗品、半成品等物资的管理，并根据生产特点、工艺流程等对转入、转出存货的品种、数量等进行登记，对在生产过程中废弃的存货也应进行登记。仓储、保管部门应建立岗位责任制，明确各岗位的职责，并定期或不定期地进行检查。

企业应建立存货分类管理制度，对贵重物品、生产用的关键备件、精密仪器、危险品等重要存货，要采取额外控制措施，确保重要存货保管、调用、转移等经过严格的授权批准，且在同一环节有两人或两人以上同时经办；应建立健全存货防火、防潮、防鼠和防变质等措施，并建立相应的责任追究机制；应建立健全存货清查盘点制度，定期或不定期对各类存货进行实地清查和盘点，及时发现并掌握存货灭失、损坏、变质和长期积压等情况，对存货发生盘盈、盘亏，应查明原因，分清责任，及时处理；应创造条件，逐步实现存货信息化管理，确保相关信息及时传递，提高存货运营效率；应建立健全存货成本会计核算系统，正确计算、结转存货成本，及时掌握存货价值变动情况，准确确认、计量存货跌价准备。

5. 领用、发出与处置制度

企业应加强对存货领用与发出的控制，各业务部门因生产、管理、基本建设等需要领用原材料等存货，应履行审批手续，填制领料凭证；对外捐赠存货，应履行审批手续，签订捐赠协议，明确捐赠对象、捐赠方式、捐赠程序，以便日后监督检查；用存货进行对外投资，应履行审批手续，并与投资合同或协议核对一致。

企业应当建立存货处置环节的控制制度，明确存货处置的范围、标准、程序、审批权限和责任。对处置残、次、冷、背存货，应由仓储、质检、生产和财会等部门共同提出处置方案，经企业负责人或其授权人员批准后实施。企业应组织相关部门或人员对存货的处置方式、处置价格等进行审核，确保存货处置的合法、合规和正确性。

6. 监督检查制度

企业应建立对存货业务内部控制的监督检查制度，明确监督检查机构或人员的职责权限，定期或不定期进行检查，重点检查是否存在不相容职务混岗现象、授权批准手续是否健全、是否存在越权审批行为、存货取得是否真实合理、存货验收手续是否健全、存货保管岗位责任制是否落实、存货清查盘点是否及时、存货处置是否经过授权批准、处置价格是否合理、处置价款是否及时收取并入账。存货成本核算及价值变动记录是否真实、完整、及时。发现问题应及时查明原因，采取措施加以纠正，并按程序报告监督检查情况。

(二) 固定资产内部控制制度建设项目

为了实现固定资产内部控制目标，企业应根据固定资产管理业务流程、控制内容，建立以下固定资产控制制度。

1. 岗位分工制度

建立固定资产管理岗位责任制，明确相关部门和岗位的职责、权限，确保办理固定资产业务的不相容岗位相互分离、制约和监督。固定资产管理不相容岗位至少包括：预算编制与审批，固定资产取得、验收与款项支付，固定资产投保申请与审批，固定资产保管与清查，固定资产处置申请、审批与执行，固定资产业务审批、执行与相关会计记录。

2. 授权批准制度

固定资产管理授权批准制度，应明确授权批准的方式、程序和相关控制措施，规定审批人的权限、责任以及经办人的职责范围和工作要求，未经授权的机构或人员办理固定资产业务。

3. 预算管理制度

建立固定资产投资预算管理制度，明确固定资产投资预算的编制、调整、审批、执行等环节的控制要求，使企业的固定资产投资预算符合单位发展战略和生产经营需要，在综合考虑固定资产投资方向、规模、资金占用成本、预计盈利水平和风险程度等可行性研究和分析论证的基础上，合理安排投资进度和资金投放量。

4. 验收制度

固定资产验收应当要求固定资产管理、使用和财会部门参与，对外购、自行建造、投资者投入、接受捐赠、外单位调入以及通过其他方式获取的固定资产进行验收，办理验收手续，出具验收报告，并与购货合同、供应商发货单及投资方、捐赠方等提供的有关凭据、资料核对。在办理固定资产验收手续的同时，应完整地取得产品说明书及其他相关说明资料；验收合格的固定资产，应填制固定资产交接单，登记固定资产账簿；对于经营性租入、借用、代管的固定资产，应设立备查登记簿进行登记，避免与本单位固定资产混淆。

5. 日常管理制度

企业应建立固定资产归口分组管理制度，明确固定资产管理、使用和财会部门的职责权限，确保固定资产管理权责明晰、责任到人。建立健全固定资产账簿登记制度和固定资产卡片管理制度，定期核对相关账簿、记录、文件和实物，发现问题，及时报告，确保固定资产账账、账实、账卡相符。建立固定资产折旧、减值的会计核算规程，确保固定资产折旧、减值的计提依据充分、方法适当、计量准确。建立固定资产维修保养制度，保证固定资产正常运行，控制固定资产维修保养费用，提高固定资产使用效率。固定资产大修或改良，应由财会部门、固定资产管理和使用部门共同组织评估，提出方案，经单位负责人或其授权人员批准后实施。固定资产维修保养费用，应当纳入单位预算，并在经过批准的预算额度内执行。

6. 保险制度

固定资产具有数量少、价值高等特点，一旦发生失窃或意外毁损，会给企业带来重大损失。企业应建立固定资产保险制度，明确应投保固定资产的范围和标准，由固定资产管理部门会同财会部门等拟定投保方案，经单位负责人或其授权人员批准后办理投保手续。

7. 清查盘点制度

固定资产清查盘点制度，应明确固定资产清查的范围、期限和组织程序，定期或不定期地进行盘点，根据盘点结果详细填写固定资产盘点报告表，并与固定资产账簿和卡片相核对，发现账实不符，应编制固定资产盘盈、盘亏表并及时作出报告。固定资产管理、使用部门应及时查明固定资产盘盈、盘亏的原因，提出初步处理意见，经单位负责人或其授权人员批准后作出相应处理。对于改变固定资产使用状态，或涉及变更固定资产保管地点，应登记在案。

8. 处置与转移制度

固定资产处置环节的控制制度，应明确固定资产处置的范围、标准、程序、审批权限和责任。重大固定资产处置，应实行集体审议联签。对使用期满正常报废的固定资产，应由固定资产管理部门填制固定资产报废单，经单位授权部门或人员批准后进行报废清理；对未使用、不需用的固定资产，应由固定资产管理部门提出处置申请，经单位授权部门或人员批准后进行处置；对拟出售或投资转出的固定资产，应由有关部门或人员填制固定资产清理单，经授权部门或人员批准后予以出售或转作投资；对出租、出借固定资产，应由固定资产管理部门会同财会部门拟订方案，经单位负责人或其授权人员批准后办理相关手续，签订出租、出借合同；对内部调拨固定资产，应填制固定资产内部调拨单，由调入、调出部门，固定资产管理部门和财会部门负责人及有关管理人员签字后，办理固定资产交接手续。

9. 监督检查制度

固定资产内部控制监督检查制度,要求明确监督检查机构或人员的职责权限,定期或不定期进行检查。内容主要包括:固定资产业务相关岗位及人员的设置情况、授权批准制度执行情况、投资预算制度执行情况、日常保管制度执行情况、处置制度执行情况。监督检查部门应按单位内部管理权限向上级有关部门报告固定资产内部控制监督检查情况和有关部门的整改情况。

三、实物资产管理内部控制制度范例

1. 存货管理制度范例

江南公司存货领用管理制度如表 9-3 所示。

表 9-3　　江南公司存货领用管理制度

<table>
<tr><td>制度名称</td><td colspan="2">存货领用管理制度</td><td colspan="2">文件编号</td><td>实控 08-01-05</td></tr>
<tr><td>执行部门</td><td colspan="2">存货管理、使用和财会部门</td><td colspan="2">监督部门</td><td>法务内审部</td></tr>
<tr><td colspan="6">第 1 条,为了对存货领用过程进行规范和控制,特制定本制度。
第 2 条,本制度适用于公司各类原材料和辅助材料仓库存货的领用管理。
第 3 条,公司材料使用部门负责本部门所需材料的领用。
第 4 条,生产部等材料使用部门领用材料,须填写领料申请单并办理相应的审批手续,并凭借经过审批的领料申请单到仓库领料。超出存货领料限额的,应当经过特别授权。
第 5 条,领料申请单应填明材料名称、规格、型号、领料数量、图号、零件名称或材料用途,并经车间负责人签字。属计划内的材料应有材料计划,属限额供料的材料应符合限额供料制度,属于必须审批的材料应有审批人签字。
第 6 条,仓库工作人员对领料申请单进行审核,审核内容包括材料的用途、领用部门、数量以及相关的审批签字信息等,审核无误后,才能发料。
第 7 条,领用材料时,领料人必须同发料仓库工作人员办理交接手续,当面点交清楚,并在领料申请单上签字。
第 8 条,材料仓库按“先进先出,按规定供应”的原则发放材料。发料应坚持核对单据、监督领料、汇总剩余材料库存量的原则。对由于违规发放材料造成材料失效、霉变、大料小用、优料劣用以及差错等损失,仓库工作人员除承担全部经济损失外,还要接受行政处分。
第 9 条,材料仓库工作人员根据材料领用情况,编制材料出库单,并在出库单上加盖“材料发讫”印章,同时需由仓库库管员、统计员签章。
第 10 条,仓库工作人员应妥善保管所有发料凭证,避免丢失。
第 11 条,仓库工作人员及时将材料领用的单据交财务部,财务部会计根据加盖“材料发讫”后的“材料出库单”登记库存材料明细账,并在材料出库单上签字。
第 12 条,领用原材料的核算,根据领料材料汇总表借记“生产成本”“管理费用”“制造费用”等科目,贷记“原材料”“包装物”等科目。</td></tr>
<tr><td>修订日期</td><td>2021.10.11</td><td>审核日期</td><td>2021.10.25</td><td>批准日期</td><td>2021.12.30</td></tr>
</table>

2. 固定资产管理制度范例

江南公司固定资产授权批准制度如表 9-4 所示。

表 9-4 江南公司固定资产授权批准制度

制度名称	固定资产授权批准制度	文件编号	内控 08-02-01
执行部门	固定资产使用、管理部门和财务部	监督部门	法务内审部

第 1 章 总则

第 1 条 目的。

1. 明确固定资产授权审批方式、程序和相关措施，规定审批人权限、责任以及经办人的职责范围和工作要求。

2. 确保固定资产的安全与完整，提高固定资产的利用效率。

第 2 条 责权单位。

1. 资产管理部为固定资产的管理部门。

2. 固定资产使用部门为固定资产的日常维护和保养部门。

3. 财务部为固定资产各类账务的处理部门。

第 3 条 本制度所指的固定资产包括使用年限超过一年，单位价值较高的房屋、建筑物、机器设备、运输工具、仪器仪表、电子设备、办公设施等。

第 2 章 固定资产投资预算审核审批

第 4 条 固定资产使用部门根据实际使用情况，编制本部门固定资产投资预算。

第 5 条 资产管理部固定资产管理员根据各部门提交的固定资产投资预算，汇总整理成公司固定资产总投资预算，经资产管理经理审核确认后，交财务部审核。

第 6 条 财务部对固定资产投资预算的各种数据和其依据资料及其预算的意见进行复核，财务部经理提供审核意见，交总经理审核后，提交董事会批准。

第 7 条 各部门严格按照固定资产投资预算购置固定资产，并将固定资产投资严格控制在预算之内。

第 3 章 固定资产购置申请审批

第 8 条 固定资产使用部门填写固定资产采购申请单。

第 9 条 采购申请单的批准。

1. 资产管理部审核采购申请单，审查是否在采购预算范围之内，如果在采购预算范围之内，资产管理部经理审批即可。

2. 采购预算外金额在 10 万元以下固定资产采购申请，公司财务总监审核批准即可。

3. 投资预算外金额在 10 万元以上(含 10 万元)的固定资产购置应报总经理审批。

第 10 条 经审批的采购单交到采购部，采购部根据采购申请单及公司采购相关规定进行采购。

第 11 条 质量管理部和技术部相关人员应参与购货订单或购货合同在技术和质量方面的条款的制定。

第 12 条 对技术质量要求较高、费用支出较大的设备购货合同，应由不同专业技术人员，如采购专家、工程师、生产人员、法律顾问、财务专家组成的小组做最后的审查。

第 4 章 固定资产维修申请审批

第 13 条 使用部门负责固定资产的日常维修保养工作，对于定期的维修保养应提交维修申请。

（续表）

<table>
<tr><td colspan="6">
第 14 条　固定资产管理员审核维修申请单，资产管理部经理签字后，交财务部复核，维修申请在维修计划内并且维修金额在 5 000 元以内的，资产管理部直接安排维修。
第 15 条　固定资产临时维修或维修费用在 5 000 元以上的维修应报财务总监审批后再进行安排。
第 16 条　工程部根据审批后的维修申请单进行固定资产的维修。
第 5 章　固定资产处置与转移申请批准
第 17　固定资产报废和出售申请审批。
1. 固定资产使用部门根据固定资产的实际使用情况，提出报废和出售申请。
2. 计划内预计报废的固定资产报废或出售，由资产管理部经理批准即可。
3. 计划外的预计金额在 3 万元以下的固定资产报废或出售，由资产管理部经理审批。
4. 计划外的预计金额在 3 万元～10 万元的固定资产报废或出售，由财务总监审批，计划外金额在 10 万元以上的(包括 10 万元)的固定资产报废(出售)，上报公司总经理审核批准。
第 18 条　固定资产报损和报失申请审批。
1. 固定资产发生破损或丢失时，固定资产使用部门提出报损或报失申请单。
2. 报损固定资产的预计价值在 5 万元以下，报财务总监审批即可；价值在 5 万元以上(含 5 万元)，上报企业总经理审核批准。
3. 报失固定资产的预计价值在 3 万元以下，报财务总监审批即可；价值在 3 万元以上(含 3 万元)，上报公司总经理审核批准。
第 19 条　固定资产出租和出借申请审批。
1. 由租用人或借用人提出书面要求或申请，说明相关情况，送资产管理部。
2. 资产管理部会同财务部门拟订方案，与租用人或借用人签订出租或出借合同。
3. 出租或出借合同审批。
(1) 出租或出借合同金额在 5 000 元以下的，由资产管理部经理审批即可。
(2) 出租或出借合同金额在 5 000 元以上(含 5 000 元)的，由财务总监审批签字。
(3) 计划外的出租出借申请一律上报企业总经理审核批准。
4. 资产管理部根据经过审批的出租或出借合同办理固定资产移出手续，会同财务部根据合同填写固定资产管理卡并进行账务处理。
第 6 章　附则
第 20 条　本制度经总经理审批后自颁布之日起执行。
第 21 条　本制度由资产管理部负责解释。
</td></tr>
<tr><td>修订日期</td><td>2021.10.15</td><td>审核日期</td><td>2021.10.20</td><td>批准日期</td><td>2021.12.30</td></tr>
</table>

课 后 习 题

一、单选题

1. 下列各项中,不属于存货结算控制目标的是(　　)。

A. 降低支付风险　　B. 正确确认存货

C. 安全存放　　D. 正确计量存货成本

2. 企业按成本与可变现净值孰低法对存货进行计价的目的是(　　)。

A. 保证存货账实相符

B. 防范可能出现的风险

C. 保证成本计算更加真实

D. 有利于提高存货的流动性

3. 下列各项中,不属于存货退出控制内容的是(　　)。

A. 存货发出的控制　　B. 存货损坏的控制

C. 存货丢失的控制　　D. 存货盘点的控制

4. 下列各项中,属于存货购入前控制的是(　　)。

A. 验收环节控制　　B. 结算环节控制

C. 预算环节控制　　D. 使用环节控制

5. 下列各项中,不属于固定资产增加控制的是(　　)。

A. 移送控制　　B. 预算控制

C. 增加方式控制　　D. 验收控制

6. 固定资产使用控制不包括(　　)。

A. 期末计价控制　　B. 记录控制

C. 折旧控制　　D. 正常报废控制

7. 固定资产处置控制不包括(　　)。

A. 出售控制　　B. 折旧控制

C. 报废控制　　D. 毁损和盘亏控制

8. 在无形资产使用控制中一般还包括(　　)。

A. 出售控制　　B. 出租控制

C. 报废控制　　D. 保密控制

9. 在存货采购预算流程中，财务部门一般负责（　　）。

A. 预算的编制　　B. 预算的组织执行

C. 预算的审核和审批　　D. 采购计划的制订

10. 在存货采购管理流程中，仓储部门一般负责（　　）。

A. 提出采购申请

B. 采购申请单的填写

C. 采购计划审核和审批

D. 组织验收

11. 在存货采购验收流程中仓储部门一般负责（　　）。

A. 接收货物

B. 审核单据与货物是否相符

C. 检验货物的质量

D. 检验货物的数量

12. 在固定资产采购与验收流程中，财会部门一般负责（　　）。

A. 组织固定资产验收

B. 填制固定资产验收报告

C. 固定资产的账务处理

D. 检验固定资产的质量

13. 在固定资产清查流程中，财会部门一般负责（　　）。

A. 组织固定资产清查

B. 编制固定资产清查报告

C. 固定资产盘盈盘亏的账务处理

D. 固定资产盘盈盘亏的审批

14. 下列选项中，不属于存货业务内部控制目标要求的是（　　）。

A. 对存货正确计价并保持账实相符，合理揭示存货方面的财务状况

B. 保证恰当的存货储备量，促进企业的资源优化配置

C. 保证存货的安全

D. 落实保管责任制度

15. 职务分离在固定资产内部控制制度中体现为（　　）。

A. 采购人员与使用人员相分离　　B. 使用人员与维护人员相分离

C. 采购人员与审批人员相分离　　D. 维修人员与使用人员相分离

二、多选题

1. 我国现行的财务制度规定,折旧的计算方法可以采用(　　)。
   A. 年数总和法　　B. 双倍余额递减法
   C. 平均年限法　　D. 后进先出法
   E. 先进先出法
2. 存货的内部控制涉及供、产、销各个环节,一般包括(　　)。
   A. 存货购入前控制　　B. 存货计价控制
   C. 存货购入和使用控制　　D. 存货退出控制
   E. 存货期末计价的控制
3. 存货购入前控制一般包括(　　)。
   A. 预算控制　　B. 采购合同控制
   C. 生产趋势分析控制　　D. 供应商选择控制
4. 企业在制定和调整存货预算时一般涉及的部门包括(　　)。
   A. 财务部门　　B. 销售部门
   C. 生产部门　　D. 仓储部门
5. 存货购入和保管控制一般包括(　　)的控制。
   A. 结算环节　　B. 验收环节
   C. 付款环节　　D. 保管环节
6. 存货退出企业的控制一般包括(　　)的控制。
   A. 存货损坏　　B. 存货销售
   C. 存货盘点　　D. 存货丢失
7. 固定资产的业务流程分为购入、使用和处置三个基本阶段,其控制的内容一般包括(　　)。
   A. 固定资产增加控制　　B. 固定资产使用控制
   C. 固定资产处置控制　　D. 固定资产报废控制
   E. 固定资产盘点控制
8. 固定资产增加控制一般包括(　　)。
   A. 预算控制　　B. 固定资产增加方式控制
   C. 固定资产验收控制　　D. 固定资产登记控制
   E. 固定资产保险控制
9. 固定资产使用控制一般包括(　　)。
   A. 固定资产转移控制

B. 固定资产使用登记控制

C. 固定资产保管控制

D. 固定资产折旧控制

E. 固定资产期末计价控制

F. 固定资产维护与维修控制

10. 固定资产处置控制一般包括(　　)。

A. 固定资产出售控制　　B. 固定资产毁损控制

C. 固定资产盘亏控制　　D. 固定资产报废控制

11. 存货内部控制目标包括(　　)。

A. 提供存货的各种真实、完整和有用的信息

B. 保证存货的安全

C. 控制存货的流动

D. 监督、落实存货的经营责任

E. 加速存货资金周转,考核存货的经济效益

12. 存货内部控制制度的内容包括(　　)。

A. 建立严格的存货收发和计量制度

B. 落实保管责任制度

C. 保证存货的安全

D. 健全存货明细账设置

E. 确定恰当的存货明细分类账分户方法

13. 委托加工材料完工、验收、付款程序设计包括(　　)。

A. 由加工单位转来加工费发票,供应部门编制委托加工收料单

B. 仓库收料后登记收料卡,并将收料单交供应部门

C. 供应部门核对收料单,无误后通知会计部门付款

D. 会计部门审核付款凭证无误后,授权出纳员办理付款结算

E. 供应部门与会计部门定期分别编制库存月报和收料汇总表

14. 固定资产内部控制制度包括(　　)。

A. 固定资产维修保养制度

B. 固定资产取得和验收控制制度

C. 固定资产清查盘点制度

D. 固定资产处置与转移制度

E. 固定资产授权批准制度

15. 下列关于固定资产取得和处置控制制度的叙述中,正确的有(　　)。

A. 使用部门发现固定资产需要报废，为提高工作效率，可直接执行对固定资产的报废清理处置
B. 固定资产不需进行总分类核算，但要严格做到账、卡、物相符
C. 要形成有专人负责的固定资产使用管理制度
D. 对清理报废的固定资产残值要及时入账
E. 固定资产的核算不需要参照原始凭证

16. 下列关于设备更新申请批准程序设计的描述中，正确的有（　　）。
A. 由设备管理部门编制设备更新计划交总工程师室审批
B. 经审批后，如属外购设备，总工程师室编制购买通知单一式三份
C. 经审批后，如属自制设备，编制制造任务书交辅助生产部门安排制造
D. 设备管理部门根据购买通知单与供货单位签订合同
E. 总工程师室将合同副本、设备购买通知单和自制设备制造任务书交财会部门留存

三、判断题

1. 存货的请领、审批、发放、保管与记账不能由一人包办。（　　）
2. 对于委托外单位加工的存货，仓库保管员应根据计划部门填写的“委托加工发料通知单”进行发料，财会部门据以记账。（　　）
3. 永续盘存制下，所有有关收发业务的手续凭证都应有一联送交会计部门，由会计部门进行记录。（　　）
4. 当存货可变现净值低于成本时，在实务中一般采用备抵法。（　　）
5. 根据管理要求进行固定资产分类和划分固定资产项目，属于规范固定资产管理的基础工作。（　　）
6. 在建工程项目交付使用以前的固定资产不需计提折旧。（　　）
7. 盘亏的固定资产经批准处理后，最后记入“固定资产清理”账户。（　　）
8. 固定资产期末计价的会计处理一般可以比照存货期末计价进行处理。（　　）
9. 存货采购预算一般由仓储部门负责编制。（　　）
10. 存货采购验收一般由采购员负责组织。（　　）
11. 材料发料程序设计中，应由领用部门编制材料发出汇总表。（　　）
12. 固定资产清查的组织一般由资产管理负责。（　　）
13. 固定资产清查一般由使用部门制订盘点计划。（　　）
14. 固定资产维修分为大修理和经常修理，大修理应经过财会部门审批后执行。（　　）

四、案例分析题

资料:李莉是一家上市公司印刷科技公司的会计人员,公司目前正面临财务危机,所以想方设法削减开支。公司 CEO 要求李莉在计算某种特殊用途机器的折旧时,将使用年限由原来的 5 年增加到 10 年,该 CEO 认为此举将大大节约折旧费用,因为该方法将机器资产的折旧费用减少了一半。

分析要求:应该由谁决定企业固定资产的预计使用年限?考虑到 CEO 的要求,李莉将如何去做?

本章实训——实物资产管理内部控制制度设计

【实训目标与能力要求】

本实训是培养学生运用所学企业实物资产内部控制知识进行制度建设的能力。其能力要求如下：

(1) 掌握企业实物资产内部控制的内容与制度建设要求。

(2) 能够根据模拟公司实物资产管理业务流程并结合公司内部控制环境，进行相关制度设计。

【实训方式】

实训分小组进行，以小组为单位完成相应的实训任务，并形成实训报告，参加讨论与讲评。

【实训考核】

根据各实训小组实训准备、提交成果(实训报告)的质量和小组协作情况进行评分。项目实训成绩按百分制评定。

小组项目实训成绩＝实训准备(满分 10)＋实训成果(满分 80)＋小组协作(满分 10)。

个人项目实训成绩＝小组项目实训成绩×个人贡献系数(个人贡献系数由组长根据其在实训中的贡献大小决定)。

【实训步骤】

(1) 由任课教师引导学生解读实训资料，提示学生应注意的问题，并布置具体实训任务和时间要求。

(2) 各实训小组根据组内分工，查找、收集相关资料，进行初步分析比较。

(3) 小组内对初步分析比较的结果进行讨论、修改，并按照要求形成实训报告(实训报告采用 word 文档，纸张大小设置为 A4，页边距上 2.8 cm，下 2.5 cm，左右各 2.5 cm，行距 1.5 倍，页码格式为阿拉伯数字、居中；总标题小三号、黑体、居中、空一行；一级标题小四号、宋体、加粗；二级标题和其他正文小四号、宋体；图表内文字五号、宋体)。

(4) 实训小组组长将收集的资料和形成的实训成果(电子文档)打包上传，由指导老师组织互评。

(5) 指导老师根据学生实训成果的质量和参与讨论的情况确定实训成绩。

【实训资料】

江北公司存货在采购、验收、保管、使用、清查等环节，由于没有完整的存货控制体系和健全的制度，存货内部控制存在比较严重的问题。针对这种状况，公司决定加强管理队伍和制度建设，不断提高存货管理水平。

江北公司其他基础性资料见第一章实训资料。

【实训任务】

假定你是公司新聘的主管会计，请根据图 9-10 所示江北公司存货管理业务流程，分析控制关键环节和关键点，并结合公司实际，为该公司设计以下存货内部控制制度（每个小组完成一项制度设计）。

1. 存货取得与验收制度
2. 存货仓储与保管制度
3. 存货领用与发出制度
4. 存货处置制度

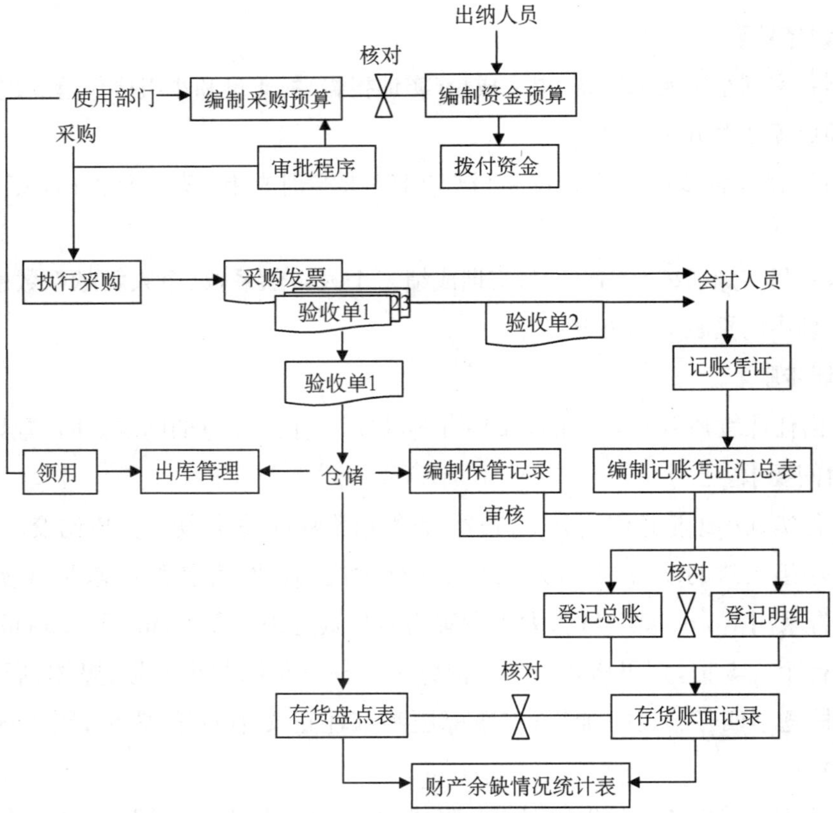

图 9-10　江北公司存货管理业务流程

本章结构框架

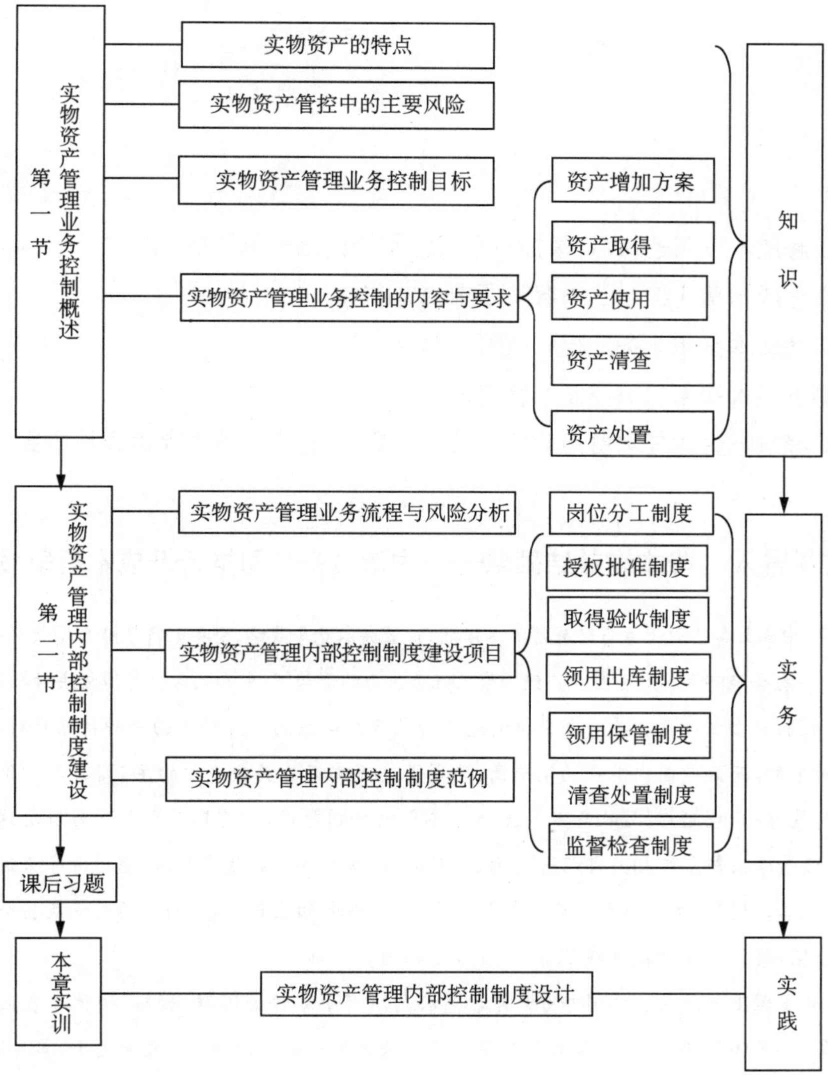
第一节 实物资产管理业务控制概述
实物资产的特点
实物资产管控中的主要风险
实物资产管理业务控制目标
实物资产管理业务控制的内容与要求
资产增加方案
资产取得
资产使用
资产清查
资产处置
知识
第二节 实物资产管理内部控制制度建设
实物资产管理业务流程与风险分析
实物资产管理内部控制制度建设项目
实物资产管理内部控制制度范例
岗位分工制度
授权批准制度
取得验收制度
领用出库制度
领用保管制度
清查处置制度
监督检查制度
实务
课后习题
本章实训
实物资产管理内部控制制度设计
实践

第十章　成本费用内部控制与制度建设

学习目标

1. 了解成本费用的特点，掌握货币资金管控面临的风险点
2. 熟悉成本费用控制的内容与要求
3. 熟悉成本费用业务流程和风险控制点
4. 熟悉成本费用内部控制制度建设项目
5. 能够根据企业成本费用管控的特点和要求，提出相应的制度建设方案

案例导入　降本增效结硕果——中南装备公司推行低成本竞争战略纪实

2012年，中南装备公司千方百计开源降本增效，走低成本竞争战略，全年取得了降本增效2 448万元的喜人成果。在当今经济危机对企业生产经营带来沉重压力的形势下，中南装备公司的做法耐人寻味。

第一，从采购上创效益。某一合金材料是中南装备公司系列产品必用的一种特殊材料，原定点在重庆一公司采购，而且是国内唯一的供应商，使得供应商掌握着买卖双方的主动权，订货价格达到每吨25万元，最少15吨起订，另收5万～10万元不等的研制费用，交货期6个月。为解决这种被动局面，由公司领导牵头与上级相关部门进行沟通、交涉，要求增加新的生产厂家，通过竞争来进一步提升品质，降低成本。随后，物资采购部门利用社会资源，开发新的生产厂家，与大冶特殊股份公司签订了正式生产合同，将价格成功控制在了每吨10万元以内。

第二，从管理上创效益。公司四分厂承担着公司所有小零件的镀锌、镀铬、磷化等表面处理工序的加工任务，为了保证配套急需，每天及时将各单位来零件进行处理加工，来活就干，单件也干，被动但很及时。后来按照公司降本要求，分厂加强了对表面处理工序的计划管理，统筹安排，将一、三、五定为生产日，其余时间做好生产准备，主动及时准确了解各方来协作的计划，原则是既要确保配套急需，又要保证设备满负荷运转。这一调整在水电气能耗上为公司降本30%以上。生产线工作一小时耗电100多度，一天仅按8小时开工就用电近千度，这一调整每月可省电8 000度以上。工序流程中有三道水洗工序，需不停加水让清洗槽保持溢流状态，工作日调整后每周至少有两天关闭了长流水。另外，随着用气量的减少，动力处的进煤量也降低了。

第三，从节能上创效益。2012年4月，条保科对总部大楼、技术大楼和外贸公司走廊照明灯进行了节能改造，更换节能灯559盏，此项改造造价近2万元，可每年为公司节省6万余元的电费。

第四，从工艺上创效益。按照公司的降本增效要求，大管分公司根据不同的材料对工艺进行了优化。优化工艺后，按照经过一次退火处理和定性处理计算，每产出一吨产品约需天然气54立方。按照现在的天然气价格每立方2.8元，每月产量1 500吨计算，仅天然气每月可降低成本12万多元。此外，优化后的工艺大大减少了产品吊转等重复工序，提高了工作效率，为公司的精拔管业抢占市场奠定了基础。

资料来源：杨波.降本增效结硕果——中南装备公司推行低成本竞争战略纪实[J].中国军转民，2013(3)。

问题探讨：

(1) 中南装备公司降本增效给我们什么启示？

(2) 企业成本控制的关键点有哪些？

第一节 成本费用控制概述

成本控制是一门花钱的艺术，如何将每一分钱花得恰到好处，将企业每一种资源用到最需要它的地方，是企业在市场经济条件下共同面临的难题。以加强成本控制来增强企业抗风险的能力已经成为当下企业的必选题，而传统与狭义上的"开源节流"思想早已无法满足现代企业的发展需求。因此，成本费用内部控制问题是企业管理中的一个不断发展的永恒课题。

一、成本费用的特点及其管控中常见的风险

(一) 成本费用的特点

成本费用是企业生产经营过程中的各种耗费的总和，成本费用具有以下特点：

(1) 成本费用范围广泛，项目繁多。成本费用几乎贯穿企业生产经营活动的所有环节。

(2) 成本费用最终会减少企业的利润。

(3) 成本费用最终会减少企业所有者权益。

(二) 成本费用管控中的主要风险

成本费用管控涉及企业整个生产经营过程，由计划、控制、核算、分析和考核等工作环节组成。加强成本费用管理，既是企业提高经营管理水平的重要因素，也是企业增加盈利的要求。成本费用管控中的主要风险有以下几点：

(1) 如果成本费用的确认和计量不符合国家会计准则制度的规定，可能使企业遭受外部处罚、经济损失和信誉损失。

(2) 如果成本费用预算不符合实际或预算编制基础不准确，可能因成本费用支出超预算而使企业权益受损。

(3) 如果成本费用支出未经适当审批或超越授权审批，可能会产生重大差错或舞弊、欺诈行为，导致企业资源浪费或资产流失。

(4) 如果成本费用的核算和相关会计信息不合法、不真实，可能导致企业财务报告失真并带来风险。

二、成本费用控制目标

根据成本费用业务的特点以及经营管理的要求，成本费用控制制度建设应达到以下目标。

1. 保证各项成本费用的合法性

各项成本费用开支要符合国家有关财经法规要求，严格遵守国家规定的成本费用开支范围和开支标准。

2. 保证各项成本费用开支的合理性

各项成本费用开支必须符合单位生产经营活动的需要，正确划分资本性支出与收益性支出的界限、成本支出与期间费用的界限、成本支出与营业外支出的界限，体现收入与费用的匹配原则，做到经济合理。

3. 保证成本费用正确核算，及时提供真实、可靠的成本费用信息资料

成本费用信息资料是国家进行宏观管理的重要资料，也是单位进行内部管理的重要资料。必须严密组织成本费用核算，采用科学的成本核算方法，正确计算各种产品成本、劳务成本，及时提供经济管理所需要的实际成本及其他成本费用信息资料。

4. 加强成本费用管理，提高经济效益

企业应通过目标成本、标准成本、定额成本以及责任成本控制等科学的控制方法，努力节约费用开支，减少损失、浪费，降低成本，提高经济效益。

三、成本费用控制的内容与要求

成本费用控制是按照既定的成本费用控制目标，对成本费用形成过程中的一切耗费进行严格的计算、调节和监督，从而保证成本费用控制目标实现的过程。成本费用控制是系统工程，包括事前、事中、事后的控制，如图 10-1 所示。

(一) 事前成本费用控制

1. 成本费用预算

成本费用预算应以销售预算为基础，由成本费用消耗部门根据成本费用预测结果进行编制。成本费用预测是根据单位的经营总目标和预测期可能发生的各个影响因素，采用定量和定性的分析方法，确定标准成本和费用、预计成本和费用水平的一种管理活动，是成本费用预算的核心。进行成本预测应符合以下要求：

(1) 预测必须建立在充分的历史成本资料基础上，会计人员应为此提供真实、完整的资料。

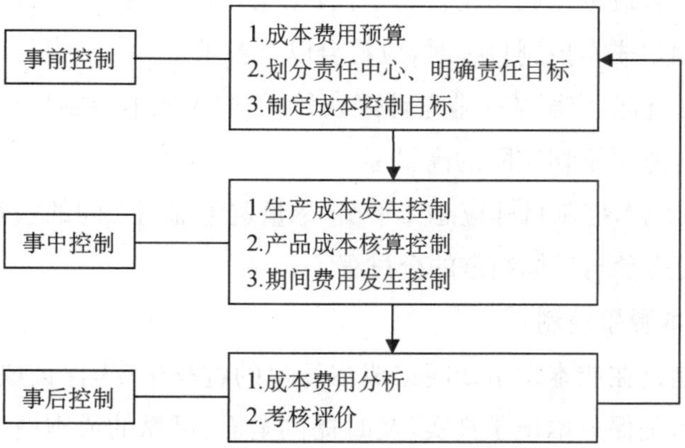

图 10-1　成本费用控制的内容与要求

(2) 应当结合本单位的实际情况,选择适合本单位的成本费用预测方法。

(3) 要避免直接把过去的成本费用水平略加修改就形成预测。

(4) 要结合市场,结合单位成本费用控制水平,预测必须切合实际。

【回顾与思考】

管理会计中有关成本预测需要经过哪些程序?成本预测的方法有哪些?

2. 划分责任中心,明确责任目标

责任中心是企业内部在一定范围内控制成本发生、收益实现和资金使用的组织单位,是全面预算的执行主体。按责任和控制范围的大小,这些责任单位可以分为成本中心、利润中心和投资中心。在划分责任中心、明确责任目标时,应符合以下要求:

(1) 责任中心的划分必须建立在广泛细致的调查基础上,深入分析单位成本费用的开支状况以及部门的设置特点。

(2) 必须有明确的责任中心划分依据、划分原则。

(3) 责任预算作为责任的领受和落实,应该在单位总体经营目标的指导下,体现以人为本的思想,由各责任中心自行编制,然后层层上报、审批,避免上级部门强行摊派。

【回顾与思考】

在管理会计中,责任会计中成本中心是如何确定的?成本中心的考核指标有哪些?

3. 制定成本费用的控制标准,明确控制目标

企业应当根据预定的目标在生产前预先制定成本费用控制标准。预计成本与目标

管理方法的结合是有效进行成本比较的手段，也是评价考核单位及责任中心成本业绩的标准尺度。在制定成本控制目标时，应符合以下要求：

(1) 成本控制目标，应服从企业总体经营目标，避免成本控制目标与经营目标的矛盾，并要切合实际，避免不切实际的高目标。

(2) 各部门的成本控制目标应总体平衡，尽量避免部门之间的松紧不一。

(3) 会计部门应参与目标制定的全过程。

(二) 事中成本费用控制

事中成本控制是在成本发生期间或成本发生的过程中，为保证成本控制制度的落实，降低成本费用，确保成本记录真实，及时提供全面、可靠的成本费用耗用资料，为企业进行成本控制方法改进，提高成本控制管理水平而采取的一系列措施。主要包括以下三方面：

1. 生产成本发生控制

企业应建立相应的生产成本控制制度，加强对生产成本的控制，降低生产成本。同时，应保证生产成本信息的准确可靠，为企业改进成本控制方法，进行成本控制决策提供信息。生产成本业务主要由生产部门负责，此外，还涉及计划、劳资及会计等部门。具体控制要求包括：

(1) 生产成本业务应符合授权要求，以保证生产费用支出经济合理。

(2) 生产成本业务应合法合规，以保证生产成本业务核算准确。

(3) 生产成本业务应记录有效，以保证生产成本业务核算准确。

(4) 应做到证证、证表相符，以保证生产成本业务记录完整及账务处理正确。

(5) 生产成本业务应有据可查，以保证生产成本业务账簿之间相互制约，及时提供准确的生产成本核算信息。

(6) 应做到账账相符，以保证生产成本业务账务处理正确及会计资料准确。

2. 产品成本核算控制

产品成本核算制度是一定期间的生产费用，按各种产品进行归集，并在产成品和在产品之间进行分配，以求得各种产成品总成本和单位成本的制度。具体包括以下几点：

(1) 确定成本计算对象。确定成本计算对象时，应考虑生产类型的特点和成本管理要求。

(2) 设置成本核算项目。产品成本核算项目一般包括直接材料、直接人工和制造费用。单位也可根据自身情况做一些调整，增减一些项目。

(3) 确定成本计算方法。成本计算方法要根据成本计算对象、成本计算期间和生产费用在完工和在产品之间分配的特点加以选择。

(4) 确定生产费用的分配标准。生产费用归集后要进行分配，合理地分配生产费用是正确计算产成品成本的必要条件。

【回顾与思考】

在成本会计中，产品成本核算的基本程序包括哪些？与产品成本核算控制的内容有什么区别？

3. 期间费用控制

期间费用包括管理费用、营业费用和财务费用等开支。单位的管理体制不同，可以采取的期间费用控制方法也可以不同，控制方法主要有预算控制法、定额控制法、审批控制法和归口分级管理法。

(1) 期间费用的预算控制，是依据企业成本费用的计划要求而编制的期间费用支出的预算，并据以控制日常期间费用开支。各部门、各单位必须严格按照预算执行，不得突破预算标准，年终根据预算进行考核，并予以相应奖惩。

(2) 期间费用的定额控制，是事先依照一定条件或经济环境，为生产某种产品或零部件或为完成某项业务而需要耗费的人力、物力、财力的数量标准，确定一个额度，作为费用开支的标准，凡在定额以内可予以报销，节约的还可以给予一定的奖励，超过定额的部分就不能予以报销。

(3) 期间费用的审批控制，是依据费用审批制度对各项费用的发生，按照有计划、有审批的原则进行控制管理，减少期间费用超额度、超标准、乱开口子和造假贪污等不正常现象的发生。

(4) 期间费用的归口分级控制，是企业必须做好的功课，也是企业控费增效的普遍做法。具体包括以下几点。

一是归口管理。按照管理权限和管理责任相结合的原则，合理安排单位内部各部门、各单位在期间费用上的权责，调动各部门、各单位管理好相关费用的积极性。

二是分级管理。各管理部门应当根据各项费用的具体情况，将费用控制责任层层分解，层层落实，让归口管理部门的所属单位和个人都对相关费用控制和管理负有责任，从而加强对期间费用的控制。

三是财务部门对期间费用实行统一管理。财务部门作为综合管理部门，应对期间费用进行统一管理，即所有期间费用开支都由财务部门统一办理借款报销手续。

以上这几种控制措施在实际运用中不是孤立的，常常结合起来应用。

(三) 事后成本费用控制

1. 成本费用分析

企业会计部门按照成本费用归口、分级管理的原则，运用专门的方法，进行成本费用分析，通过分析，及时掌握成本费用升降的原因，采取纠正措施，或修订成本费用标准，以使今后的成本费用内部控制工作可以更好地进行。在成本分析中应注意以下几个方面：

（1）成本分析应当结合成本标准和成本控制目标，联系实际情况，分析其深层次的原因，是内因还是外因，是人为可控的还是不可控的。

（2）通过分析，要找出差距，提出改进措施。

2. 考核评价

企业必须建立一套完善的成本费用考核评价制度，使成本费用控制系统发挥积极作用，维持系统长期有效运行。通过定期比较目标成本的实现和成本计划指标完成情况。对企业的成本费用进行全面的审核和评价，并把考核评价结果同利益奖惩相结合，利用利益机制来激发成本中心完成目标的积极性。

第二节 成本费用内部控制制度建设

一、成本费用业务流程与风险分析

企业成本费用的发生涉及方方面面，与各部门、各层级都有关系，因此，成本费用管理控制需要全员参与。企业成本费用管控的主要环节包括成本费用管理目标的确定、预算的编制、预算的分解与下达、预算的执行与控制、成绩费用的核算与考核评价等，成本费用的内部控制需要对业务流程中各环节可能出现的风险进行分析，并结合企业的内部环境和生产经营管理实际，采取相应的措施进行控制。一般企业的成本费用业务流程如图 10-2 所示。

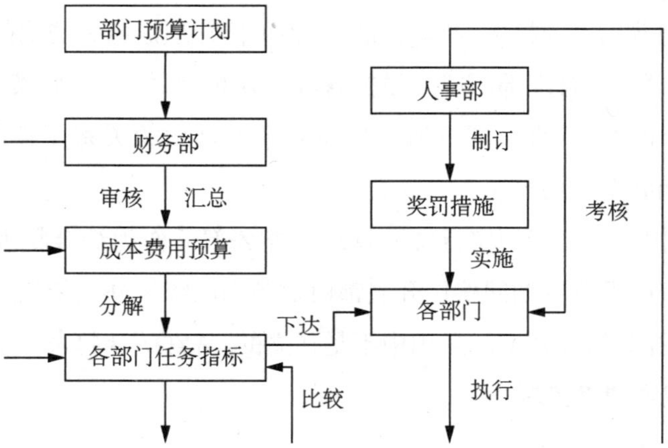

图 10-2　企业成本费用控制流程图

下面以江南公司为例，对公司成本费用目标确定、成本费用预测方案制定、成本费用核算、成本费用控制、发货、赊销业务流程与风险分析进行展示。

（一）成本费用目标确定业务流程与风险分析

江南公司成本费用目标确定业务流程与风险分析如图 10-3 所示。

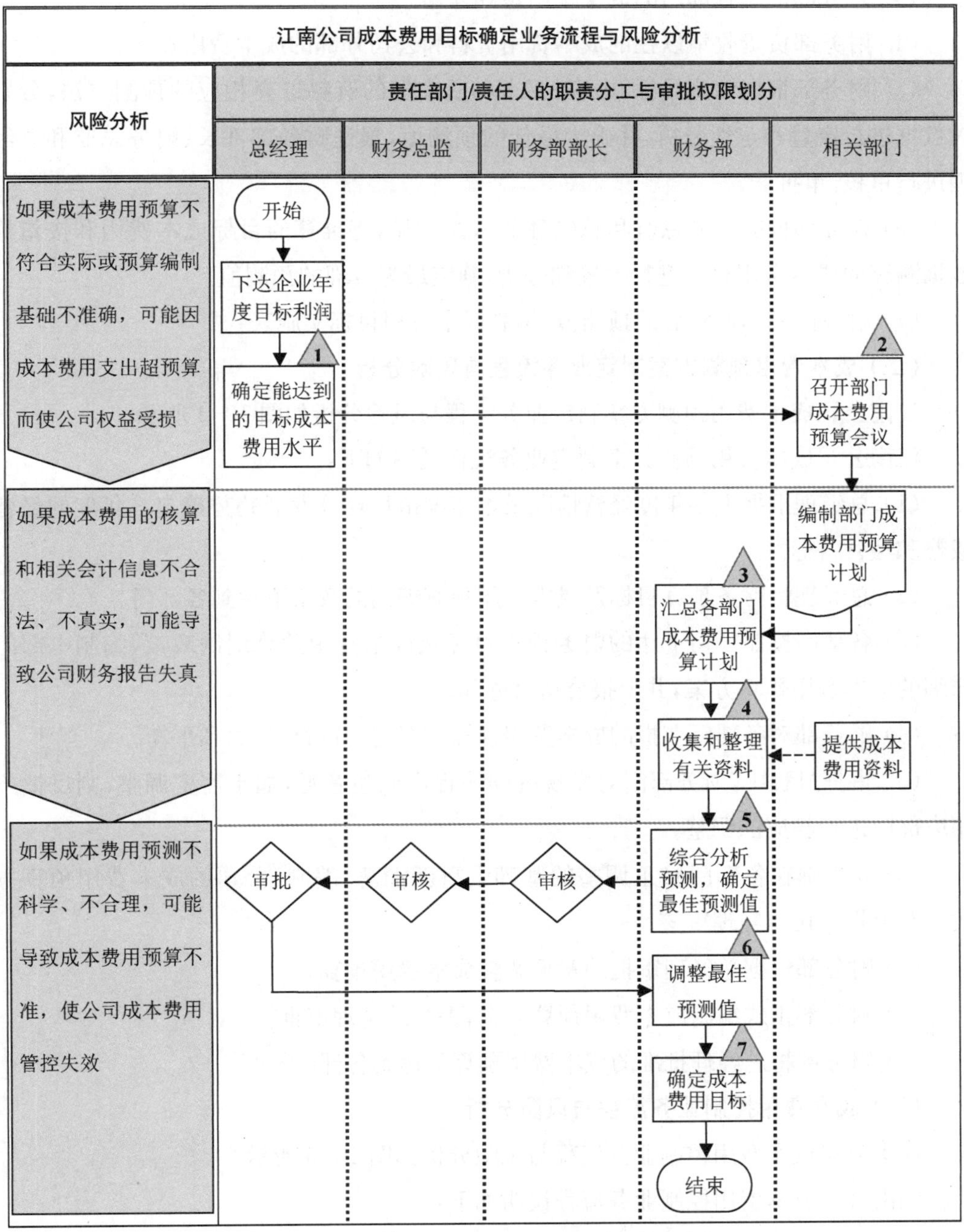

图 10-3　江南公司成本费用目标确定业务流程与风险分析

江南公司成本费用目标确定业务流程说明如下：

(1) 总经理依据公司目标利润,结合未来可能出现的变化因素,测算公司在现有条件下的成本费用目标。

(2) 各部门根据成本费用预测的目标召开部门成本费用预算会。

(3) 财务部汇总各部门的成本费用预算计划。

(4) 财务部负责收集以往的成本费用资料和公司外部的成本费用资料。

(5) 财务部根据预测目标、内容、要求和所掌握的资料选择相应的预测方法,分别对数据进行定量和定性分析,并确定最佳的预测值,报送财务部部长、财务总监和总经理进行审核、审批。

(6) 财务部根据财务总监和总经理的审议意见,将推算的目标成本费用和按指标数据测算的成本费用目标进行比较和分析,确定最为合理的预测值。

(7) 财务部根据调整后的预测值,编制成本费用目标实施表。

(二) 成本费用预测方案制定业务流程与风险分析

江南公司成本费用预测方案制定业务流程与风险分析如图 10-4 所示。

江南公司成本费用预测方案制定业务流程说明如下：

(1) 总经理根据上一年度经营情况及本年度市场环境发展趋势确定本年度的经营战略和经营目标。

(2) 总经理将财务预算目标及成本费用预算编制的政策下达到各部门。

(3) 各部门按照公司下达的财务预算目标及成本费用预算编制政策,编制本部门详细的成本费用预算方案,并上报公司财务部。

(4) 财务部对各部门上报的成本费用预算方案进行审查、汇总和平衡。

(5) 审查过程中,财务部门对发现的问题提出调整意见,如果需要调整,则反馈给相应部门进行相应的调整。

(6) 财务部在各部门修正调整的基础上重新汇总,编制《公司的成本费用预算方案》,并上报公司总经理审核。

(7) 财务部根据总经理审批的意见调整成本费用预算。

(8) 财务部正式编制成本费用预算方案,提交总经理审批。

(9) 财务部将总经理批准的成本费用预算下达到各部门执行。

(三) 成本费用控制业务流程与风险分析

江南公司成本费用控制业务流程与风险分析如图 10-5 所示。

江南公司成本费用控制业务流程说明如下：

(1) 各个部门编制部门预算表,报送给财务部相关人员进行审核。

(2) 财务部根据各个部门提供的资料和各类数据,汇总编制总体的费用预算表,报

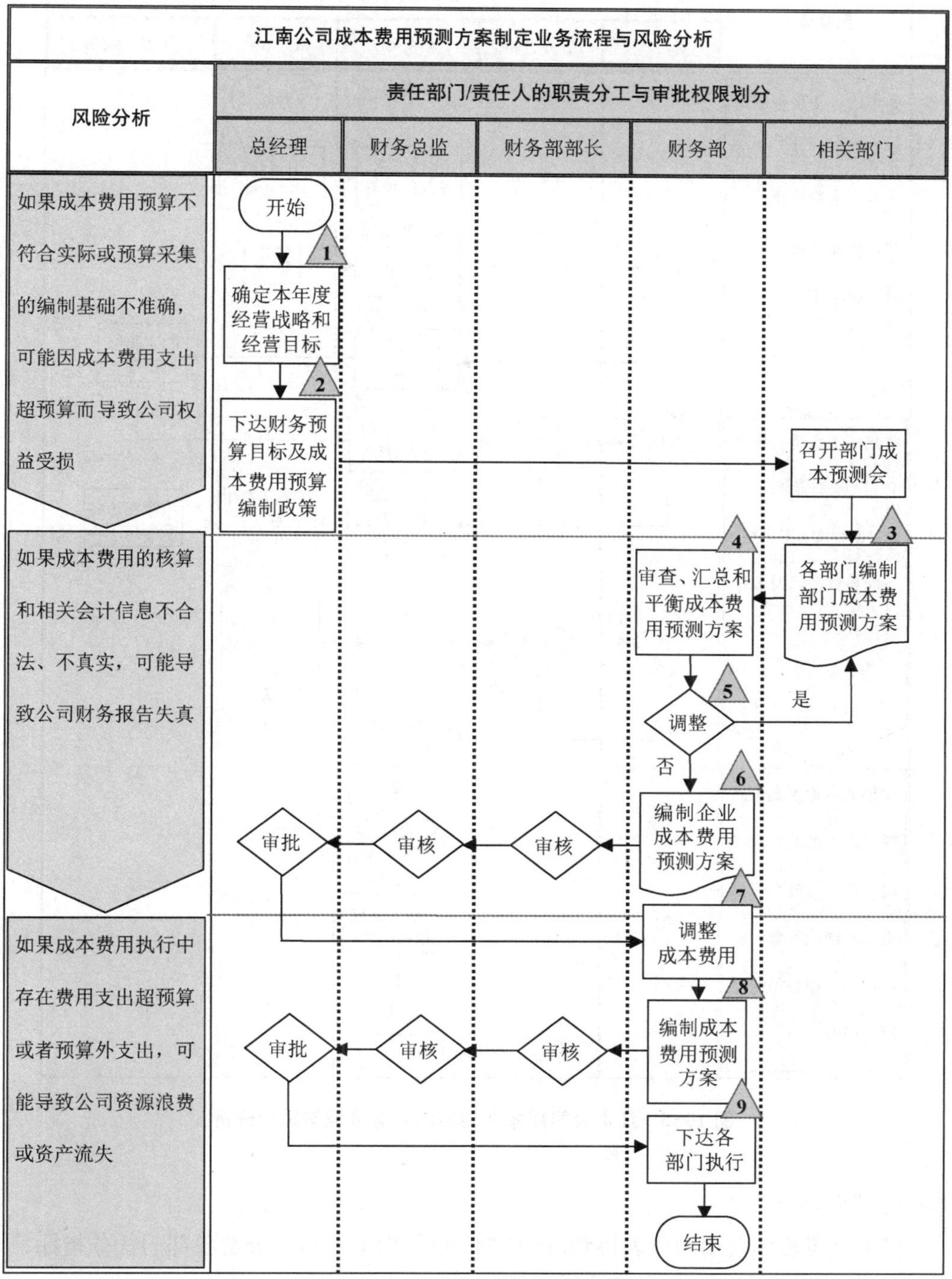

图 10-4　江南公司成本费用预测方案制定业务流程与风险分析

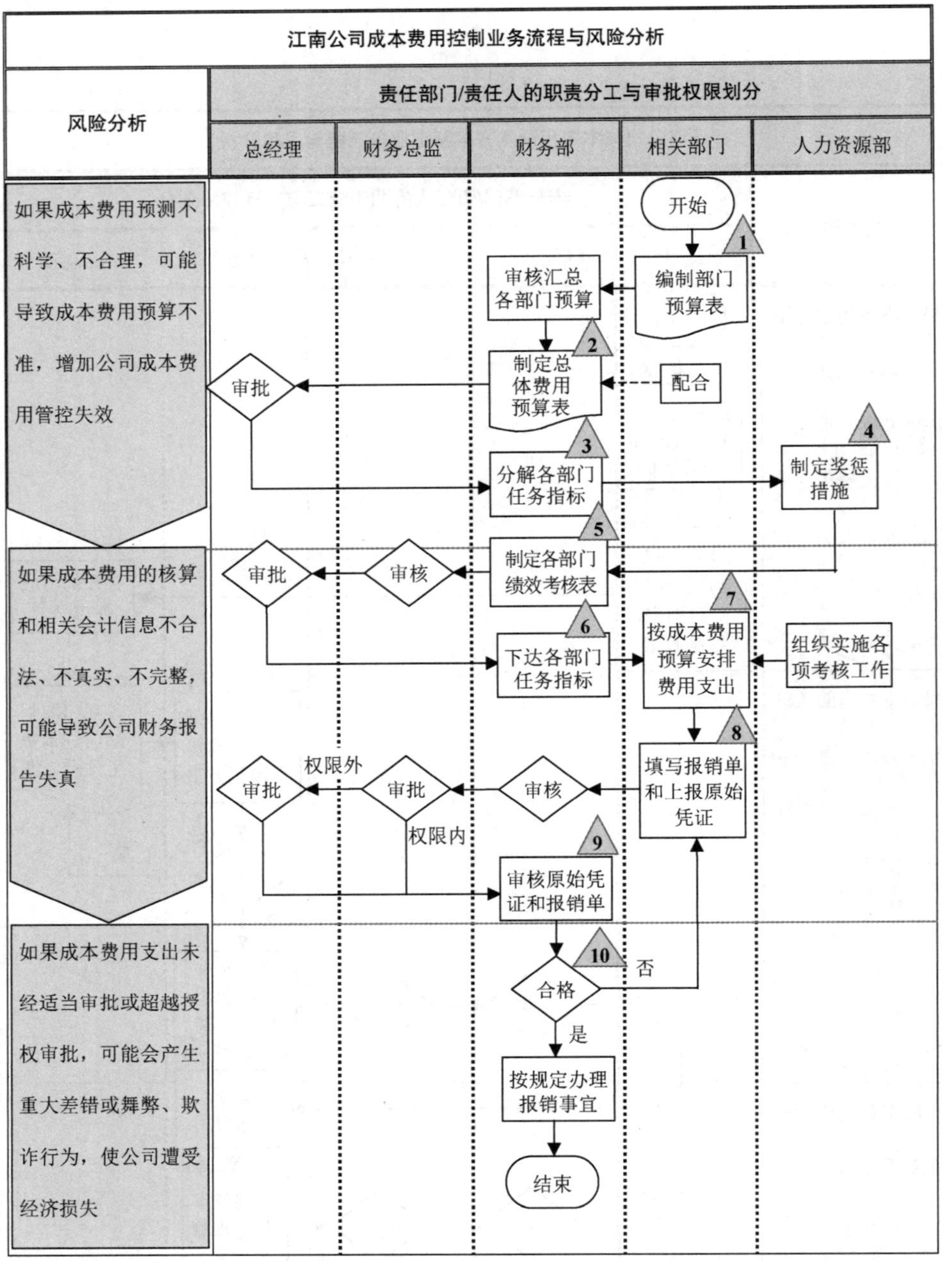

图 10-5　江南公司成本费用控制业务流程与风险分析

送总经理审批。

（3）公司总体费用预算表得到总经理审批后，财务部负责分解各部门任务指标。

（4）人力资源部根据公司总体费用预算表制定奖惩措施。

（5）财务部比较各部门经营成果和各部门任务指标，制定各部门绩效考核表。

（6）财务部下达各部门的任务指标。

(7) 相关部门按成本费用预算安排费用支出,人力资源部组织实施各项考核工作。

(8) 相关部门填写报销单和上报原始凭证。

(9) 申请得到审批以后,财务部审核原始凭证和报销单。

(10) 财务部对原始凭证和报销单进行审核,如果合格,财务部按规定办理报销事宜。如果不合格,则将报销申请单和原始凭证返还给相关部门,让相关部门重新补办相关手续和递交相关凭证。

(四) 成本费用核算业务流程与风险分析

江南公司成本费用核算业务流程与风险分析如图 10-6 所示。

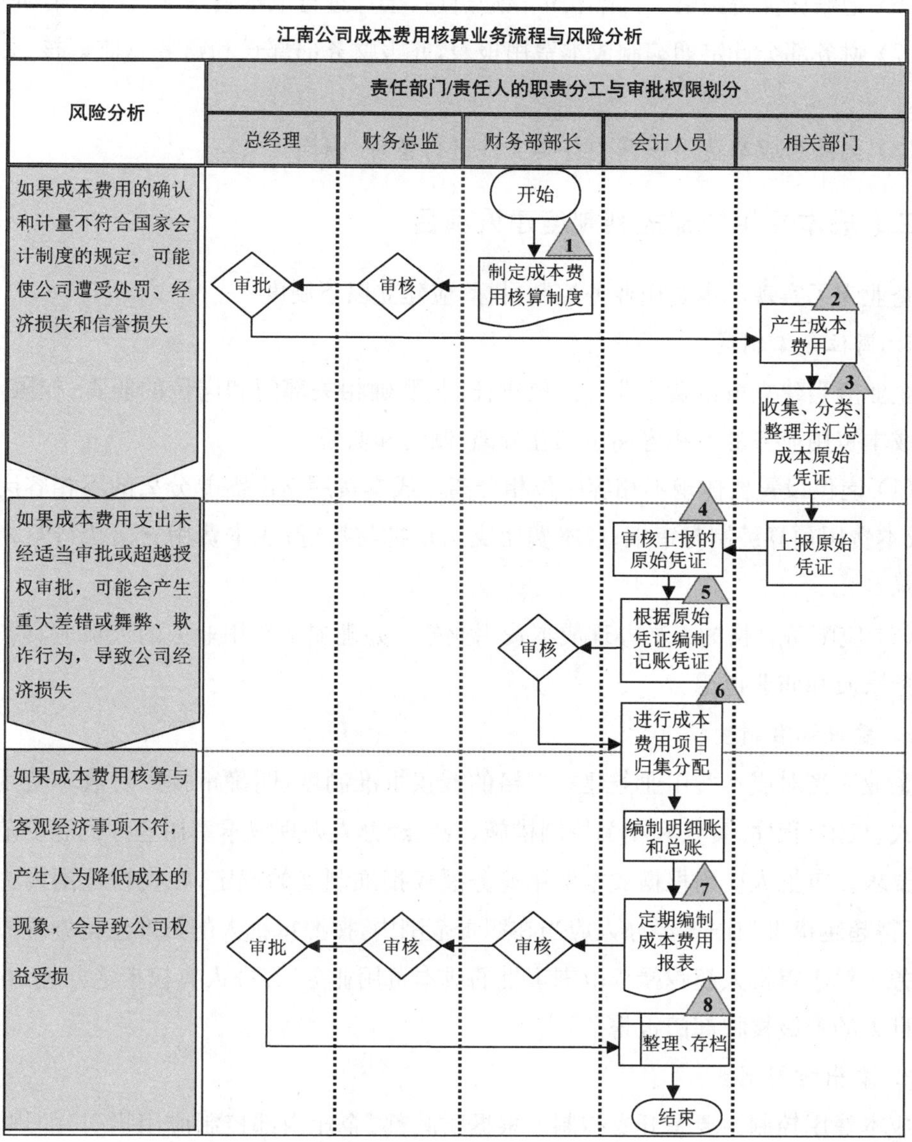

图 10-6 江南公司成本费用核算业务流程与风险分析

江南公司成本费用核算业务流程说明如下：

（1）财务部部长制定成本费用核算制度，并报财务总监审核、总经理审批。

（2）成本费用核算制度得到总经理审批后，各相关部门依照成本费用核算制度严格执行。

（3）各成本费用产生部门对成本费用产生的原始凭证进行收集、分类、整理并汇总。

（4）会计审核成本费用产生部门上报的原始凭证。

（5）会计审核原始凭证无误后编制记账凭证，并报财务部部长进行审核。

（6）记账凭证得到财务部部长审核通过后，会计进行成本费用项目的归集和分配。

（7）财务部会计定期编制成本费用报表，并报财务部部长和财务总监审核、总经理审批。

（8）会计对成本费用核算中各类文件进行整理、归档。

二、成本费用内部控制制度建设项目

企业为了实现成本费用业务控制目标，应建立以下制度。

1. 岗位分工制度

企业应当建立成本费用业务岗位责任制，明确相关部门和岗位的职责、权限，确保办理成本费用业务的不相容岗位相互分离、制约和监督。

（1）岗位设置要体现不相容岗位相分离。成本费用支出需要分离的不相容岗位包括：成本费用预算编制与审批；成本费用支出审批与执行；成本费用支出执行与相关会计记录。

（2）应配备合格的人员办理成本费用业务。办理成本费用业务的人员应具备良好的业务素质和职业道德。

2. 授权批准制度

企业应当对成本费用业务建立严格的授权批准制度，明确审批人对成本费用的授权方式、权限、程序、责任和相关控制措施，规定经办人办理成本费用业务的职责范围和工作要求。审批人应当根据成本费用业务授权批准制度的规定，在授权范围内进行审批，不得超越审批权限。经办人应当在职责范围内，按照审批人的批准意见办理成本费用业务。对于审批人超越授权范围审批的成本费用业务，经办人有权拒绝办理，并及时向审批人的上级授权部门报告。

3. 支出控制制度

成本费用控制主要是开支控制。根据财政部《企业内部控制应用指引》的规定，从事生产经营活动的单位应当采用标准成本、定额成本或作业成本等成本控制方法，利用现代信息技术，结合生产工艺特点，实施对成本的控制。具体要求包括以下内容：

（1）建立成本费用预算制度。企业应当建立严格的成本费用预算制度。成本费用预算应当符合单位的发展目标和成本效益原则。标准成本、定额成本、作业成本都可以作为成本预算和成本控制的基础。企业应根据成本费用预算内容，分解成本费用指标，落实成本费用责任主体，可按成本费用指标的完成情况，制定奖惩措施，实行成本费用责任追究制度。

（2）建立材料成本控制制度。企业应加强对材料采购和耗用的成本控制，将材料成本控制在预算范围内。

（3）建立人工成本控制制度。企业应建立人工成本控制制度，合理设置工作岗位，以岗定责，以岗定员，以岗定酬，通过实施严格的绩效考评与激励机制控制人工成本。

（4）制造费用控制制度。企业应明确制造费用支出范围和标准，采用弹性预算等方法，加强对制造费用的控制。

（5）其他费用控制制度。企业应制定费用开支范围、标准和费用支出的申请、审核、审批、支付程序，严格控制各项费用开支。根据费用、预算和经济业务的性质，按照授权批准制度所规定的权限，对费用支出申请进行审批。会计机构或人员在办理费用支出业务时，应根据经批准的费用支出申请，对发票、结算凭证等相关凭据的真实性、完整性、合法性以及合规性进行严格审核。

4. 核算与报告制度

企业应建立成本费用支出核算和报告制度，及时对各项成本费用支出进行核算与披露，保证成本费用支出控制制度得到有效履行。

应建立合理的成本费用核算制度。成本费用核算制度应符合国家统一会计制度的规定，不得随意改变成本费用确认标准或者计量方法，不得虚列、多列、不列或者少列成本费用。同时，企业应建立成本费用内部报告制度，实时监控成本费用支出情况，对实际发生的成本费用与成本费用预算的差异，应及时查明原因，并作出相应处理。

5. 监督检查制度

企业应建立对成本费用业务的监督检查制度，明确监督检查人员的职责权限，定期、不定期地进行检查。监督检查机构或人员应通过实施符合性测试和实质性测试，检查成本费用内部控制制度是否健全，各项规定是否得到有效执行。成本费用监督检查内容主要包括：成本费用业务相关岗位及人员的设置情况、授权批准制度执行情况、预算制度执行情况、核算制度执行情况等。对监督检查过程中发现成本费用内部控制中的薄弱环节，应采取措施，及时加以纠正。

三、成本费用内部控制制度范例

1. 成本费用预算编制制度

江南公司成本费用预算编制制度如表 10-1 所示。

表 10-1　　江南公司成本费用预算编制制度

制度名称	成本费用预算编制制度	文件编号	内控 10-03
执行部门	财务部、生产部门、仓储部门	监督部门	法务内审部

第 1 章　总则

第 1 条　成本费用预算目的

降低成本费用是编制成本费用预算的基本目的，降低成本费用的措施是编制成本费用预算的保证。

第 2 条　成本费用预算范围

预算年度内一切成本费用支出。预算期内商品生产（含根据预算安排和管理上的需要，在预算年度内期初、期末在产品、自制半成品数量的增加或减少）和非商品生产所需的成本费用，都应纳入年度成本费用预算。

第 3 条　成本费用预算管理基本要求

成本费用管理必须遵循“事前预算、事中控制、事后分析、期末考核”四原则。各分公司及各部门应建立完善成本费用的预算、控制、分析、考核体系。

第 4 条　成本费用预算编制依据

1. 年度、月度成本费用预算应根据公司综合经济计划和各项要求编制。

2. 本公司的经营目标、生产经营预算、成本降低率，以及产品质量、品种。

3. 各项消耗定额和费用压缩指标的要求，以及当年技改、技措、大修计划和其他增产节约措施。

4. 合理预计本期实际成本费用水平。

第 5 条　责权单位

1. 财务部负责本制度的制定、修改、废除等工作。

2. 总经理负责本制度制定、修改、废除等的审批。

第 2 章　成本费用预算编制程序

第 6 条　成本费用预算的编制按照“上下结合、分级编制、逐级汇总的”程序进行。

第 7 条　下达目标

公司根据上一年度经营情况及本年度市场环境发展趋势，确定本年度的经营战略和经营目标，将财务预算目标及成本费用预算编制的政策，下达到各部门。

第 8 条　编制上报

各部门按照公司下达的财务预算目标及成本费用预算编制政策，结合自身情况以及预测的执行条件，编制本部门详细的成本费用预算方案，并按规定时间上报公司财务部。

第 9 条　审查平衡

公司财务部对各部门上报的成本费用预算方案进行审查、汇总和平衡。在审查过程中，应当进行充分协调，对发现的问题提出调整意见，并将意见反馈给相应部门。

（续表）

<table>
<tr><td colspan="6">第 10 条　审议批准
财务部在各部门修正调整的基础上重新汇总，编制企业的成本费用预算方案，并上报公司总经理审核。财务部根据总经理审批的意见调整成本费用预算，正式编制成本费用预算草案，提交总经理审议批准。
第 11 条　下达执行
财务部将总经理批准的成本费用预算下达到各部门执行。
第 12 条　各部门在预算执行过程中，如果预算的基础发生了重大变动，且该变动将导致预算结果产生重大偏差时，应及时上报财务部和总经理，在取得同意后，对预算进行调整。
第 3 章　成本费用预算编制方法
第 13 条　各部门的成本费用预算由财务部牵头，生产计划、人力资源、采购、营销、安全环保等部门参与制定。
第 14 条　各部门根据不同的成本费用项目，参照标准成本，按照量价分离的原则，采用滚动预算、零基预算等方法进行编制。
第 15 条　月度预算是根据月度生产经营计划等资料编制的预算，具体步骤和程序参照年度预算执行。
第 4 章　附则
第 16 条　本制度由财务部负责解释。
第 17 条　本制度经总经理审批，自颁布之日起执行。</td></tr>
<tr><td>修订日期</td><td>2021.10.15</td><td>审核日期</td><td>2021.10.20</td><td>批准日期</td><td>2021.12.30</td></tr>
</table>

2. 成本费用执行控制制度

江南公司成本费用执行控制制度如表 10-2 所示。

表 10-2　　江南公司成本费用执行控制制度

<table>
<tr><td>制度名称</td><td>成本费用执行控制制度</td><td>文件编号</td><td>内控 10-04</td></tr>
<tr><td>执行部门</td><td>财务部、生产部门、仓储部门</td><td>监督部门</td><td>法务内审部</td></tr>
<tr><td colspan="4">第 1 章　总则
第 1 条　目的
为了保证成本费用预算的有效执行，特制定本制度。
第 2 条　责权单位
1. 财务部负责本制度的制定、修改、废除等工作。
2. 总经理负责本制度制定、修改、废除等的审批。
第 2 章　成本费用预算分解
第 3 条　公司根据成本费用预算、定额和支出标准，分解成本费用预算指标。
第 4 条　成本费用预算指标一经批复下达，各预算执行部门必须认真执行。
第 5 条　各部门应将成本费用预算指标层层分解，横向到边、纵向到底，落实到部门的各单位、各环节和各岗位，形成全方位的成本费用预算执行责任体系。</td></tr>
</table>

（续表）

第 6 条　在分解预算指标时，应考虑内部产品和劳务互供的影响，指标与措施同步，责权利相统一。 第 7 条　各部门应将年度预算作为指导，编制月度预算，以确保年度财务预算目标的实现。 第 8 条　各部门应当结合年度预算的完成进度，按照规定格式编制月度预算报表，经本部门负责人确认后，按照公司全面预算管理办法的规定上报财务部和总经理，由总经理审核确认给予批准。 第 9 条　月度预算下达后，各部门严格按照批复，将完成月度预算的各项生产经营指标落实责任单位和个人。 **第 3 章　成本费用预算控制** 第 10 条　各部门在日常控制中，应当健全凭证记录，完善各项管理规章制度，严格执行生产消耗、费用定额定律标准，加强实施监控。对预算执行中出现异常情况，应及时查明原因，予以解决。 第 11 条　财务部与采购、生产、计划、营销等部门加强沟通，充分发挥牵头和监控作用，及时发现成本费用预算执行过程中的问题，督促有关部门解决预算执行过程中暴露的问题，自觉进行成本费用控制。 第 12 条　采购部控制 1. 原材料及各种辅料等物资的采购，是生产经营环节的源头，其成本在产品成本中占有较大比重，采购部和其他对采购成本有影响的部门要负责采购成本的控制。 2. 采购部应适应市场经济的变化，货比三家，提高采购率、大厂直供率和合同订货率，减少中间环节，减少公司库存，防止重复采购，避免物资积压，降低采购成本，节约采购资金。 第 13 条　生产技术部控制 1. 生产技术部要加强生产装置物耗、能耗和加工损失管理，降低生产消耗，提高产品产量。 2. 要推进科技进步，开发高附加值产品，改进工艺和操作，对技术投入的产出负责，提高产出率。 第 14 条　资产管理部控制 1. 资产管理部要加强维修费用和设备更新费用的预算控制，通过对设备的精心操作、设备的日常维护保养和提高大修质量，确保设备的长周期运转。 2. 维修工程和更新项目必须纳入正常的工程项、决算管理，规定标准以上的维修工程和更新项目的预、决算，应由工程审计机构进行必要的审核，防止效益流失。 第 15 条　安全环保控制 1. 生产、技术、质检等部门要抓好安全生产，减少因安全事故和非计划停工造成的损失。 2. 消除、减少环保责任事故，本着“高效、节约”的原则，控制安全环保费用。 第 16 条　各责任单位要加强对原材料、产成品、半成品、在产品的计量验收工作，从接货、装卸、运输、进厂、入库、发货出库等环节入手，专人负责、准确计量，严格统计，努力减少途耗、库耗。 第 17 条　制造费用和期间费用各项目要按照“谁发生，谁控制，谁负责”的原则，责任到人，从严从紧，精打细算。 第 18 条　各部门应建立成本预测制度，把成本费用管理的重点放到事前预测和过程控制上。 1. 公司事先应对生产计划、生产工艺方案进行成本预测，根据预测数据进行决策，优化生产方案，合理配置资源，使成本费用得到事前控制。

（续表）

2. 在事中要定期对生产过程的生产经营情况进行成本预测，根据预测结果，及时采取控制措施，使成本得到事中控制。 **第4章　附则** 第19条　本制度由财务部负责解释。 第20条　本制度经总经理审批后自颁布之日起执行。					
修订日期	2021.10.15	审核日期	2021.10.20	批准日期	2021.12.30

课 后 习 题

一、单选题

1. 下列各项中,属于成本费用事前控制内容的是(　　)。
   A. 成本费用预算　　B. 成本费用核算
   C. 成本费用分析　　D. 成本费用报告
2. 下列各项中,属于成本费用事中控制内容的是(　　)。
   A. 成本费用控制目标　　B. 成本费用核算
   C. 成本费用分析　　D. 成本费用报告
3. 成本费用分析属于成本费用的(　　)。
   A. 事前控制　　B. 事中控制
   C. 事后控制　　D. 成本费用预算控制
4. 成本费用预算是以企业的(　　)为基础,由成本费用消耗部门,根据成本费用预测结果进行编制。
   A. 生产经营预算　B. 销售预算　C. 现金预算　D. 投资预算
5. 在成本费用核算流程中,一般应由财会主管负责的是(　　)。
   A. 制定成本费用核算制度　　B. 编制成本费用报表
   C. 编制成本费用预算　　D. 审批成本费用预算
6. 原始记录制度属于(　　)。
   A. 定额管理制度　　B. 生产计划控制制度
   C. 成本责任控制制度　　D. 成本核算的基础工作控制制度
7. 成本费用核算业务主要由企业的(　　)负责。
   A. 综合部门　B. 生产部门　C. 财会部门　D. 销售部门

二、多选题

1. 下列各项中,属于成本费用事前控制内容的有(　　)。
   A. 成本费用预算　　B. 成本费用核算
   C. 确定成本费用控制目标　　D. 划分责任中心

2. 责任中心按照责任和控制范围大小，责任中心可以分为（　　）。

A. 成本中心　　B. 利润中心

C. 管理中心　　D. 投资中心

3. 下列各项中，属于成本费用事中控制内容的有（　　）。

A. 制定成本控制目标　　B. 产品成本核算控制

C. 期间费用发生控制　　D. 成本费用分析

4. 成本费用预算是会计核算与控制的依据，它包括（　　）。

A. 确定标准成本和费用

B. 制定定额管理制度

C. 确定成本费用计划

D. 制定内部计划价格制度

E. 正确选择成本核算方法

5. 下列各项中，属于产品成本核算控制的有（　　）。

A. 确定成本计算对象　　B. 设置成本核算项目

C. 确定成本计算方法　　D. 确定生产费用分配标准

6. 期间费用的控制方法主要有（　　）。

A. 预算控制法　　B. 定额控制法

C. 归口分级管理法　　D. 审批控制法

7. 成本费用风险管理应保证（　　）。

A. 各项成本费用的合法性　　B. 各项成本费用开支的合理性

C. 成本费用的正确核算和报告　　D. 有利于加强成本管理

8. 成本费用业务控制制度包括（　　）。

A. 成本费用业务岗位分离制度　　B. 成本费用业务授权审批制度

C. 成本费用支出控制制度　　D. 成本费用核算与报告制度

E. 成本费用监督检查制度

9. 在成本费用核算流程中，一般应由财会主管负责的有（　　）。

A. 制定成本费用核算制度　　B. 编制成本费用报表

C. 编制成本费用预算　　D. 审批成本费用预算

10. 在成本费用控制流程中，一般应由财会部门负责的是（　　）。

A. 编制部门预算　　B. 审核汇总部门预算

C. 制定各部门绩效考核表　　D. 下达各部门任务指标

11. 在成本费用目标确定流程中，一般由财会部门负责的是（　　）。

A. 收集和整理有关资料　　B. 编制部门成本费用预算

C. 审核汇总部门预算　　D. 确定成本费用目标

12. 在成本费用预测方案制定流程中，一般应由财会部门负责的是(　　)。

A. 编制企业成本费用预测方案　　B. 编制部门成本费用预测方案

C. 调整成本费用　　D. 下达成本费用预测方案

13. 产品成本核算控制制度的作用是将各种生产耗费准确地归集和有效控制，它一般由(　　)构成。

A. 产品质量保障制度　　B. 成本核算的基础工作控制制度

C. 成本责任控制制度　　D. 成本核算方法控制制度

三、判断题

1. 成本开支范围一经确定，要保持相对稳定，以保证成本计算口径的一致。(　　)
2. 企业的成本费用预算是以企业的利润预算为基础的。(　　)
3. 成本费用预测必须建立在充分的历史成本资料的基础上，通过分析并结合相关调研来进行。(　　)
4. 成本费用预算是以企业生产预算为基础，由成本费用消耗部门根据成本费用预测结果进行编制。(　　)
5. 责任中心就是直接负责产品成本管理的生产部门。(　　)
6. 企业成本费用控制目标与经营目标是两回事，互不相干。(　　)
7. 各部门的成本控制目标应总体平衡，尽量避免松紧不一。(　　)
8. 成本费用预算与审批必须分离，但预算的编制与执行部门是统一的。(　　)
9. 成本费用支出审批与执行必须分离，但支出执行与记录是可以统一的。(　　)
10. 企业的生产成本业务主要由财会部门负责。(　　)
11. 在成本费用管控中，财会部门处于中心地位。(　　)
12. 在成本费用的分配核算管理中，强调的是合理性，不强求准确性。(　　)

四、案例分析题

资料：从“邯钢经验”到“邯钢管理”

20世纪90年代初，全国钢铁行业进入下行周期。邯钢对二级分厂仍然实行计划经济管理模式，这仿佛是一堵无形的“墙”，割断了二级分厂和市场之间的联系。墙外是波涛汹涌的市场经济大潮，川总厂被市场风浪吹得难以招架；而墙内分厂和职工却感受不到来自市场的巨大压力。面对这种形势，邯钢于1992年开始实施“模拟市场核算，实行成本否决”的经营机制，以企业效益为中心，大胆拆除市场与分厂之间的“隔墙”，“推墙入海”，将市场机制引入企业内部经营管理。他们从市场接受的价格开始，用“倒推”

的方法，通过挖掘潜力，测算出主导工序的目标成本，层层分解落实，直到每一名职工。

20 年后的今天，下游市场需求不足、原燃料成本上升、钢材价格低位运行……“受国内外宏观经济环境影响，我国钢铁工业进入世界金融危机爆发以来的第二个困难时期。”河北钢铁集团董事长、总经理王义芳如是判断。

“企业最大的危机并不是来自市场，而是来自企业内部。”面对严峻的市场形势，邯钢实施“铁前系统挖潜、钢后品质增效”的经营战略，深入推进 6S 精益管理工程，“邯钢经验”又被赋予了新内涵。

“我们把吨钢降本增效的目标锁定在 350 元，这个数据是根据市场成本倒推计算得出的盈利点。”邯钢董事长李贵阳解释说。围绕“350 元”目标，邯钢细化分解降本增效指标，从原料、焦化、烧结、炼铁、炼钢、轧钢等方面，进行全方位、深层次的工序优化，制定了 38 项重点保证措施。同时，以 6S 为基础，通过单元和系统的持续改善，追求卓越绩效，建设覆盖全员、全过程、全系统的精益管理模式。

2022 年第一季度，邯钢靠技术降本、创新增效取得显著成绩。据估算，新区炼铁厂通过优化炉料结构配比、推行低硅冶炼技术等手段，降本 6 400 余万元；三炼钢厂通过中铁回收加大转炉配吃量等措施，实现降本增效 3 800 余万元；储运中心通过优化卸车和含铁物料回收利用等方法降低成本 1 亿元……如果把 38 项重点保证措施全部计算在内，一季度邯钢累计降本增效 7 亿元。

资料来源：新华网相关报道和信息。

分析要求：“邯钢管理”体现哪些成本费用控制要求？

本章实训——成本费用内部控制制度设计

【实训目标与能力要求】

本实训是培养学生运用所学企业成本费用内部控制知识进行制度建设的能力。其能力要求如下：

(1) 掌握企业成本费用内部控制的内容与制度建设要求。

(2) 能够根据模拟公司成本费用控制流程并结合公司内部控制环境，进行相关制度设计。

【实训方式】

实训分小组进行，以小组为单位完成相应的实训任务，并形成实训报告，参加讨论与讲评。

【实训考核】

根据各实训小组实训准备、提交成果(实训报告)的质量和小组协作情况进行评分。项目实训成绩按百分制评定。

小组项目实训成绩＝实训准备(满分10)＋实训成果(满分80)＋小组协作(满分10)。

个人项目实训成绩＝小组项目实训成绩×个人贡献系数(个人贡献系数由组长根据其在实训中的贡献大小决定)。

【实训步骤】

(1) 由任课教师引导学生解读实训资料，提示学生应注意的问题，并布置具体实训任务和时间要求。

(2) 各实训小组根据组内分工，查找、收集相关资料，进行初步分析比较。

(3) 小组内对初步分析比较的结果进行讨论、修改，并按照要求形成实训报告(实训报告采用word文档，纸张大小设置为A4，页边距上2.8 cm，下2.5 cm，左右各2.5 cm，行距1.5倍，页码格式为阿拉伯数字、居中；总标题小三号、黑体、居中、空一行；一级标题小四号、宋体、加粗；二级标题和其他正文小四号、宋体；图表内文字五号、宋体)。

(4) 实训小组组长将收集的资料和形成的实训成果(电子文档)打包上传，由指导老师组织互评。

(5) 指导老师根据学生实训成果的质量和参与讨论的情况确定实训成绩。

【实训资料】

江北公司为了实现面向全国的市场这一宏伟目标,决定加强成本管理,努力降低生产成本,增强产品的市场竞争力。但是,眼下必须解决成本管控体系不完整、管理制度不够健全的问题。对此,李明总经理要求财务部针对这一情况,在 5 天内提出建设方案。

江北公司其他基础性资料见第一章实训资料。

【实训任务】

假定你是公司主管会计,请根据图 10-7 所示江北公司成本业务流程,分析控制关键环节和关键点,并结合公司实际,为该公司设计以下成本业务控制制度(每个小组完成一项制度设计)。

1. 成本业务岗位分工制度
2. 成本业务授权批准制度
3. 成本支出控制制度
4. 成本核算与报告制度

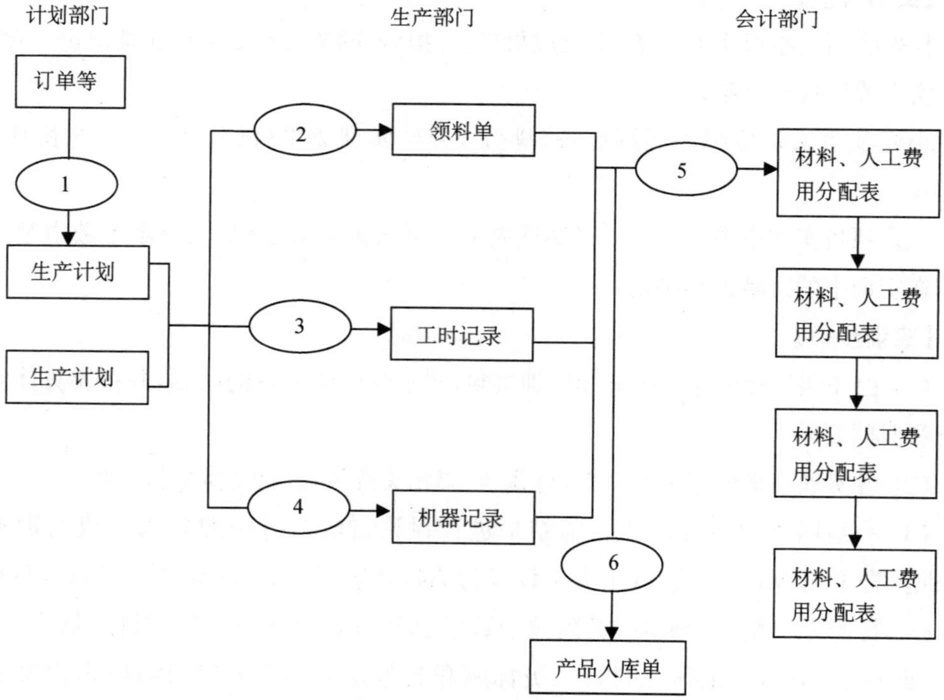

图 10-7 江北公司成本业务

本章结构框架

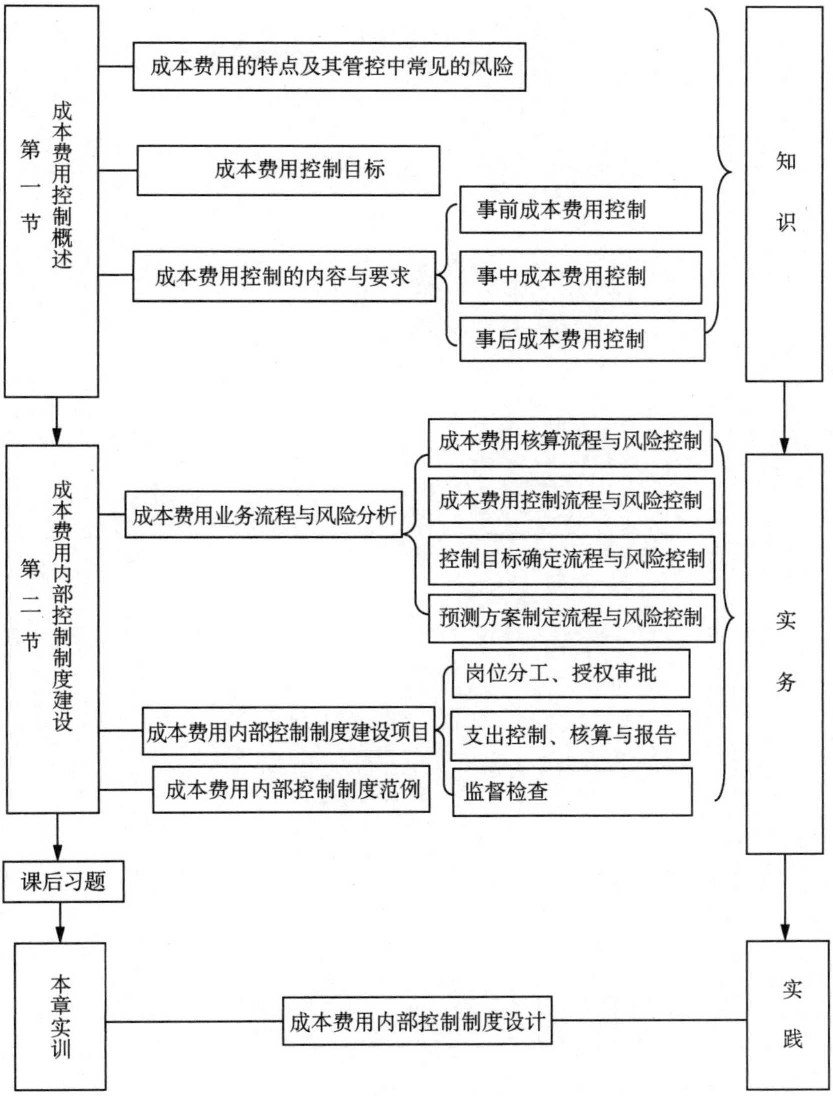
第一节
成本费用控制概述
成本费用的特点及其管控中常见的风险
成本费用控制目标
成本费用控制的内容与要求
事前成本费用控制
事中成本费用控制
事后成本费用控制
知识
第二节
成本费用内部控制制度建设
成本费用业务流程与风险分析
成本费用核算流程与风险控制
成本费用控制流程与风险控制
控制目标确定流程与风险控制
预测方案制定流程与风险控制
成本费用内部控制制度建设项目
岗位分工、授权审批
支出控制、核算与报告
监督检查
成本费用内部控制制度范例
实务
课后习题
本章实训
成本费用内部控制制度设计
实践